Braunsfeld
Städtische Gas Werke
Güterbahnhof
Städt. Friedhof Melaten
Jüd. Friedhof
Ehrenfeld
Ehrenfelder Friedhof
Gymnasium
Ossendorf
Kolonie Ossendorf
Nippes
Gas Fabrik
Alter Friedhof
Haupt Güter-Bahnhof Gereon
Sechszig
Hohenzollern-Ring
Neumarkt
Dom
S T R O M
Pionier Übungsplatz
Güter Bahnhof
Riehl
Artillerie-Kaserne
Kirche

Adenauer/Gröbe · Straßen und Plätze in Lindenthal

Konrad Adenauer
Volker Gröbe

Straßen und Plätze in Lindenthal

J. P. Bachem Verlag Köln

Die Illustration auf der Vorderseite des Einbandes zeigt
das Herrenhaus der Familie von Stein im Schloßgarten
von Hohenlind um 1850 (heute Park des Elisabethkrankenhauses).
Ölgemälde von P. Ecke, 1912,
im Besitz der Angelika Freifrau von Rheinbaben.

Die Deutsche Bibliothek – CIP-Einheitsaufnahme
Straßen und Plätze in Lindentahl / Konrad Adenauer;
Volker Gröbe. – Köln: Bachem, 1992
ISBN 3-7616-1018-1
NE: Adenauer, Konrad; Gröbe, Volker.

Erste Auflage · 1992

Einbandentwurf: Bettina Hartmann, Köln
Reproduktionen: Willy Kühl, Köln
Einband: Hunke & Schröder, Iserlohn
Printed in Germany
ISBN 3-7616-1018-1

Inhaltsverzeichnis

Vorwort

Im ersten Buch über Lindenthal schildern wir die Entwicklung des Kölner Stadtteils vom jungsteinzeitlichen linienbandkeramischen Dorf bis zur Gegenwart. Stadt- und sozialhistorische sowie -geographische Fakten stehen dort im Vordergrund.
Der vorliegende Band befaßt sich mit der Bezeichnung, mit den Namen aller Straßen und Plätze Lindenthals.

Die Menschen geben sich Namen, um sich unterscheiden und anreden zu können. Die Menschen bezeichnen konkrete und abstrakte Dinge, um sie benennen zu können. Die Namensgebung überhaupt ist eine Voraussetzung zur Kommunikation. Ihrer Umgebung – Berge und Täler, Flüsse und Seen, Wälder und Felder, Orte und Länder, Kontinente und Welten – geben die Menschen Namen, um sich orientieren zu können.
Auch den Straßen, Plätzen und Grünflächen, nicht selten gar einzelnen Gebäuden, gibt man Namen. Natürlich dienen auch sie zu allererst der Orientierung. Wie sollte man sich sonst im Häusergewirr einer Stadt zurechtfinden? Die Namensgebung beschränkt sich jedoch nicht allein auf den Zweck, eine bestimmte Adresse im Planquadrat eines Stadtplans entdecken und letztlich zu Fuß oder motorisiert ansteuern zu können, in bezug auf die Straßen und Plätze hat die Namensgebung vielfältige Gründe.
Sie enthält eine Lagebezeichnung, die auf eine historische Gegebenheit, einen nicht mehr existierenden Bach, Ort, Park, auf ein früheres Gehöft oder Gebäude (zum Beispiel Militärringstraße, Am Gleueler Bach, Krieler Straße, Stadtwaldgürtel, Am Platzhof, An der Decksteiner Mühle) oder auf heutige Orte, Anlagen und Einrichtungen (zum Beispiel Lindenthalgürtel, Am Stadtwald, Klosterstraße) hinweist.
Sie gibt die Verbindung zu einem anderen Ort an (zum Beispiel Dürener Straße, Aachener Straße, Bachemer Straße).
Sie bildet Viertel (zum Beispiel Bodensee-Viertel mit den Straßen Bregenzer-, Schaffhausener-, Lindauer-, Überlinger-, Meersburger-, Hohentwiel- und Sigmaringer Straße oder das Eifel-Viertel mit den Straßen Birresborner-, Bitburger-, Kronenburger-, Heimbacher-, Gemünder-, Nidegger-, Kermeter-, Mariawald- und Rurstraße).
Durch sie werden bedeutende Persönlichkeiten geehrt, deren Andenken wachgehalten (zum Beispiel Hans-Sachs-Straße, Virchowstraße, Piusstraße, Leiblplatz).
Wenn es auch nicht in unserem Stadtteil vorkommt, so soll jedoch der Vollständigkeit halber erwähnt werden, daß die Straßennamensgebung häufig an Handwerke erinnert, die in früheren Zeiten in den Straßen ausgeübt wurden. Aus der Kölner Innenstadt können als Beispiele angeführt werden: Unter Goldschmied, Unter Taschenmacher, Färbergasse, Schildergasse, Kämmergasse und Filzengraben.
Die blau-weißen oder neuerdings auch weißschwarzen Straßennamen-Schilder an den Eckhäusern sind uns allen dermaßen vertraut, daß wir sie in unserer heimischen Umgebung kaum noch wahrnehmen. Der Alltag treibt uns rastlos über Plätze, durch Straßen und Gassen und läßt keine Gedanken über die Herkunft, über die Bedeutung der Namen aufkommen. Nehmen wir uns aber einmal die Zeit nachzuforschen, was hinter solch einem Namen steckt, werden wir rasch in ein Entdeckerabenteuer gerissen, das nicht an der nächsten Straßenecke endet, sondern durch den ganzen Ort, durch ganz Lindenthal führt. Alte, längst nicht mehr bestehende Höfe erscheinen wiedererrichtet. Große Persönlichkeiten, Frauen und Männer, stellen sich vor: Dichter und Denker, Musiker, Mediziner, Politiker und Heimatforscher. Nahe und ferne Orte machen uns mit ihrer Geschichte und Topographie bekannt. Seen, Bäche und Flüsse murmeln von ihrem Verlauf. Grünflächen,

Wälder und Berge raunen von Naturschönheiten.
In diesem zweiten Buch über Lindenthal geht es also – von ganz wenigen Ausnahmen abgesehen – nicht um die Geschichte und um Geschichtchen der Straßen oder der Plätze selbst, sondern um die Darstellung dessen, was hinter den Straßen- und Plätzenamen steckt.

Manch eifriger Leser mag sich am Ende eines solchen Buches ein Stichwort- und besonders ein Literaturverzeichnis wünschen, aber auch dieser zweite Band enthält beides nicht. Dafür gibt es zwei Gründe:

– Zahlreiche Stichwort- und Literaturangaben wiederholen sich in den einzelnen Bänden dermaßen oft, daß ein einziges umfassendes Register im dritten, diese Reihe abschließenden Buch sinnvoll ist.
– Die beiden ersten Bände sind unvorhergesehen umfangreich geworden, daß ein mehr als dreißig Seiten starker Anhang nur bei einer empfindlichen Kürzung des eigentlichen Textes oder einer Verringerung der Abbildungsfülle möglich gewesen wäre. Das wollten wir aber nicht.

Der nun mehrfach erwähnte dritte und letzte Band – das sei hier bereits angekündigt – befaßt sich mit bekannten Lindenthaler Persönlichkeiten und Ereignissen, mit Vereinen und demoskopischen Betrachtungen.
Und nun noch ein Benutzerhinweis: Nicht jeder, der dieses Buch liest, wird immer gleich wissen, wo sich die jeweils beschriebene Straße genau befindet. Die Angaben über den Anfang und das Ende jeder Straße erleichtern zwar das Nachforschen, oft dürfte aber doch ein Blick auf einen Stadtplan vonnöten sein. Um das zu vereinfachen, haben wir ein Gitternetz über die Karte auf dem inneren Einband am Schluß des Buches gelegt und die waagerechten Felder dieses Netzes mit Buchstaben sowie die senkrechten mit Ziffern versehen. Die Buchstaben-Ziffern-Kombination, die im Buch stets unter dem Platz- oder Straßennamen angegeben ist, bezeichnet dann das Feld im Gitternetz auf der Straßenkarte, in welchem der Platz oder die Straße zu finden ist.

Köln, im Dezember 1991

Konrad Adenauer *Volker Gröbe*

Aachener Straße

Anfang: Rudolfplatz, auf Lindenthaler Gebiet ab Innere Kanalstraße/Universitätsstraße
Ende: Stadtgrenze westlich von Weiden, auf Lindenthaler Gebiet bis Melaten-/Stadtwaldgürtel
Lage: A 1–B 7

Die verkehrsreichste Straße unseres Stadtteils existierte bereits in der Römerzeit als Fern- und Heeresstraße, an der außerhalb der römischen Stadtmauer der Colonia Claudia Ara Agrippinensis größere Gräberfelder angelegt waren. Im Mittelalter wurde sie Krönungsstraße genannt, weil über sie die in Aachen bis 1531 gekrönten Könige zum Schrein der Heiligen Drei Könige im Kölner Dom pilgerten.
Das rund 245 000 Einwohner zählende Aachen liegt als westlichste Stadt Deutschlands in einem weiten Talkessel vor der Eifel und den Ardennen an der Grenze zu Belgien und den Niederlanden. Als Thermalbad war der Ort bereits den Kelten um 700 v.Chr. bekannt; sie nannten die mit bis zu 74 Grad Celsius heißesten schwefelhaltigen Kochsalzquellen Mitteleuropas nach ihrem Heilgott Grannus. Die Römer betrieben hier im ersten und zweiten Jahrhundert n. Chr. ein Militärbad für die Legionäre, »Aquae Granni«. Karl der Große (724–814), der nach einem zeitgenössischen Bericht »oft, vil und mit sonderem Lust« in den Quellen badete, erwählte Aachen zu seiner Lieblingspfalz und erhob den Ort damit zum Zentrum des karolingischen Reiches. Nachdem sich der zweite Sachsenkönig, Otto I., 936 in der Pfalzkapelle, in der Karl der Große bestattet ist, zum König krönen ließ, wurde Aachen bis zur Thronbesteigung Ferdinands I. Krönungsstätte der deutschen Herrscher. Einen gewaltigen und über Jahrhunderte anhaltenden Pilgerstrom entfachte die von Friedrich I. Barbarossa betriebene Heiligsprechung Karls des Großen. Aachen wurde mit einer Mauer befestigt und ab 1336 Freie Reichsstadt. Die Stadt erfuhr eine wirtschaftliche Blüte, die aber nach der letzten Krönungszeremonie, dem Aufkommen der Reformation, die den Pilgerstrom versiegen ließ, und vor allem nach dem vernichtenden Stadtbrand 1656 wieder zusammenbrach. Die heißen Quellen verhalfen der Stadt in der Mitte des 18. Jahrhunderts mit deren Ausbau zu

Abb. 1 Das ehemalige Kölntor zu Aachen

einem Modebad jedoch zu erneutem Aufschwung. Nach einer zwanzigjährigen Besatzungszeit durch die französischen Revolutionstruppen wird Aachen 1815 mit den Rheinlanden Preußen zugeschlagen.
Die Metallverarbeitung (Nadelproduktion), Tuchfertigung und die Printenbäckerei sowie das 1870 errichtete »Polytechnikum«, Vorläufer der heute bestehenden Rheinisch-Westfälischen Technischen Hochschule, lassen die Wirtschaft weiter wachsen und bestimmen auch nach dem Wiederaufbau der im Zweiten Weltkrieg stark zerstörten Stadt das wirtschaftliche Gefüge.

Abt-Herwegen-Straße

Anfang: Bachemer Straße
Ende: Viktor-Schnitzler-Straße
Lage: D 3–E 3

Dr. Ildefons Herwegen war von 1913 bis 1946 Abt des Benediktinerklosters Maria Laach in der Eifel. Sein Wahlspruch lautete:

Abb. 2 Ildefons Herwegen, Abt von Maria Laach

Necessitas parit coronam – Gebundenheit erwirbt die Krone. Er wurde am 27. November 1874 im damals noch nicht zu Köln gehörenden Junkersdorf geboren und starb am 2. September 1946 in Maria Laach. Er besuchte in Köln das Apostel-Gymnasium und war Klassenkamerad Konrad Adenauers. Später war er Schüler des heute nicht mehr bestehenden Kaiser-Wilhelm-Gymnasiums in Köln. Er studierte in Seckau, Maria Laach, Beuron, Rom und Bonn. Herwegen verfaßte zahlreiche Bücher religiösen Inhalts, so zum Beispiel »Der heilige Benedikt. Ein Charakterbild« (1917), »Alte Quellen neuer Kraft« (1920), »Von christlichem Sein und Leben« (1931).

Herwegen war weit über seinen Orden hinaus bekannt. Unter ihm entwickelte Maria Laach »sich zu einem Mittelpunkt der liturgischen Erneuerung in Deutschland und weitausholender Forschungsarbeit auf den Gebieten der Liturgiewissenschaft und einer von dieser geprägten Sakramententheologie. Die beiden international angesehenen Reihen ›Liturgiewissenschaftliche Quellen und Forschungen‹ seit 1918 (bis 1988 70 Bände) und das ›Jahrbuch für Liturgiewissenschaft‹ (1921–1935 15 Bände, 1950 wieder begründet als ›Archiv für Liturgiewissenschaft‹ mit bis heute 30 Bänden) kennzeichnen diese Tätigkeit... Der Geschichte des Mönchstums wenden sich die schon 1912 von P. Ildefons Herwegen begründeten ›Beiträge zur Geschichte des alten Mönchstums und des Benediktinerordens‹ zu (bis heute 36 Bände)« (aus: Basilius Senger, Hrsg., Die Beuroner Benediktiner-Kongregation und ihre Klöster, Beuron 1989).

Im Jahre 1933 lud Herwegen seinen früheren Klassenkameraden Konrad Adenauer (vergleiche Am Adenauerweiher), der von den Nationalsozialisten als Oberbürgermeister von Köln abgesetzt worden war, ein, sich in das Kloster Maria Laach zurückzuziehen. Dies geschah auch so. Konrad Adenauer lebte dort in den Jahren 1933 und 1934.

Eine Schwester Herwegens, Frau Schild, betrieb mit ihrem Ehemann in den ersten Jahren nach 1945 ein Lebensmittelgeschäft in Lindenthal, unter anderem dort, wo sich heute das sogenannte Stüssgen-Hochhaus befindet (gebaut von Architekt Peter Neufert), Ecke Lindenthalgürtel/Dürener Straße.

Albertus-Magnus-Platz

Lage: An der Universitätsstraße, C 7

Das Geburtsdatum Alberts des Großen, ja nicht einmal sein genaues Geburtsjahr sind bekannt. Man nimmt an, daß er im Jahre 1193 in Lauingen an der Donau geboren worden ist. Manchmal wird er auch als Graf oder einfach als »von Bollstädt« bezeichnet, höchstwahrscheinlich ist er wohl nicht von adeliger, sondern ritterlicher Abkunft.

Ab 1220 hält er sich in Oberitalien auf und studiert an der 1222 entstandenen Universität in Padua kirchliches Recht, Medizin und Philosophie. 1223 oder 1229 tritt er in den noch jungen Dominikanerorden ein, der ihn 1229 zum Noviziat nach Köln schickt. Danach wirkt Albert als Lektor in Hildesheim, Freiburg, Regensburg, Würzburg und Straßburg. Etwa 1243/44 wendet er sich nach Paris, erwirbt an der dortigen Universität den theologischen Magistergrad und leitet anschließend von 1248 bis 1252 das von den Dominikanern neueingerichtete Generalstudium in Köln. Bei dem Generalstudium handelt es sich sozusagen um einen Vorläufer der 1388 gegründeten Kölner Universität, daher erfolgte auch die Benennung des Platzes vor der neuen Kölner Universität in Lindenthal nach ihm, obwohl es in der Innenstadt schon die Albertus- und die Magnusstraße gab beziehungsweise gibt.

Wiederholt wird Albertus Magnus als Schiedsrichter zwischen der Stadt Köln und dem Kölner Erzbischof herangezogen, so im Jahre 1252 (kleiner Schied), 1258 (großer Schied) und 1271, als sich der Kölner Erzbischof Engelbert II. von Falkenburg mit der Stadt Köln aussöhnt. Diese Aussöhnung dauerte aber nur bis in das Jahr 1288, als der Kölner Erzbischof in der Schlacht bei Worringen endgültig aus der Stadt Köln vertrieben wurde.

Zwischen 1254 und 1257 bekleidete Albert das Amt des Ordensprovinzials der Dominikaner für Deutschland, 1256 hielt er sich für längere Zeit in Anagni bei Papst Alexander IV. auf, von 1257–1260 wieder als Lesemeister in Köln. In den beiden darauffolgenden Jahren bekleidete er das Amt des Bischofs von Regensburg. Dieser Aufgabe fühlte er sich, auch aufgrund der Regensburger Verhältnisse, nicht gewachsen und bat den Papst um Entbindung von diesem Amte. Zu diesem Zwecke hielt er sich von 1261–1263 am päpstlichen Hofe auf. 1263–1264 reiste er als Kreuzzugsprediger durch Deutschland und Böhmen. Belegt sind im Jahre 1264 ein längerer Aufenthalt in Würzburg und im Jahre 1267 Reisen an den Niederrhein, nach Straßburg, Baden, Schwaben, in die Schweiz und nach Mecklenburg. Auch

Abb. 3 Albertus Magnus

Abb. 4 Albertus-Magnus-Denkmal von Gerhard Marcks

in der Folgezeit hält sich Albert wieder in Köln auf (1270/71), aber nicht ständig. So reist er circa 1274 zum Konzil nach Lyon und verteidigt im Jahre 1277 die Lehren seines bereits verstorbenen Meisterschülers Tho-

mas von Aquin in Paris. Es folgt eine Reise nach Antwerpen, Löwen, Utrecht, Xanten, Soest. Danach lebt Albertus offensichtlich ununterbrochen im Kölner Dominikanerkloster und stirbt dort in seinem Lehrstuhl, wie er es sich immer gewünscht hatte, am 15. November 1280. Das Dominikanerkloster befand sich an der Stelle, an der heute das Hauptpostamt steht. Die Straßenbezeichnung »An den Dominikanern« stammt daher (siehe die Plakette am Hauptpostamt).
Die Bedeutung Alberts liegt nicht so sehr in den vorbeschriebenen Taten und seinem Lebensweg, als vielmehr darin, daß er einer der bedeutendsten, wenn nicht der bedeutendste Wissenschaftler seiner Zeit war. Er war nicht nur Theologe und Mann der Kirche, sondern vor allen Dingen ein Naturwissenschaftler und Philosoph. Er hat sich mit allen Teilbereichen der Naturwissenschaft befaßt, mit Chemie und Physik, Medizin und Biologie. Er hat geschrieben über Pflanzen, Tiere, Mineralien und andere Naturbeobachtungen. Wegen seiner großen Kenntnisse auf diesen Gebieten hat man später im einfachen Volk geglaubt, Albert sei auch ein Magier gewesen und habe zaubern können. Ja, man hat ihm sogar die Schaffung eines künstlichen Menschen und den Plan zum Kölner Dombau zugeschrieben. Auf philosophischem Gebiet ist ihm die Vermittlung und Kommentierung der Gedanken und Werke des Aristoteles zu verdanken.
Am 1. Januar 1483 erfolgte die Erhebung seiner Gebeine, im folgenden Jahre erlaubte der Papst den Dominikanerkonventen von Regensburg und Köln, Albert Altäre zu errichten und sein Fest zu begehen. Obwohl auch in der Folgezeit Wunder geschehen, betreibt der Orden die Heiligsprechung nicht weiter. Erst ab 1670 feiert der gesamte Dominikanerorden sein Fest. Nach wechselvoller Unterbringung seiner Gebeine und nach Aufhebung des Klosters unter den Franzosen werden seine Gebeine in einem Holzschrein 1804 in die Kirche St. Andreas übergeführt. Am 27. November 1856 wird Albert zum Diözesanheiligen erhoben. Daraufhin schenkt der ehemalige Kölner Stadtbaumeister Johann Peter Weyer der Gemeinde St. Andreas einen spätgotischen, hölzernen Reliquienschrein, in dem die Gebeine bis zum Jahre 1954 ruhten, als sie endgültig in einem römischen Sarkophag aus dem 3. Jahrhundert in der Krypta der Kirche St. Andreas beigesetzt wurden. In dieser Kirche berichtet ein Fenster von den Lebensstationen Alberts. Ein großes Ölgemälde zeigt ihn als Bischof von Regensburg.
Am 16. Dezember 1931 wurde Albert heilig gesprochen und vom Papst zum Kirchenlehrer erhoben. Noch harren die meisten seiner Werke einer kritischen Herausgabe.
Die 1938 in Kriel als Abspaltung der Lindenthaler Pfarrgemeinde St. Stephan entstandene neue Kirchengemeinde benannte sich nach Albertus Magnus. Über dem Kircheneingang ist sein Mosaikportrait angebracht, gestaltet von Peter Hecker. In der Kirche befindet sich nicht nur sein ebenfalls von Peter Hecker gemalter Seitenaltar, sondern auch ein kleines silbernes Albertusreliquiar. Albert wird auch durch eine Figur am Rathausturm geehrt.
Am Ende möge der Text der früheren Schrifttafel am Grabe des »doctor universalis« von seinem Ruhm künden: »Der Phönix unter den Lehrern, der Unvergleichliche, der Fürst der Philosophen, das Gefäß heiliger Wissenschaft, Albert, liegt hier, ruhmreich in der Welt, beredter als alle, sicherer Führer in der Philosophie, größer als Plato, kaum geringer als Salomo, den Du, gütiger Christus, der Schar Deiner Heiligen, beigesellen mögest. 20 Jahre vor dem Jahre 1300 nach der Geburt Christi löste er sich von den Fesseln des Körpers. Am 5. Tage nach dem Fest des Hl. Martin ging er hinüber aus dem irdischen Leid, hin zu Gott, um das Jubeljahr zu feiern. Wer diese Verse liest, möge sich zum Grabe wenden und das Gebet ›Neige, o Herr‹ sprechen, mit einem ›Ruhe in Frieden‹.«
Das hier abgebildete berühmte Denkmal Alberts von Gerhard Marcks befindet sich am Philosophikum, in etwa gegenüber dem Haupteingang der Universität.

Am Adenauerweiher

Anfang: Guts-Muths-Weg
Ende: Heinrich-Stevens-Weg
Lage: C 1

Die Straße wie auch der Adenauer-Weiher sind nie offiziell durch einen Ratsbeschluß nach dem Kölner Oberbürgermeister und späteren Bundeskanzler Konrad Adenauer benannt worden, vielmehr haben sich die Namen eingebürgert. An der kleinen Straße liegt nur der belgische Offiziersclub »Astoria«, der nach dem Kriege im Landhausstil entstanden ist und einen außerordentlichen Ausblick auf den Weiher fast bis hin zur Dürener Straße bietet. In der Nähe befinden sich auch der vom Volksmund so genannte große und kleine Adenauerhügel. Die Kölner waren schon seinerzeit von Adenauers Leistung als Oberbürgermeister so begeistert, insbesondere von der Schaffung des Äußeren Grüngürtels, daß sie dort ein Denkmal für ihn errichten wollten. Dies hat er aber abgelehnt. Erst zur Zeit bemüht sich ein Komitee um die Errichtung eines Adenauer-Denkmals am Neumarkt. Auf jeden Fall wird Adenauer als Rathausturmfigur abgebildet.

Im Rahmen des vorliegenden Buches kann auf Adenauers Leben und Werk nur kurz eingegangen werden. Er wurde am 5. Januar 1876 in Köln geboren, besuchte das Apostelgymnasium, das sich damals noch gegenüber der Apostelkirche befand (heute in Lindenthal an der Biggestraße, vergleiche Biggestraße und Karl-Schwering-Platz), studierte anschließend in Freiburg i. Br., München und Bonn Rechtswissenschaften und legte 1897 das erste und 1901 das zweite juristische Staatsexamen ab. Nach kurzer staatsanwaltschaftlicher, richterlicher und anwaltlicher Tätigkeit gelang es ihm 1906, mit 30 Jahren Beigeordneter der Stadt Köln zu werden, 1909 bereits 1. Beigeordneter, das heißt Stellvertreter des Oberbürgermeisters. Diesem, dem Onkel seiner Ehefrau, Max Wallraf, folgte er 1917 nach und wurde in diesem

Abb. 5 Konrad Adenauer, erster Kanzler der Bundesrepublik Deutschland

Amt 1929 bestätigt. 1933 vertrieben ihn die Nazis aus diesem Amt und auch aus allen anderen Ämtern, insbesondere dem des Präsidenten des Preußischen Staatsrates. Adenauer lebte daraufhin in Maria Laach (vergleiche Abt-Herwegen-Straße), Berlin und ab 1935 in Rhöndorf a. Rh., wo er am 19. April 1967 gestorben ist.

An seine Kölner Oberbürgermeisterzeit erinnern außer dem Grüngürtel vor allen Dingen die Universität, die Musikhochschule, der Westdeutsche Rundfunk, die Fordwerke, die Mülheimer Brücke, der Niehler Hafen und das Stadion mit seinen Großveranstaltungen.

Als erster deutscher Bundeskanzler von 1949 bis 1963 erreichte Konrad Adenauer die Aussöhnung und Freundschaft mit Frankreich, die Wiedergutmachung an den Juden, die Rückführung der Kriegsgefangenen aus Rußland, die Wiedereingliederung des Saargebietes, die Schaffung der Montanunion, von Euratom und der Europäischen Wirtschaftsgemeinschaft, die Souveränität im Jahre 1955 mit dem Eintritt in die Nato und

dem Aufbau der Bundeswehr sowie insgesamt die Schaffung eines starken, demokratischen und sozialen Rechtsstaates, wie auf deutschem Boden bisher keiner existiert hatte.
Als Präsident des Parlamentarischen Rates war er an der Schaffung des Grundgesetzes maßgeblich beteiligt und setzte sich in dieser Eigenschaft und als Bundeskanzler für die Wahl Bonns zur Bundeshauptstadt ein. Seine 14jährige Amtszeit als Bundeskanzler ist bisher nicht wieder erreicht worden.
Von 1950 bis 1966, als er 90 Jahre alt geworden war, war er Bundesvorsitzender der Christlich-Demokratischen Union. Nach seinem Tode hat man das frühere Kaiser-Friedrich-Ufer am Rhein Konrad-Adenauer-Ufer genannt. Sein Geburtshaus in der Balduinstraße ist mit Gedenkplaketten versehen, ebenfalls das Amerikahaus am Apostelnkloster, wo früher das Apostelgymnasium stand.

Amalienstraße

Anfang: Weyertal
Ende: Wilhelm-Backhaus-Straße
Lage: C 6

Abb. 6 Classen-Kappelmann, der Ehemann von Amalie Bolten

Laut Greven's Adreßbuch von 1955 ist diese Straße nach Christine Amalie Bolten (8. Februar 1834 bis 25. Dezember 1918) benannt. Sie war seit 1852 die zweite Frau von Johann Classen-Kappelmann (Näheres siehe bei Classen-Kappelmann-Straße) und ist mit ihm auf dem Melatenfriedhof beerdigt.

Am Gleueler Bach

Anfang: Decksteiner Straße
Ende: Militärringstraße
Lage: E 3

Die Straße erinnert an einen Wasserlauf, der bis in dieses Jahrhundert hinein durch Lindenthal floß.
Der Gleueler Bach entspringt an der Nordostgrenze des gleichnamigen Ortes. Er unterquert kölnwärts fließend zwischen der Kölner Straße und der Autobahn A1 die Bonnstraße. Im Westen von Sielsdorf verschwindet der Bach, um im Osten des Ortes wieder aufzutauchen. Kurz vor Horbell durchfließt er eine Kläranlage, und an der Horbeller Straße mündet er heutzutage in den Südkanal, der die Wassermassen in Marsdorf dem Frechener Bach zuführt. Am Stüttgerhof vorbei und durch den Stadtwald gelangt das Wasser in den Tierparkweiher.
Im ersten Viertel des 20. Jahrhunderts floß der Gleueler Bach noch durch Horbell nach Deckstein in einen langgestreckten Weiher, an dem sich die Wirtschaft »Zur Decksteiner Mühle« befand. (Auf dem kleinen See wurde damals eifrig gerudert.) Von Deckstein aus schlängelte sich der Bach strauch- und baumgesäumt durch Felder und an Ziegeleien vorbei. Im heutigen »Rosengarten«, umfaßt von der Zülpicher-, Gleueler-, Koppenstein-, Goldenfelsstraße und dem Sträßchen »Am Krieler Dom«, füllte er einen See, in welchem sich auch eine größere Insel befand. Dann floß er neben der Zülpicher Straße entlang, speiste kleine Weiher am Krieler Hof und kurz vor der Kermeterstraße.

Abb. 7 Die Roeckerath'sche Villa um 1906

Schließlich verschwand er in der Kanalisation. Fünfzig Jahre weiter zurück ergoß sich der Gleueler Bach in zwei Läufen durch das Areal der heutigen Universitätskliniken. An der Joseph-Stelzmann-Straße vereinigten sich beide Arme und flossen entlang der Krementzstraße, um letztlich in einen großen Weiher neben der Bachemer Straße – gegenüber dem Alexianerkloster (heutiges Hildegardis-Krankenhaus) – zu münden.

Am Mönchshof

Anfang: Bachemer Straße
Ende: Park des Elisabeth-Krankenhauses
Lage: D 3

Der Mönchshof (vergleiche auch »Adenauer/Gröbe, Lindenthal. Die Entwicklung eines Kölner Vorortes«. S. 30) gehörte dem früheren Kölner Antoniterkloster, von dem heute noch die Antoniterkirche an der Schildergasse zeugt. Der Hof lag an der Ecke Bachemer Straße/Decksteiner Straße, wo sich heute hinter einer uralten Kastanie ein Wohnhaus befindet, welches von dem bekannten Architekten August Breuhaus-de Groot, der zeitweilig auch in Köln lebte und dort gestorben ist, gebaut wurde. Vor diesem Neubau hatte man auf den Trümmern des Hofes nach dem Zweiten Weltkrieg eine sogenannte Arche errichtet. Auf Tonnen stand ein metallener Kahn mit Aufbauten, die bewohnt wurden. Die Straße Am Mönchshof liegt also direkt hinter dem früheren Hof.

Durch den Verkauf des Antoniterklosters, das 1802 unter der Franzosenherrschaft aufgehoben und dessen Kirche später der Evangelischen Kirche übergeben wurde, gelangte der Mönchshof, dessen damaliger Pächter Matthias Schmitz hieß, mit 68 ha am 28. Dezember 1812 für 87100 Franken an Friedrich Herstatt. Aus den Aufhebungsakten von 1802 ergab sich ein Wert von 12340 Franken (vergleiche auch Karl-Schurz-Straße).

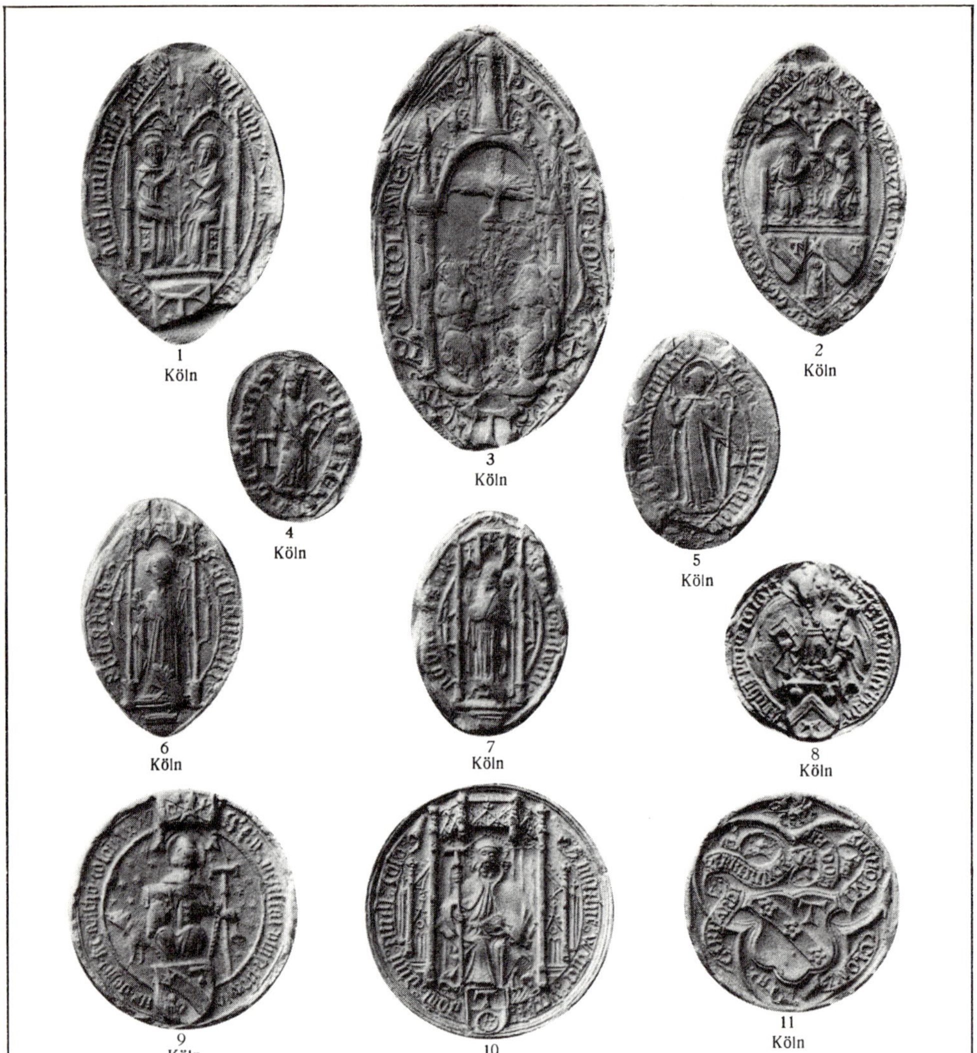

Abb. 8 14 Siegel des Kölner Antoniterklosters

Am Platzhof

Anfang: Bachemer Straße
Ende: Garten des Elisabeth-Krankenhauses
Lage: D 3

Der Platzhof (vergleiche auch »Adenauer/Gröbe, Lindenthal. Die Entwicklung eines Kölner Vorortes«. S. 30) lag an der Ecke Decksteiner Straße/Werthmannstraße. Er ist bis auf eine Außenmauer im Jahre 1988 endgültig abgerissen worden, nachdem er immer mehr verfallen war. Noch nach dem Zweiten Weltkrieg wurde er bewirtschaftet und hieß nach dem Pächter »Esser'scher Hof«. Bis zur Aufhebung 1802 gehörte er dem Gertrudenkloster in Köln (wie auch der Decksteiner Hof, vergleiche die Straße »An der Decksteiner Mühle«) und besaß damals einen Wert von 11 300 Franken. Er umfaßte 55,6 ha und war verpachtet an Ww. Felten. Am 28. Dezember 1812 kaufte ihn Abraham Schaaffhausen in Köln für 39 100 Franken. Der Verkauf erfolgte wie der des Mönchshofs aus der Dotation des Herzogs von Wagram. Der Hof gehörte zuletzt der Kölner Bankierfamilie von Stein (siehe auch Johann-Heinrich-Platz).

Abb. 9 Drei Siegel des Klosters St. Gertrud

Am Schloßgarten

Anfang: Bachemer Straße
Ende: Park des Elisabeth-Krankenhauses (»Schloßgarten«)
Lage: D 3

Der Straßenname erinnert an den noch heute bestehenden Garten beziehungsweise Park des St. Elisabeth-Krankenhauses (Caritaskrankenhauses) in Hohenlind zwischen Platzhof und Mönchshof (vergleiche auch »Adenauer/Gröbe, Lindenthal. Die Entwicklung eines Kölner Vorortes«. S. 30). Seinen Namen hat er von dem auf der Umschlagseite dieses Buches abgebildeten Herrenhaus der Bankierfamilie von Stein. Nach der Inschrift auf dem Bild, das sich noch im Besitz der Familie von Stein befindet, ist es (1850/1859) errichtet worden. Offensichtlich beseitigte man es vor dem Bau des St. Elisabeth-Krankenhauses 1930 bis 1932, wenn es nicht schon vorher abgetragen wurde. Der Park mit heute uralten und oftmals seltenen Bäumen ist von Jakob Greiß (1800 bis 1853) angelegt worden (vergleiche auch Kitschburger Straße).
Mönchhof, Platzhof, eine Wassermühle, die sich nach manchen Aussagen an der Ecke Werthmannstraße/Decksteiner Straße gegenüber dem Platzhof befunden haben soll (vergleiche auch Straße »An der Mühle«), und das herrschaftliche Wohnhaus in dem Schloßgarten, welche in der damaligen Gemeinde Lind im Landkreis Köln lagen, wurden durch Urkunde vom 4. Juli 1863 von König Wilhelm I. von Preußen zu einem landtagsfähigen Rittergut unter Beilegung des Namens Hohenlind vereinigt. Es gehörte dem Bankier Johann Heinrich Stein (1803 bis 1879), in dessen Verfügungsmacht es offensichtlich 1830 durch Heirat mit Katharina Adelaide Herstatt (1809 bis 1863) geraten war. In Lindenthal ist auch heute noch die Rede von dem umfangreichen Grundbesitz der Familie von Stein, den diese angeblich in der Säkularisation erworben hat. Nach den

Abb. 10 Johann Heinrich Stein

Abb. 11 Katharina Adelaide Stein, geb. Herstatt

entsprechenden Verzeichnissen hat Stein seinerzeit nur sehr wenig gekauft, Grundbesitz gehörte auch nicht zu den vom Bankhaus bevorzugten Vermögensanlagen. Der Lindenthaler Besitz stammt also von Friedrich Herstatt, der den vorgenannten Mönchshof gekauft hat, und aus der Grundstücksgemeinschaft Abraham Schaaffhausen/Friedrich Herstatt, die nach der Säkularisation insgesamt für 957188 Franken Grundbesitz erworben hat und damit zum absoluten Spitzenreiter unter den Käufern wurde. Für sich allein kaufte Abraham Schaaffhausen Grundbesitz für 186500 Franken (siehe auch Kitschburger Straße).

Adelaide Herstatt-von Stein starb am 16.8.1863 auf Hohenlind, und wurde auf Melaten beerdigt.

Auf der Umschlagseite unseres ersten Lindenthal-Buches ist die Kitschburg, das nachmalige Stadtwaldrestaurant, abgebildet. Auf der Bildvorlage dazu heißt es fälschlicherweise: Hohenlind.

In dem heutigen Krankenhausgarten, dem früheren Schloßgarten, befindet sich versteckt noch ein Sockel wie für eine Figur und ein offensichtlich bei Ausgrabungsarbeiten gefundener römischer Sarkophag.

Am Stadtwald

Anfang: Kitschburger Straße, nahe der Friedrich-Schmidt-Straße

Ende: Kitschburger Straße, nahe der Haydnstraße

Lage: B 3–C 3

Hufeisenförmig liegt der breite, teilweise asphaltierte Spazierweg zwischen der Friedrich-Schmidt-, Militärring-, Dürener- und Kitschburger Straße im ostwärtigen Teil des Stadtwaldes. Er umschließt als »Großer Rundweg« den Tierpark. In den dreißiger Jahren lockte dieser Weg drei Jahre lang Zehntausende von Kölnern an, nämlich immer dann, wenn die Motorradrennfahrer der Viertelliter-, der 350-ccm- und der

Abb. 12 Stadtwaldrennen 1932. Gemälde von Barthel Gilles

Königs-Klasse (500 ccm) untereinander ihre Sieger ausmachten. »Für die Stadt Köln waren diese Rennen einer der sportlichen Höhepunkte in den Vorkriegsjahren. Was Rang und Namen hatte, angefangen bei Oberbürgermeister Dr. Schmidt, kam in den Stadtwald. Die Zuschauer säumten den gesamten Rundkurs. Dichtgedrängt standen sie in mehreren Reihen hintereinander bis an den Straßenrand, wo in Reichweite die schweren Maschinen mit ohrenbetäubendem Lärm vorbeirasten«, erzählte Professor Dr. Hanswilly Bernartz, der damals selber zur bekannten und erfolgreichen Garde Kölner Motorradrennfahrer gehörte, 1984 einem Reporter der Kölnischen Rundschau. Die Lärmbelästigung zum einen und der Beginn des Zweiten Weltkrieges zum anderen begründen die nur kurze Lebensdauer dieser Kölner Rennveranstaltung.

An der Decksteiner Mühle

Anfang: Gleueler Straße
Ende: Militärringstraße
Lage: E 3

Die Straße erinnert an die früher in der Nachbarschaft des Cafe-Restaurants »Decksteiner Mühle« befindliche Mühle (vergleiche auch »Adenauer/Gröbe, Lindenthal. Die Entwicklung eines Kölner Vorortes«. S. 33 ff). Anstelle weiterer Ausführungen sei hier ein Aushang in dem genannten Lokal aus dem Februar 1980 zitiert:

»Bereits am 12. Februar 1316 gibt es eine urkundliche Erwähnung der Decksteiner Mühle durch Friedrich von Lahnstein, als Komtur des Deutschordens.

Rund 400 Jahre später verkaufte Casper Bardenhewer am 1. September 1723 dem Offizial des Kölner Erzbischofs, Johann Heinrich Mörs, zwei Mühlen, eine Windmühle bei Melaten und eine Wassermühle bei Deckstein für 1750 Taler.

Der letzte Pächter des Decksteiner Hofes in der Kurkölnischen Zeit war Mathias Horn.

Im Jahre 1802 kam auch der Decksteiner Hof in den Besitz des Staates. Der Freiherr von Fürstenberg wird im Jahre 1867 neuer Besitzer des Hofes.

Durch einen Großbrand wurde der Gutshof Ende vorigen Jahrhunderts vernichtet. An ihn erinnert heute noch die Gaststätte Decksteiner Mühle. Sie wurde Anfang des 20. Jahrhunderts weithin bekannt durch ihre beiden großen Tanzsäle und den Vergnügungspark, dessen Glanzstück ein 70 m hoher Aussichtsturm war.

Neuer Besitzer wurde im Jahre 1913 Martin Paffendorf. Unter seiner Regie wurde die Decksteiner Mühle als Ballhaus, bis zu ihrer Zerstörung im Kriegsjahr 1943, auch über die Grenzen Kölns hinaus weitgehend bekannt.

Die Decksteiner Mühle wurde im Jahre 1949 durch die Eheleute Josef und Maria Schumacher geborene Paffendorf wiedereröffnet.«

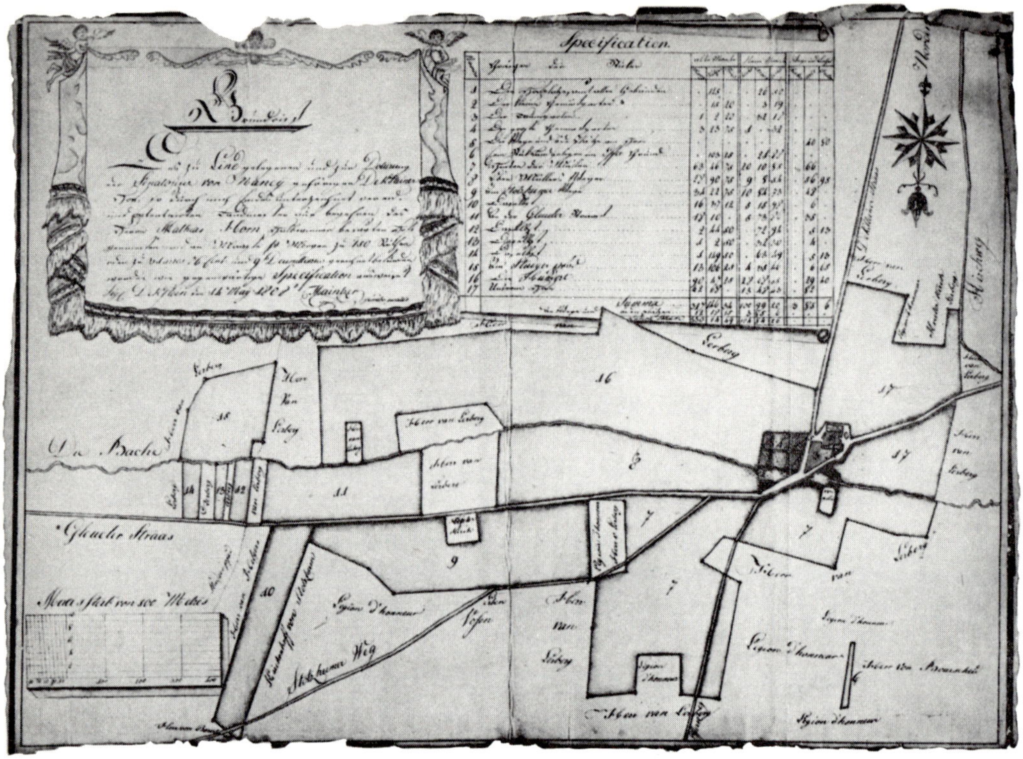

Abb. 13 Hofkarte aus dem Jahre 1808

Die erwähnte Windmühle bei Melaten soll heute in Titz stehen, nachdem sie im vorigen Jahrhundert abgebaut und nach dort transportiert worden ist. Der genannte Johann Heinrich Mörs (Moers) war auch Eigentümer der Kitschburg (siehe Kitschburger Straße). Der Decksteiner Hof hatte 1802 eine Größe von 100,9 ha und einen Wert von 25 160 Franken. Nach einer anderen als der zitierten Quelle erwarb ein Freiherr von Fürstenberg zu Adolphsburg den Hof schon am 6. 11. 1820 für 105 640 Franken.
Es gibt eine Karte aus dem Jahre 1808, die die Ländereien zeigt, die zum Decksteiner Hof gehörten. Danach gehörte der Hof zur Dotierung der Senatorie von Nancy. Die Decksteiner Mühle wurde vom Gleueler Bach angetrieben, der zwischen der Gleueler Straße und der heutigen Straße »Am Gleueler Bach« verlief, die Gleueler Straße unterquerte und südlich zum Krieler Dom weiterlief (vergleiche Am Gleueler Bach).
Der Decksteiner Hof und der Platzhof (siehe Straße »Am Platzhof«) werden beide behandelt in dem 1983 erschienenen Buch von Jutta Prieur: »Das Kölner Dominikanerinnenkloster St. Gertrud am Neumarkt«.

An der Mühle

Anfang: Bachemer Straße
Ende: Garten des Elisabeth-Krankenhauses
Lage: D 3

Bei dieser Mühle handelt es sich um die zum Steinschen Grundbesitz gehörende schon erwähnte Mühle (vergleiche Am Schloßgarten).

An St. Laurentius

Anfang: Weyertal
Ende: Eckertstraße
Lage: C 6

Diese kurze Straße ist nach der an ihr liegenden katholischen Pfarrkirche St. Laurentius benannt, die dort von dem Architekten Emil Steffann zu Beginn der 60er Jahre errichtet worden ist, nachdem das Pfarrgebiet schon 1924 von der Mutterpfarre St. Stephan abgetrennt worden war (vergleiche auch »Adenauer/Gröbe, Lindenthal. Die Entwicklung eines Kölner Vorortes«. S. 136). Heute ist die Pfarrstelle nicht mehr besetzt, sie wird von St. Stephan aus betreut. Der frühere Pfarrer von St. Thomas Morus und ehemalige Dechant Gustav van de Loo ist dort als Subsidiar eingezogen.

Der Hl. Laurentius erlitt im Jahre 258 als Diakon in Rom sein Martyrium. Er wird in der Kunst meist mit dem Rost abgebildet, auf dem er gemartert worden ist.
Laurentius ist einer der Stadtpatrone Roms, sein Fest wird am 10. August gefeiert.
Sein Rost befindet sich auch im Stadtwappen von Wuppertal, in dem ihn der Bergische Löwe hält, wobei die Beziehung durch die St. Laurentius-Kirche in Wuppertal-Elberfeld hergestellt wird, an der seinerzeit Adolph Kolping wirkte.
Nach der Legende begleitet Laurentius seinen Lehrer Sixtus zur Hinrichtung. Sixtus gibt Laurentius den Auftrag, seine Habe an die Armen zu verteilen und verheißt ihm das Martyrium binnen drei Tagen. Laurentius führt den Auftrag gegen den Willen des Kaisers Valerian aus. Der erzürnte Kaiser will Laurentius durch Folter zum Abfall vom Christentum zwingen und befiehlt, ihn auf

Abb. 14 Innenansicht der Kirche St. Laurentius

dem Rost zu Tode zu bringen. Der Kerkermeister Hippolyt, durch soviel Glauben bekehrt, begräbt Laurentius.
Über der Grabstätte ließ Kaiser Konstantin 330 n. Chr. die Kirche San Lorenzo fuori le mure – eine der 7 Hauptkirchen Roms – errichten. Um den Todestag des Hl. Laurentius herum kann man am Nachthimmel zahlreiche Meteoriten beobachten: die Tränen des Laurentius. Zu diesem Zeitpunkt durchläuft die Erde regelmäßig einen Meteoritenschwarm.

Arno-Holz-Straße

Anfang: Lindenburger Allee
Ende: Geibelstraße
Lage: C 5

Arno Holz, Schriftsteller, wurde am 26. April 1863 in Rastenburg (Ostpreußen) geboren und starb in Berlin am 26. Oktober 1929. Holz, der in viele literarische Fehden verwikkelt war, gilt als ein wichtiger Wegbereiter des deutschen Naturalismus. Er bezog die Umgangssprache und gesellschaftliche Themen (sozialrevolutionäre Bekenntnisse, Großstadtbilder) in die Literatur mit ein. Seine sprachlich virtuose Lyrik ist allein vom innneren Rhythmus her bestimmt, er verzichtete auf Reim und alle Formregeln. Auch war er ein vortrefflicher Imitator barocker Lyrik und Literaturkritiker.
Von Arno Holz' lyrischen Werken seien genannt »Buch der Zeit. Lieder eines Modernen« (1886), »Der geschundene Pegasus« (1892) und »Phantasus« (1898–99), von seinen Dramen »Die Familie Selicke« (1889), die tragische Komödie »Traumulus« (1904), die Tragödie »Sonnenfinsternis« (1908), »Ignorabimus« (1913) und die Literatursatire »Die Blechschmiede. Großes, lyrisch-dramatisches, drastisches, musikalisch-malerisch plastisches, phantastisches orgiastisches Ton-, Bild- und Wortmysterium. Ein

Abb. 15 Arno Holz

Pandivinium oder, falls man will Pandämonium in fünf monumentalen Aufzügen und vier cerebralen Zwischenspielen; zusammen neun Handlungen, um nicht zu sagen Wandlungen, geschweige denn gar Verschandlungen, nach den neun Museen« (1902). Die Titel sprechen vielfach für sich selbst.
Arno Holz' Erinnerungen erschienen 1924 unter dem Titel »Kindheitsparadies«. W. Emrichs und andere gaben 1961–1964 in sieben Bänden seine gesammelten Werke heraus.

Bachemer Landstraße

Anfang: Militärringstraße, als Verlängerung der Bachemer Straße
Ende: über die Stadtgrenze hinaus bis Frechen-Bachem, auf Lindenthaler Gebiet bis zum Stüttgenweg
Lage: E 1–E 2

Bachemer Straße

Anfang: Zülpicher Wall, als Verlängerung der Lindenstraße
Ende: Militärringstraße
Lage: C 7–E 2

Innerhalb Lindenthals ist die Bachemer Straße mit ihrer Verlängerung Bachemer Landstraße die längste Straße; sie übertrifft die Dürener Straße (3,7 km) um 400 Meter. Über den Verlauf der Wohnstraße, die als einzige Lindenthaler Straße sowohl den inneren als auch den äußeren Grüngürtel durchquert, gibt der Abdruck eines Rundschau-Artikels aus den Jahren um 1960 detaillierte Auskunft (siehe Abb.: 16). Hier wollen wir uns – wie ja sonst auch – dem Ort, nach dem die Straße benannt ist, zuwenden.
»Bachem, das Dorf der drei Burgen!« – so hört man es, so liest man es. Kaum jemand denkt dort aber an irgend einen Superlativ. Zu groß waren die Leiden, die die Bevölkerung dadurch Jahrhunderte lang auszustehen hatte, weil die obere Burg Bachem als Lehen dem Grafen von Jülich gehörte, die untere Burg Hemmerich aber dem Erzbischof von Köln. Die mittlere Burg, das Haus Bitz, wurde gemeinsam mit Wirtschaftsgebäuden, drei Mühlen, 26 Hufen Land und der Kirche zu Ehren der heiligen Maria bereits 866 der Abtei Prüm als Schenkung übereignet. Hierbei wurde der Ort Bachem auch erstmals urkundlich erwähnt. Die Geschichte Bachems stand somit stets im Spannungsfeld der weltlichen und geistlichen Macht. Jahrhunderte lang durchzogen jülichgräfliche, später herzogliche, oder erzbischöfliche Truppen sowie Heere befreundeter wie verfeindeter Länder den kleinen Ort. Entweder mußten aufwendige Einquartierungen vorgenommen und Nahrungsmittel und Tiere requiriert werden oder die Gehöfte wurden ausgeplündert; beides sorgte stets für größte Opfer und Armut unter der Bevölkerung. Bayeri-

Die Bachemer Straße endet als Feldweg

Porträt einer wechselvollen Straße im Südwesten – Beginn in Neustadt

In Köln gibt es eine Reihe von Straßen, die Stadt und Land verbinden. Zu ihnen zählt auch die Bachemer Straße in Lindenthal, die nach dem Ort Bachem im Landkreis Köln genannt ist. Sie führt von der Neustadt bis in die Gemeinde Frechen. Trotz allem ist sie keine Hauptverkehrsstraße, wenn der Verkehr auf ihr auch immer mehr zunimmt.

Auf ihrem Verlauf durch Lindenthal gilt sie als Wohnstraße. Teilweise durchschneidet sie auch Grünanlagen. Die Bachemer Straße beginnt im Anschluß an die Lindenstraße, und zwar an der Eisenbahnüberführung.

Sie verläuft zunächst quer durch den Inneren Grüngürtel. Rechts erhebt sich der Hügel am Aachener Weiher, dem man es nicht mehr ansieht, daß er aus einem Schuttberg entstanden ist. Grüner Rasen, prächtig entwickelte Baum- und Strauchgruppen bedecken viele tausend Kubikmeter Trümmer. Reste stattlicher Häuser, die im Zweiten Weltkrieg durch Bomben vollständig zerstört wurden. Vom Berg aus hat man einen weiten Blick über die Wasserfläche des Aachener Weihers bis zum Friedhof Melaten.

Ruhige Zone

Links der Straße schaut man über gepflegte Grünanlagen auf die Rückfront der Universität mit dem Hochhaus der Wirtschafts- und Sozialwissenschaftlichen Fakultät. Hinter der Kreuzung mit der Universitätsstraße erhebt sich rechts das stattliche Hildegardis-Krankenhaus. Um vor dem Krankenhaus eine ruhige Zone zu schaffen, wurde die Bachemer Straße vor der Universitätsstraße im vergangenen Jahr nach Süden verschwenkt und die Fahrbahn in Höhe des Hildegardis-Krankenhauses an die Südseite der dort bestehenden Grünanlage verlegt. Das machte eine Beschneidung der Grünanlage notwendig. Aber sie wurde wettgemacht dadurch, daß man die Grünanlage an der Nordseite durch Beschneidung der alten Fahrbahn erweitern konnte. Die alte Fahrbahn ist jetzt nur noch Parkstraße.

Von der Classen-Kappelmann-Straße aus nimmt die Bachemer Straße den Charakter einer Wohnstraße an, ohne aber eine großstädtische Note herauszukehren. Die Bebauung ist durchweg dreistöckig. Gerade in diesem Viertel Lindenthals hatten die Bomben erhebliche Zerstörungen angerichtet. In den letzten Jahren wurde aber eine große Wiederaufbauleistung erreicht. So sieht man zwischen Altbauten viele Neubauten. Auf Trümmergrundstücken wurden auch Studentenheime errichtet.

Kirche St. Stephan

Zwischen Theresienstraße und Lindenthalgürtel hatten ganze Häuserblocks den Krieg heil überstanden. Verschnörkelte Fassaden und angedunkelte Ziegelsteinmauern sind kennzeichnend für diesen Straßenteil. Die Kirche St. Stephan, die 1884/86 erbaut wurde, fiel den Bomben allerdings zum Opfer. Nur der Turm blieb stehen. Das Gotteshaus ist in neuer, moderner Architektonik wiedererstanden.

Auch über den Lindenthalgürtel hinaus trifft man alte Wohnhausblocks in den verschiedensten Baustilen und neuzeitliche Häuser an. Auch hier sah man vor einigen Jahren noch viele Trümmergrundstücke. Hinter der Krieler Straße wird die Bebauung moderner und offener, um schließlich hinter der Mommsenstraße ganz neuzeitliche Formen anzunehmen. Um die linker Hand liegende neue Volksschule Freiligrathstraße hat sich ein Viertel mit stattlichen, geschmackvollen Eigenheimen entwickelt, die größtenteils in schmucke Gärten eingebettet sind. Sie haben Lindenthal um ein weiteres Villenviertel bereichert. Das ist ebenso von dem neuen Ortsteil Deckstein zu sagen, an dem die Bachemer Straße hinter der Decksteiner Straße entlangführt.

Ende als Feldweg

Hinter der Militärringstraße geht sie schließlich in den Äußeren Grüngürtel über. Das kleine Bekken des Decksteiner Weihers reicht fast bis an die Straße heran. Rechts und links von ihr breiten sich Rasenflächen und Buschparzellen aus prächtige Kulisse für das Haus am See mit seinem Minigolfplatz.

Mit der Grenze des Grüngürtels hört auch die Bachemer Straße auf. Sie endet als Weg zwischen Feldern im Landkreis Köln.

Franz Averhoff

Das Gotteshaus von St. Stephan an der Bachemer Straße wurde in moderner Architektonik wiederaufgebaut. Der alte Turm blieb erhalten. Ⓡ-Foto: Wirtz

Abb. 16 Artikel aus der Kölnischen Rundschau

sche Söldner zerstörten 1583 Bachem. Die brutalen Scharen des Spaniers Mendoza wüteten mit allen nur erdenklichen Grausamkeiten im Jahr 1598. Eigenartigerweise herrschte hier während des Dreißigjährigen Krieges relative Ruhe. Zwanzig Jahre später hingegen brannten die Franzosen bei ihrem Versuch, die Rheingrenze zu erobern, alles nieder, und während des Spanischen und 45 Jahre später während des Österreichisch-Bayerischen Erbfolgekrieges fielen französische, spanische, hannoversche, niederländische, österreichische und zuletzt auch kaiserliche Regimenter über Land und Leute Bachems und der Umgebung her.

Abb. 17 Das Herrenhaus der Burg Bachem im Jahr 1893

1794 drangen französische Revolutionstruppen ein und schufen eine straffe Verwaltungsordnung. 1815, unter preußischer Landeshoheit, bildeten sich die Gemeinden Bachem, Buschbell und Frechen, die zur Bürgermeisterei Frechen zusammengefaßt wurden. Die Wirtschaft entwickelte sich in diesem Kreis, eng verbunden mit dem Braunkohlentagebau, recht rasant und wuchs – besonders in den letzten Jahrzehnten – zu einem Zentrum mit höchstem Technologiestandard und zu einem Wohnort mit aufgelockerter Bebauung von kleinen, älteren Reihenhäusern bis hin zu modernen, großen Villen.

Bardenheuerstraße

Anfang: Joseph-Stelzmann-Straße
Ende: Robert-Koch-Straße
Lage: C 6–D 6

Dr. med. Bernhard Bardenheuer wurde am 12. Juli 1839 in Lamersdorf bei Langerwehe (Kreis Düren) geboren. Nach dem medizinischen Staatsexamen im Jahre 1865 wurde er Assistent bei Prof. Busch in Bonn, bei dem Chirurgen Simon und dem Augenarzt Becker in Heidelberg. Er studierte weiter in Paris, London und Wien und knüpfte erste Beziehungen zu Köln an bei seiner Tätigkeit als dirigierender Arzt der chirurgischen Station des Kölner Lazarettes während des deutsch-französischen Krieges.
1872 ließ er sich in Köln als Augenarzt nieder und wurde am 9. Oktober 1874 Oberarzt der

Abb. 18 Bernhard Bardenheuer

chirurgischen Abteilung des Bürgerhospitals.
10 Jahre später wurde er als erster außerhalb der Universitäten zum Professor ernannt und erhielt 1895 den Titel »Geheimer Sanitätsrat«, der nach Gründung der Akademie für praktische Medizin (1904) in »Geheimer Medizinalrat« umgewandelt wurde. Bardenheuer war ein äußerst hilfsbereiter, menschenfreundlicher Arzt, der in Köln und Umgebung allseitig anerkannt und beliebt war. Der berühmte Chirurg Ernst von Bergmann meinte von Bardenheuer, daß er Großtaten der Chirurgie verrichtet habe. Bardenheuers Wahlspruch war: »Das wahre Leben liegt im Streben«. Mit der Begründung der genannten Akademie wurde Bardenheuer deren geschäftsführender Professor. 1911 erkrankte er dermaßen, daß er zum 1. August 1913 von seinen städtischen Ämtern zurücktreten mußte, um schon am 13. August in seiner Heimat Lamersdorf zu sterben, wo er auch begraben wurde. Sein Bruder Joseph, Kommerzienrat, war als Liberaler vor dem Ersten Weltkrieg Mitglied des Kölner Stadtrats.

Behringstraße

Anfang: Wüllnerstraße
Ende: Rautenstrauchstraße
Lage: B 5

Emil Adolph Behring, Serologe, wurde in Hansdorf (Kreis Rosenberg in Westpreußen) am 15. März 1854 geboren und starb in Marburg am 31. März 1917. Er war zunächst Militärarzt, ab 1889 Assistent von Robert Koch (siehe gleichnamige Straße) und ab 1893 Professor in Halle, seit 1895 in Marburg. Er entdeckte 1890 das Diphtherie- und Tetanus-Antitoxin und begründete mit der Erfindung des Heilserums gegen Diphtherie die zusammen mit S. Kitersato dargestellte moderne passive Serotherapie. 1901 erhielt er den (1.) Nobelpreis für Physiologie oder Medizin. Im selben Jahr wurde er geadelt

Abb. 19 Emil Adolph von Behring

(von Behring). Seine Hauptwerke sind: »Die praktischen Ziele der Blutserumtherapie und die Immunisierungsmethoden zum Zwecke der Gewinnung von Heilserum«, 2 Bände (1892); »Geschichte der Diphtherie mit besonderer Berücksichtigung der Immunitätslehre« (1893); »Einführung in die Lehre von der Bekämpfung der Infektionskrankheiten« (1912). Behring gehört zu den berühmtesten deutschen Medizinern wie Robert Koch und Rudolf Virchow, denen ebenfalls Straßen in Lindenthal gewidmet sind.
In der Behringstraße befinden sich die Gästehäuser der Kölner Universität.

Biggestraße

Anfang: Karl-Schwering-Platz
Ende: Grünanlage in der Verlängerung des Danteweges
Lage: B 5

Heinrich Bigge wurde am 7. März 1813 in Arnsberg geboren. Er legte sein Abitur am dortigen Gymnasium ab und studierte an

Abb. 20 Heinrich Bigge

den Universitäten Münster und Bonn. 1841 begann er als Lehrer am Koblenzer Gymnasium und anschließend in Trier. 1845 wurde er am Gymnasium Koblenz festangestellt, 1851 Oberlehrer und 1856 Professor. Von 1860 bis zu seinem Tode am 4. Dezember 1882 in Köln war er Direktor des Apostelgymnasiums. Er wurde auf dem Friedhof Melaten begraben. Die Straße benannte man nach ihm, als dort das seinerzeit staatliche, jetzt städtische Apostelgymnasium neu errichtet und im Herbst 1961 bezogen wurde. Vorher befand sich das Apostelgymnasium in Sülz in der Lotharstraße, noch früher am Apostelnkloster in der Kölner Innenstadt (vergleiche Karl-Schwering-Platz, die Straße Am Adenauerweiher und (vergleiche auch »Adenauer/Gröbe, Lindenthal. Die Entwicklung eines Kölner Vorortes«. S. 118 ff.).
Das Apostelgymnasium öffnete am 15. Oktober 1860 als drittes Gymnasium in Köln seine Pforten, und zwar als katholisches Gymnasium. Die Gründung erfolgte aufgrund der stark gestiegenen Schülerzahlen in Köln und mit Hilfe der Mittel des Gymnasial- und Stiftungsfonds. Die Wahl Prof. Bigges zum ersten Direktor war für die gesamte Entwicklung der Schule von größter Bedeutung. Er drückte der Anstalt das Gepräge seines Geistes auf. Die von Werner Ohlendorf 1935 verfaßte Gedenkschrift zum 75jährigen Bestehen des Apostelgymnasiums enthält Auszüge aus dem Tagebuch und dem Briefwechsel Bigges. In seinem Nachruf heißt es, daß die Anstalt unter ihm bald ebenbürtig den übrigen Gymnasien der Monarchie an die Seite getreten sei und sich weithin einen guten Klang, nicht unverdientes Ansehen und vielfache Anerkennung erworben habe. Die Lehrer schätzten ihn danach als wohlwollenden und erfahrenen Vorsteher, der aus dem reichen Schatze seiner pädagogischen Erfahrungen gerne allen, die des Rates bedurften, mitteilte. Die Schüler hätten ihn hochachten gelernt als kenntnisreichen Lehrer und verständigen und liebevollen Erzieher. Der Schule werde der Same, den er ausstreute, noch auf lange Zeit gute Früchte bringen.

Birresborner Straße

Anfang: Lindenthalgürtel/Kermeterstraße
Ende: Mommsenstraße
Lage: D 5–E 5

Der rund 1400 Einwohner zählende Ort Birresborn liegt sechs Kilometer südlich von Gerolstein in der Vulkaneifel. Schon im Jahre 763 waren die Mineral- und Heilquellen bekannt, die auch heute noch für Trinkkuren im Quelltempel des Birresborner Phönix-Sprudels (Exklusivlieferant der Kölner Universitätskliniken) genutzt werden. Der Ortsname veränderte sich im Laufe der Zeit von Birgis Bureas (763, guter Born/Brunnen) über Birensbure (893), Birgesbura (1103), Berisbure (1136), Berissbor (1570), Pierispuer (1596) und Pierisch (1658) bis Birresborn (um 1700). Das Wappen stellt links zwei

Abb. 21 Das Birresborner Mineralbrunnenwerk um 1910

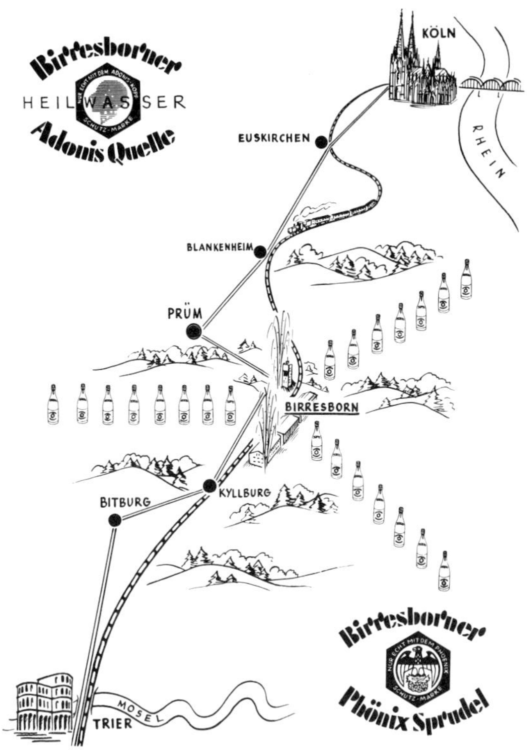

Abb. 22 Birresborn zwischen Trier und Köln

unter Naturschutz stehende etwa 200 Jahre alte Kiefern dar; rechts ist der 509 m hohe Vulkan Kalem abgebildet und unten die Birresborner Mineralquellen.

Nicht nur Kurgäste, die sich an dem Heilwasser der Adonisquelle erquicken, besuchen gerne den Ort, auch an Geologie oder der Pflanzenwelt interessierte Wanderer finden hier zum Goldberg (524 m üNN), Daxberg (524 m üNN) oder Kalem (509 m üNN), den Eishöhlen sowie zum Hunds- und Fischbachtal.

Bitburger Straße

Lage: Die Bitburger Straße geht als Stichstraße von der Birresborner Straße ab, D 5

Bereits dem keltischen Stamm der Treverer war eine Siedlung Bitburg bekannt; sie nannten diese »Beda«.

Die Römer befestigten den an der Heerstraße Trier-Köln gelegenen Ort mit einem Mauer-

Abb. 23 Bierflaschenetikett

ring, stationierten dort die zwölfte Legion und gaben ihm den Namen »Bada vicus«. Zu Beginn des vierten Jahrhunderts wurde das Kastell mit zwölf Rundtürmen ausgebaut.
Unter fränkischer Herrschaft kam Bitburg zum Erzstift Trier, 1239 zu Luxemburg und in der Folge zu Manderscheid, Virneburg, wieder zu Luxemburg, dann zu Burgund, Spanien, Österreich, Frankreich und schließlich zu Preußen. Die häufig wechselnde Herrschaftszugehörigkeit führte zu zahlreichen Zerstörungen. Besonders stark suchten 1689 Truppen Ludwigs XIV. den Ort heim und verwüsteten ihn völlig. Achtzig Jahre später vernichtete ein Großbrand fast den gesamten Ort, und auch im Zweiten Weltkrieg wurde Bitburg total zerstört.
Heute pulsiert in der 12 000 Einwohner zählenden Stadt wieder ein reges Wirtschaftsleben.
Einen sehr guten Ruf genießt das Bitburger Pils; selbst eingefleischte Kölsch-Trinker wissen das Bier zu rühmen.

Brahmsstraße

Anfang: Dürener Straße
Ende: Haydnstraße
Lage: C 3

Johannes Brahms wurde als zweites von drei Kindern des Musikers Johann Jakob Brahms und dessen Frau Johanna Henrika Christina geb. Nissen am 7. Mai 1833 in Hamburg-Altona geboren. Die außergewöhnliche musikalische Begabung wurde bereits im Alter von sechs Jahren offenkundig, so daß Johannes neben dem üblichen Schulunterricht auch Unterweisung im Klavierspiel erhielt. Bald galt er als Wunderkind und sollte an einer Tournee durch Amerika teilnehmen. Das wußte sein Lehrer Cossel zu verhindern, indem er seinem Schüler einen neuen und berühmten Lehrer vermittelte: den Klaviervirtuosen und Komponisten Eduard Marxsen. In Brahms' sehr jungen Jahren entstanden bereits die ersten bedeutenden Klavierwerke. Mit 20 Jahren unternahm Brahms als Klavierbegleiter des Geigers Eduard Reményi eine Konzertreise durch Norddeutschland, bei der Joseph Joachim auf ihn aufmerksam wurde. Mit dessen Empfehlung versehen, kam Brahms erst nach Weimar, wo Franz Liszt im »Haus Altenburg« residierte. Während Brahms sich von Liszts Musik keineswegs beeindruckt zeigte, verblüfften den großen Virtuosen einige der Werke des jungen Künstlers. Noch im gleichen Jahr führte Joachim Brahms in Düsseldorf bei Robert Schumann ein, und es entwickelte sich rasch eine tiefe Freundschaft, die bis zum Freitod Schumanns währte. Schumann nahm Brahms in sein Haus auf und sorgte umgehend für die Veröffentlichung einiger Klavierkompositionen. Auch wenn sich Brahms nach dem Tod Robert Schumanns von der von ihm herzlichst verehrten Clara und von Düsseldorf trennte, so machten doch sie und Joachim auf zahlreichen Konzerten Brahms' Werke weiterhin der Öffentlichkeit bekannt. Er selbst nahm für mehrere Jahre beim Fürsten von Lippe zu Detmold die Stelle eines Chordirigenten und Musiklehrers an. In der Folge lebte er in Hamburg und von 1862 an in Wien, wo er Chormeister der Singakademie wurde. 1864 legte er das Amt nieder. In eifriger produktiver Tätigkeit »wanderte« er durch die deutschen Lande, wohnte in Hamburg, in der Schweiz, in Baden-Baden, bis er sich 1869 wieder in Wien niederließ und die Dirigentenstelle der Konzerte der Gesellschaft der Musikfreunde und die Leitung des Wiener Singvereins annahm. Das »Deutsche Requiem«, das »Triumphlied« zum deutschen Sieg über Frankreich, die »Ungarischen Tänze« und die »Haydn-Variationen« ließen Brahms' Ansehen stetig steigen, so daß er 1876 meinte, auch mit der »Frucht mehrjähriger Arbeit«, mit seiner Ersten Sinfonie, an die Öffentlichkeit treten zu können, fühlte er sich doch bis dahin durch Beethovens Übergröße auf diesem Gebiet gehemmt. Wenn auch die Gegner von Johannes Brahms dessen Erste Sinfonie stets »Beethovens Zehnte« nannten, so gelang ihm damit der sogenannte Durchbruch. Er wurde mit Ehrungen regelrecht überhäuft: Mitglied der Akademie der Künste in Berlin, Ehrendoktorwürde von Cambridge (1877) und Breslau (1881), stimmberechtigter Ritter des preußischen Ordens Pour le mérite für Kunst und Wissenschaft, Ehrenbürger von Hamburg. Dennoch enthielt sich Brahms des Rummels in der Öffentlichkeit und lebte lieber zurückgezogen, ganz dem Komponieren hingegeben. So erschienen in den nächsten zehn Jahren drei weitere Sinfonien, das Violinkonzert, das zweite Klavierkonzert, das Doppelkonzert für Violine und Violoncello sowie eine Vielzahl kleinerer Werke.

Beinahe wäre Brahms 1884 Chef des Kölner Gürzenichorchesters anstelle von Franz Wüllner (siehe gleichnamige Straße) geworden, mit dem er eng befreundet war und der zahlreiche Werke Brahms' in Köln zur Uraufführung brachte.

Mit seiner Ausrichtung, Vorbilder aus der Vergangenheit zu suchen, zu studieren und weiterzuentwickeln, kam der anfangs zu den neudeutschen Komponisten gerechnete Brahms immer mehr in den Gegensatz zu der extremen fortschrittlichen Partei der Anhänger von Berlioz, Liszt, Wagner und Bruckner und wurde schließlich von diesen in Acht und Bann getan. Das scherte Brahms zwar nicht das Geringste – er war nun einmal der erbittertste Gegner Wagners –, doch glaubt die Musikwelt, daß sich Brahms durch das Verschließen gegenüber einer der wichtigsten Schulen deutscher Musik in einem gewissen Grad auch seiner eigenen Entfaltung Grenzen setzte.

Johannes Brahms starb am 3. April 1897 und wurde auf dem Wiener Zentralfriedhof begraben.

Abb. 24 Johannes Brahms

Bregenzer Straße

Anfang: Freiligrathstraße
Ende: Überlinger Straße
Lage: D 4

Bregenz liegt am Ostende des Bodensees in Österreich. Der 26 400 Einwohner zählende Ort ist die Landeshauptstadt von Vorarlberg. Wenn auch die Grenzstadt zur Schweiz und nach Deutschland ein Fremdenverkehrsort von internationalem Rang ist, so gibt es in den weitläufigen Vororten mehrere Industriebetriebe der Elektro-, Textil- und Nahrungsmittelbranche. Die alljährlichen Festspiele im Kongreßhaus und vor allem auf der Seebühne bilden den Höhepunkt im Kulturleben der Stadt.
Bereits auf der Weltkarte des Ptolomäus aus dem 2. Jahrhundert ist Bregenz als »Brigantium« verzeichnet, und der Bodensee heißt dort »Lacus Brigantinus«. Die Römer bauten den Ort zu einer bedeutenden Militär- und Handelsstadt aus. Die Alemannen übernahmen vom 4. Jahrhundert an kontinuierlich die Vorherrschaft. Der erste urkundliche Hinweis auf das Oppidum, auf die Stadt, erscheint um 700. Von da an war die Stadt Sitz der Grafen von Bregenz; ab dem 12. Jahrhundert der Sitz der Grafen von Monfort. 1523 mußten die Monforts aufgrund von zahlreichen Erbteilungen und Zwistigkeiten ihren Besitz an Österreich verkaufen. Seither ist Bregenz vorarlbergische Landeshauptstadt und wurde bis ins 17. Jahrhundert hinein stark befestigt. Dennoch wurde die Stadt – durch Verrat – im letzten Jahr des 30jährigen Krieges von den Schweden eingenommen und ausgeplündert. Unter napoleonischer Herrschaft wurde Vorarlberg, ebenso wie Tirol, Bayern einverleibt, bis es nach dem Wiener Kongreß 1815 wieder an Österreich zurückfiel.

Abb. 25 Bregenz, Oberstadt

Brucknerstraße

Anfang: Aachener Straße
Ende: Frangenheimstraße
Lage: B 5

»Bei Bruckner handelt es sich gar nicht um die Werke, sondern um einen Schwindel, der in ein bis zwei Jahren tot und vergessen sein wird. Bruckners Werke unsterblich, oder vielleicht gar Sinfonien? Es ist zum Lachen.« (Johannes Brahms)
» – ich muß es aussprechen: er (Bruckner) ist ein überlebensgroßer Dilettant! Ich ändere meine Meinung nicht mehr, vielleicht ändert sich aber das Urteil der Welt – ich rechne nach 15–20 Jahren.« (Hans Pfitzner, 1940)
»Der bedeutendste Sinfoniker nach Beethoven!« (Richard Wagner)
Mit solchen unterschiedlichen Bewertungen seines Werkes mußte Anton Bruckner zurechtkommen. Zu seinen Lebzeiten überwogen die ablehnenden Haltungen, und er hatte einen langen Kampf zu bestehen, ehe er Anerkennung fand. Nach seinem Tod ist der Ruhm jedoch ständig gewachsen; heute zählt er in der musikalischen Welt mehr als je zuvor.
Als Sohn des Dorfschullehrers Anton Bruckner und seiner Frau Therese kam Josef Anton Bruckner am 4. September 1824 im oberösterreichischen Ansfelden zur Welt. Als 1837 der Vater starb, wurde Anton nach St. Florian ins Kloster geschickt, um die dortige Schule zu besuchen und Musikunterricht zu erhalten. Drei Jahre später besucht er eine Lehrerbildungsanstalt in Linz und wird dann als Schulgehilfe in verschiedenen Orten eingesetzt, bis er schließlich Hilfslehrer und Stiftsorganist in St. Florian wird. Überwiegend autodidaktisch bildete er sich bis dahin musikalisch aus, bemerkte aber immer stärker die eigenen technischen Unzulänglichkeiten. Als er 1855 Domorganist in Linz wurde, begann er regelrechte musikalische Studien unter Simon Sechters in Wien. Den Lehrerberuf gab Bruckner auf. Nachdem er

Abb. 26 Anton Bruckner

1863 die Partitur des »Tannhäuser« studiert und erstmals der Aufführung einer Wagner-Oper beigewohnt hatte, schrieb er, tief von der Musik berührt, seine erste Sinfonie (f-moll), die er später jedoch, ebenso wie die nächstfolgende (d-moll), nur als »Schulaufgaben« bezeichnete und verwarf oder, wie es in der einschlägigen Literatur steht, gar vernichtete. Wie dem auch sein mag, in der Sowjetunion, in Frankreich und England erfreuen sich die »Null-Nullte« und die »Nullte«-Sinfonie heute großer Beliebtheit; seit 1983 gibt es beide Sinfonien als Aufführung des Sinfonie-Orchesters des sowjetischen Kultusministeriums sogar in einer CD-Doppelcassette des französischen Verlages »le chant du monde«. 1865 reiste Bruckner zur Uraufführung von Richard Wagners »Tristan und Isolde« nach München. Begeistert von dem Komponisten fand Bruckner Aufnahme in den Kreis um Wagner.
Nach dem Tod Simon Sechters' übernahm Bruckner die Ämter des Hofkapellmeisters in Wien und des Lehrers für Musiktheorie und Orgelspiel am Wiener Konservatorium und 1875 auch das des Lektors für Musik an der Wiener Universität. 1891 ernannte man Bruckner zum philosophischen Ehrendoktor.
Neun – in Wirklichkeit elf – Sinfonien komponierte Bruckner, dazu zwei Streichquintette, drei Messen und weitere geistliche und

weltliche Orchester- und Vokalmusik. Die durchweg groß angelegten Werke mit ihren weiten, schimmernden Klanglandschaften begannen erst ab 1881 weitere Kreise zu interessieren. Aber gerade diese Kreise überführten die Satzweise und Instrumentierung Wagners in das Gebiet der sinfonischen und kirchlichen Komposition. Deshalb erhoben die Wagnerianer Bruckner gegen Brahms auf den Schild, was auf seiten des Gegners den Vorwurf einbrachte, Bruckner sei nur ein Abklatsch von Wagner. Dabei würde ein objektiver Hörer aus den Brucknerschen Sinfonien eher die schlichte Eingebung Schubertscher Prägung heraushören.
1891 zog sich Bruckner vom Lehrbetrieb zurück. Trotz zunehmender Altersschwäche arbeitet er unermüdlich an seinen Kompositionen weiter, bis er am 11. Oktober 1896 stirbt. Unter der Orgel der Stiftskirche von St. Florian wird der Leichnam beigesetzt.

Clarenbachstraße

Anfang: Universitätsstraße
Ende: Stadtwaldgürtel
Lage: B 4/6

Magister Adolf Clarenbach, ein früher evangelischer Reformator, wurde am 28. September 1529 mit Peter von Fliesteden in Melaten auf dem Scheiterhaufen verbrannt. Auf dem Melatenfriedhof befindet sich ein Gedenkstein für beide Märtyrer.
Nach Clarenbach ist die evangelische Clarenbach-Kirchengemeinde in Köln-Braunsfeld benannt, deren Kirche sich an der Aachener Straße befindet (Ecke Peter-von-Fliesteden-Straße). In unmittelbarer Nähe und auch in anderen Stadtteilen Kölns befinden sich Bauten des Clarenbachwerkes, des Altenwerkes der Kölner Evangelischen Kirche.
Clarenbach hatte seinen Glaubensbruder Johann Klopreis, der in Köln im Gefängnis

Ein altes Bild der
Verbrennung Clarenbachs
und Peters in Melaten. (A. d. J. 1554, entnommen dem Martyrologium des L. Rabus),

Abb. 27

saß, besucht, um ihn in seinem Glauben zu stärken. Dabei wurde Clarenbach selbst gefangengenommen, während es Klopreis gelang zu fliehen. Clarenbach wurde als Ketzer zum Tode verurteilt und zusammen mit Fliesteden, der die Messe im Kölner Dom gestört hatte, verbrannt. Vorher war er monatelang im Ehrentor untergebracht, zuletzt in der Hacht. Klopreis wandte sich später der Täuferbewegung zu, wurde zur Zeit der Wiedertäuferherrschaft in Münster gefangengenommen und in Brühl hingerichtet.
Clarenbach stammte vom Buscherhof bei Remscheid-Lennep. Sein Geburtsdatum ist unbekannt. Der Vater Dietrich zum Busche war ein gutsituierter Bürger und hatte mehrere Kinder. Adolph ging zunächst in Lennep zur Schule und besuchte später die Lateinschule in Münster. 1514 bezog er die Kölner Universität und studierte die Schönen Künste. Er wandte sich sehr früh, in den Jahren 1521/22, der Lehre Luthers zu, ohne je mit Luther zusammenzutreffen. Er vertrat Luthers Lehre in Münster, Werl, Osnabrück und in seiner Vaterstadt Lennep.
Es gibt einen alten Holzschnitt von der Verbrennung Clarenbachs mit Fliesteden auf

Alle Acta Adolphi Clarenbach.

WAs Adolphus Clarenbach im lande von Berge/ehe dann er zů Cöln gefangen/deß Euangeliums halben/von seinen widersechern/begegnet vnnd zůgestanden sei.

Vnd wie ihn hernach/ als er zů Cöln gefangen/ die Sophisten vnnd Ketzermeyster zů Cölln/so verräterisch/ diebisch/mörderisch/onchristlich/ ja gantz vnd gar so onmenschlich/wider alles sein gründtlich darthůn/auß Heyliger schrifft zum fewr geurtheylt haben/ ein warhafftige vnnd klägliche Histori/ sampt vil heylsamen leeren/auß Heyliger geschrifft.

Was vnderscheydts zwischen dem Gesetz vnd Euangelio sei.
Item warin ein christlich leben vnd wandel gelegen.
Vnd ein kurtze vnderrichtung wie man das heilig Sacrament empfahen sol.
Allen Christglaubigen vast nutz vnd trostlich zůlesen.

Ein jeglicher nem̃ sein creutz auff sich vnd folge mir nach. Matth. xvj.

Eine der ältesten Urkunden zum Leben Adolf Clarenbachs a. d. Jahre 1530 mit dem einzigen zeitgenössischen Holzschnitt-Bildnis des Märtyrers. (A. d. Krafft'schen Bibliothek in Elberfeld).

Abb. 28

Melaten (1554). Das Buch »Frühlicht am Rhein – Adolph Clarenbach – sein Leben und Sterben« von H. Klugkist-Hesse aus dem Jahre 1929 zeigt noch eine weitere Abbildung aus dem Jahre 1530 auf dem Weg zur Hinrichtung. Die Parkanlage an der Clarenbachstraße stammt von Fritz Schumacher (1869–1947) und Fritz Encke (1861–1931) (vergleiche Enckestraße).
Clarenbach wird heute durch eine Rathausturmfigur geehrt.

Classen-Kappelmann-Straße

Anfang: Bachemer Straße
Ende: Dürener Straße
Lage: B 6–C 6

Johann Classen-Kappelmann, geboren am 26. Dezember 1816 in Sinzig, gestorben am 28. Mai 1879 in Köln, war von 1850 bis 1879 Gemeinderat für Lindenthal in der Gemeinde Efferen, zu der Lindenthal damals gehörte; das Rathaus befand sich in Lindenthal. Er lebte seit 1834 in Köln, wurde schon 1846 Mitglied des Gemeinderates der Stadt Köln und blieb bis 1879 Stadtverordneter. Von 1876 bis 1879 gehörte er dem Preußischen Abgeordnetenhaus in Berlin an.
Von 1860 bis 1879 betätigte sich Classen-Kappelmann auch als Mitglied der Handelskammer zu Köln, sein Wirtschaftszweig war Manufakturwarenhandel, Tricotfabrikation (vergleiche auch »Adenauer/Gröbe, Lindenthal. Die Entwicklung eines Kölner Vorortes«. S. 73). Er war Inhaber der Rheinischen Spinnerei und Tricotfabrik und ein führender Unternehmer seiner Zeit. So vertrat er die Kölner Handelskammer von 1861 bis 1868 im »bleibendem Ausschuß« des Deutschen Handelstages in Berlin. Anfang der 50er Jahre bemühte sich Classen-Kappelmann um die Gründung einer zweiten Kölner Rückversicherungsgesellschaft, aus der sich allerdings die Gründung der Concordia-

Abb. 29 Johann Classen-Kappelmann

Lebensversicherung ergab (heute Colonia-Lebensversicherung). Classen-Kappelmann war schließlich zu Beginn der 60er Jahre an der Gründung einer Kommanditgesellschaft beteiligt, die zum Gegenstand eine permanente Industrieausstellung in Köln hatte. Um 1865 setzte er sich vehement für den Erwerb des bis dahin privaten Gaswerkes durch die Stadt Köln ein, nachdem er schon 1850 mit einer Denkschrift für den Bau eines städtischen Wasserwerkes eingetreten war. 1871 wollte Classen-Kappelmann das für die Ausübung des aktiven Wahlrechtes notwendige Mindesteinkommen von 400 Taler auf 200 Taler herabgesetzt wissen. 1873 erreichte er die Streichung des städtischen Zuschusses zur Fronleichnamsprozession. Schon um 1865 votierte Classen-Kappelmann für die Entfestigung der Stadt Köln.
Classen-Kappelmann war der Organisator der am 18. und 19. Juli 1863 und am 22. und 23. Juli 1865 in Köln stattgefundenen sogenannten Abgeordnetenfeste, die die Verbundenheit des Volkes mit dem preußischen Abgeordnetenhaus in Berlin demonstrieren

sollten, vergleiche »Das Fest der Abgeordneten von Rheinland-Westfalen, gehalten zu Köln am 18. und 19. Juli 1863. Vollständiger Festbericht.« (Leipzig, Verlag von Otto Wigand) sowie »Das Abgeordnetenfest zu Köln am 22. und 23. Juli 1865. Vollständiger Festbericht.« (Leipzig 1865, Verlag von Theodor Lißner), welcher ein Porträt Classen-Kappelmanns enthält. Mit dem preußischen Verfassungskonflikt und den damit in Zusammenhang stehenden Kölner Abgeordnetenfesten befaßt sich auch Thomas Parent in seinem Buch »›Passiver Widerstand‹ im preußischen Verfassungskonflikt. Die Kölner Abgeordnetenfeste.« (Köln 1982).

Wir sehen, daß Classen-Kappelmann ein höchst agiler Kommunalpolitiker war, in seinen Methoden und Zielen nicht immer unbedenklich, sicherlich ein unbequemer und publizitätssüchtiger Zeitgeist. Er war der »eigentliche Führer der Fortschrittspartei, ein höchst streitbarer Politiker, der sich als Erbe der achtundvierziger Tradition fühlte und gern im Scheine der Volksgunst sonnte. In der Debatte oft absichtlich verletzend, verstand er sich meisterhaft auf die besondere rheinische Kunst, politische Aufzüge und Feste zu organisieren, und täuschte sich über die Tragweite solcher Demonstrationen; politisch völlig unbelehrbar, wurde er durch Mißerfolge immer nur in seiner Meinung gestärkt, was dann Prinzipientreue heißt. Um ein zweiter, weniger liebenswürdiger Raveaux zu werden, war er aber doch zu sehr erfahrener Fabrikant, der im geschäftlichen Leben stand« (aus Eberhard Gothein: »Verfassungs- und Wirtschaftsgeschichte der Stadt Cöln vom Untergange der Reichsfreiheit bis zur Errichtung des Deutschen Reiches«, 1. Band I. Teil des von der Stadt Cöln herausgegebenen Werkes »Die Stadt Cöln im 1. Jahrhundert unter preußischer Herrschaft. 1815 bis 1915.« Cöln 1916). Politischer Nachfolger Classen-Kappelmanns wurde Joseph Stelzmann (vergleiche gleichnamige Straße). Classen-Kappelmann ruht auf dem Melatenfriedhof (Grab Nr. 55, lit. P zwischen lit. K und lit. L).

Danteweg

Anfang: Universitätsstraße
Ende: Brucknerstraße
Lage: B 6

Dieser Weg ist nach dem italienischen Dichter Dante Alighieri benannt, der zwischen dem 14. Mai und 13. Juni 1265 in Florenz geboren wurde und am 13./14. September 1321 in Ravenna gestorben ist. Viele halten ihn nicht nur für den größten italienischen Dichter, sondern auch für den größten Dichter des Mittelalters überhaupt.

Sein häufig genanntes, aber sicherlich ebenso wenig gelesenes Hauptwerk ist die Göttliche Komödie, ein episches Gedicht, das in der Zeit zwischen 1307 und 1321 entstanden ist. Es erzählt von Dantes Wanderung durch die Reiche des Jenseits, Hölle, Fegefeuer und Paradies, und seiner Begegnung mit den Seelen verstorbener, meist berühmter Personen. Dieses Werk, das nicht als Komödie im heutigen Wortsinne zu verstehen ist, gibt nicht nur eine christliche Auffassung der Geschichte wieder, sondern stellt ebenso das

Abb. 30 Dante Alighieri

gesamte Universum und die Geschichte des Menschen dar, und zwar wesentlich in Bezugnahme auf das alte Römische Reich.
Dantes Jugendwerk »Das erneuerte Leben« entstand zwischen 1283 und 1293/1295 und ist das erste durchkomponierte Buch der italienischen Literatur. Es folgen »Zwei Bücher über die Ausdruckskraft der Volkssprache« (1303/1304), »Das Gastmahl« (zwischen 1303 und 1308) sowie »Drei Bücher über die Monarchie«, schließlich noch über 80 Gedichte.
In den Büchern über die Monarchie nimmt Dante in dem Machtstreit zwischen Kaiser und Papst zugunsten des deutschen Kaisers Stellung, da er sich von dem verheißenen Italienzug Heinrichs VII. eine Änderung der allgemeinen politischen Lage, aber auch seiner persönlichen Lage erhoffte. Er war 1302 nach einem Sieg der päpstlich gesinnten Schwarzguelfen aus Florenz verbannt worden und lebte daraufhin in Ravenna. Sein Wunsch, wenigstens in seiner Heimatstadt Florenz sterben zu können, ist ihm nicht erfüllt worden. Er starb in Ravenna im Exil, das ihm ein würdiges Denkmal gesetzt hat.
Der Danteweg hat seinen Namen nicht zufällig erhalten, liegt er doch seitlich des Italienischen Kulturinstituts. Vielleicht hätte es näher gelegen, den Weg nach dem ebenfalls höchstberühmten italienischen Dichter Francesco Petrarca (1304 bis 1374) zu benennen, nachdem es von 1931 bis 1943 in Köln ein Deutsch-Italienisches Kulturinstitut unter dem Namen Petrarca-Haus gegeben und Petrarca Köln auch im Jahre 1333 besucht hat. Noch heute gibt es an der Universität zu Köln ein Petrarca-Institut.

Decksteiner Straße

Anfang: Dürener Straße
Ende: Gleueler Straße
Lage: D 3–E 3

Die Decksteiner Straße verläuft im Abschnitt zwischen der Gleueler und der Bachemer Straße auf der Mittelterrasse des Rheins, die sich ostwärts von ihr bis zu acht Meter tiefer auf die Niederterrasse absenkt. Damit bildet sie die natürliche Grenze vom oberen Deckstein zum unteren Kriel. In Hohenlind jedoch fällt die Decksteiner Straße bis zur Dürener Straße auf das Niederterrassenniveau ab. Sehr deutlich ist dies auf der Tranchot-Karte 72, Köln, von 1803–20 zu erkennen, von der im ersten Lindenthal-Buch auf Seite 24 der entsprechende Ausschnitt abgebildet ist. Ebenfalls ist aus der Karte ersichtlich, daß die Decksteiner Straße bereits seit alters her die Verbindungsstraße Kitschburg – Lind (heute Hohenlind) – Decksteiner Mühle war. Über den bereits am 12. Februar 1316 in einer Urkunde erwähnten Decksteiner Hof, die Decksteiner Mühle und den Lindenthaler Ortsteil Deckstein ist Näheres im bereits erwähnten ersten Lindenthal-Buch ab Seite 33 ff nachzulesen.

Dürener Straße

Anfang: Universitätsstraße
Ende: Stüttgenweg/Stadtgrenze
Lage: B 7–D 1

40 Kilometer westlich von Köln und 30 Kilometer ostwärts von Aachen liegt Düren mit seinen 85 000 Einwohnern am Rand der Nordeifel.
Im Jahr 748 wird der Ort erstmals als »Villa Duria« in den Metzer Annalen erwähnt, weil dort in diesem Jahr Pipin eine Reichsversammlung abhielt. Das bezeugt aber, daß Düren zu der Zeit bereits eine ansehnliche

Abb. 31 An der Decksteiner Mühle um 1900

Abb. 32 Die Dürener Straße um 1910

Siedlung gewesen sein muß. Karl der Große (747–814) baute diese weiter aus, und nachdem sie die Stadtrechte erhalten hatte, begann man zu Anfang des 13. Jahrhunderts mit dem Bau der Stadtbefestigung. Wenn Düren auch die Reichsunmittelbarkeit besaß, so ließ die Macht der Grafen und späteren Herzöge von Jülich doch nur den Status einer Jülicher Landstadt zu. Dennoch nahm die Stadt einen ungeahnten wirtschaftlichen und religiösen Aufschwung durch die Überbringung der in Mainz gestohlenen Sankt-Anna-Reliquie im Jahre 1501. Jährlich zogen Zehntausende Pilger in die Stadt, die beherbergt und versorgt werden mußten. Düren war so wohlhabend, daß selbst die Zerstörung der Stadt 1543 schnell überwunden werden konnte. Mit dem Dreißigjährigen Krieg begann jedoch eine Zeit des Niederganges. Erst zu Beginn des 18. Jahrhunderts setzte wieder ein wirtschaftlicher Aufschwung ein, nachdem es den Tuchmachern und -kaufleuten gelungen war, sich von den hemmenden Zunftzwängen zu befreien. Von 1744 an konnte so die fabrikmäßige Herstellung der Tuche beginnen. Parallel dazu entwickelte sich die Dürener Papierfabrikation, die mit dem Übergang von der Bütten- zur Maschinenfabrikation des Papiers einen gewaltigen Fortschritt erfuhr. Die eisenschaffende und -verarbeitende Industrie der Familie Hoesch, die 1871 in das Ruhrgebiet auswanderte, galt als das dritte Standbein der Industrialisierung.

Ein furchtbarer Luftangriff am 16.11.1944 zerstörte die Stadt fast völlig und forderte über 3000 Tote.

Heute ist Düren das geistige, kulturelle und wirtschaftliche Zentrum des Nordeifelraumes – gelegen zwischen der Bundeshauptstadt Bonn, der Rheinmetropole Köln, der Landeshauptstadt Düsseldorf im Osten, der Stadt Aachen mit den Grenzübergängen zu den Benelux-Staaten im Westen und den Industriestädten Mönchengladbach, Krefeld und Rheydt im Norden. Im Süden liegt der ausgedehnte Naturpark »Nordeifel«.

Das 1485 in dieser Anordnung dargestellte Wappen der Stadt Düren zeigt in einem geteilten goldenen Feld oben einen rot bewehrten schwarzen Reichsadler, unten einen rot bewehrten schwarzen Löwen der Grafen und Herzöge von Jülich. Seit dem 19. Jahrhundert wird dem Wappen eine rote Mauerkrone aufgesetzt.

Eckertstraße

Anfang: An St. Laurentius
Ende: Bachemer Straße
Lage: C 6

Der Geheime Regierungsrat Christian Laurenz Maria Eckert, Dr. jur., Dr. phil., Dr. rer. pol. h. c., wurde am 16. März 1874 in Mainz geboren und starb in Köln am 27.6.1952. Sein Grab befindet sich auf Melaten (Nr. 189 Flur 54). Eckert wurde 1902 ordentlicher Professor an der Handelshochschule in Köln, an der er seit ihrer Gründung 1901 als hauptamtlicher Dozent tätig war. Am 1. Oktober 1904 wurde er Studiendirektor der Handelshochschule und zusätzlich am 1. April 1912 Direktor der neuen Hochschule für Kommunale und Soziale Verwaltung. 1914 übernahm er auch die Leitung des Museums für Handel und Industrie in Köln. In mehreren Denkschriften trat Eckert für die Wiedererrichtung der Universität Köln ein. Er gilt neben dem Oberbürgermeister Konrad Adenauer als Wiederbegründer der Kölner Universität im Sommer 1919 (vergleiche Universitätsstraße). Er wurde ihr erster Rektor und von Oktober 1920 bis September 1933 der Geschäftsführende Vorsitzende des Kuratoriums, Vorsitzender war Adenauer. Wie Adenauer wurde Eckert Ehrenbürger der Universität und war bis zu seiner Entlassung Geschäftsführender Direktor des Forschungs-Instituts für Sozialwissenschaften. Während des Dritten Reiches aus sämtlichen Ämtern und Diensten entlassen, ernannte

Abb. 33 Christian Laurenz Maria Eckert

man ihn 1945 wieder zum Professor an der Kölner Universität, er wurde zum Vizepräsidenten der Mainzer Akademie der Wissenschaften und Literatur gewählt und bekleidete von 1946 bis 1949 das Amt des Oberbürgermeisters von Worms.
Von Eckert stammen unter anderem die Bücher »Die neue Universität«, Köln 1921, und »I. H. Stein: Werden und Wachsen eines Kölner Bankhauses in 150 Jahren (1790 bis 1940)« (vergleiche Johann-Heinrich-Platz), Köln 1940. Über ihn berichtet die Festschrift: »Christian Eckert. Kultur und Wirtschaft im Rheinischen Raum«, herausgegeben von A. F. Napp-Zinn und M. Oppenheim. Sein Sohn, der Dominikanerpater Willehad Eckert, hat »Die kleine Geschichte der Universität Köln« und verschiedene Führer durch Köln verfaßt.

Eichenkreuz-Sportanlage

Anfang: Militärringstraße
Ende: Fort VI
Lage: E 2

Die kurze Straße zwischen zwei Sportplätzen im Äußeren Grüngürtel ist benannt nach der Eichenkreuz-Sportbewegung innerhalb des Christlichen Vereines Junger Männer (CVJM). Dieser rechtlich unselbständige Verband wurde im Jahre 1921 in Kassel gegründet, wo er heute noch seine Zentrale hat, und wählte als Abzeichen ein Kreuz mit Eichenblättern. Der Verein wurde 1934 verboten, aber 1947 wieder ins Leben gerufen und Mitglied im Deutschen Sportbund. Er umfaßt fünf Bünde und fördert in der evangelischen Jugendarbeit den Breiten- und den Wettkampfsport.

Abb. 34

Enckestraße

Anfang: Bachemer Straße
Ende: Viktor-Schnitzler-Straße
Lage: E 3

Der königliche Gartenbaudirektor Fritz Encke wurde am 5. April 1861 in Oberstedten bei Bad Homburg v. d. H. geboren und starb am 12. 3. 1931 in Herborn/Westerwald. Encke besuchte von 1880 bis 1882 die Höhere Gärtner-Lehranstalt zu Wildpark bei Potsdam und arbeitete 1883/84 bei privaten Gärtnereien in Erfurt und 1884/85 in Chester, England. Nachdem er zwischen 1885 und 1890 bei der städtischen Gartenverwaltung und der Landschaftsgärtnerei Haack in Berlin gearbeitet hatte, wurde er vom 1. 4. 1890 bis 30. 3. 1903 Lehrer für Gartenkunst an der Gärtnerlehranstalt Wildpark, 1897 erfolgte die Ernennung zum königlichen Garteninspektor und 1899 zum königlichen Gartenbaudirektor.
Seine Haupttätigkeit entfaltete Encke als Gartendirektor in Köln vom 1. 4. 1903 bis zum 1. 10. 1926. Am 7. 2. 1931 ernannte ihn die Landwirtschaftliche Hochschule Berlin zum Dr. h. c.
Encke hat in seiner Kölner Zeit als Nachfolger von Adolf Kowallek folgende Grünanlagen entworfen und gestaltet: Vorgebirgspark, Blücherpark, Klettenbergpark, Hindenburgpark, Stadtwalderweiterung, Volkspark, Humboldtpark, Rheinpark, Fort X im Inneren Grüngürtel, Festungswerke im Äußeren Grüngürtel und zahlreiche Stadtplätze sowie den Plan für den Äußeren Grüngürtel. Für Lindenthal entwarf Encke den Lortzingplatz (1907–1908), aber auch die Grünanlage Clarenbachstraße-Rautenstrauchstraße-Karl-Schwering-Platz (1925), in dem er den Entwurf von Fritz Schumacher überarbeitete. Sein Sohn Hans Encke war nach 1945 Superintendent des Kirchenkreises Köln der Evangelischen Kirche.

Abb. 35 Fritz Encke

Ernst-Wilhelm-Nay-Straße

Anfang: Mommsenstraße
Ende: Birresborner Straße
Lage: D 4/5

Der Maler Nay wurde in Berlin am 11. Juni 1902 geboren und starb am 8. April 1968 in Köln. Er ist einer der bedeutendsten Künstler der zweiten Generation der Moderne. Seine Kunst schreitet vom gegenständlichen Bild fort zum abstrakten, ja bis zur freien Setzung von Farben. Nay, Sohn eines Regierungsrates, der neben ihm noch fünf weitere Kinder hatte, besuchte das Humanistische Gymnasium von Berlin-Steglitz, später die berühmte Internatsschule Schulpforta in Thüringen. Nach Abitur und abgebrochener Buchhandelslehre wendet Nay sich dem Zeichnen

Abb. 36 Ernst Wilhelm Nay im Jahr 1964

und Malen zu. Er wurde 1925 Schüler von Carl Hofer an der Berliner Akademie und erhielt 1931 den Rompreis, aufgrund dessen er sich neun Monate in der Villa Massimo in Rom aufhalten konnte. Er war 1937 Gast von Edvard Munch in Norwegen, den er 1938 wieder besuchte. Es entstanden die sogenannten Lofotenbilder. Den Krieg verbringt Nay als Soldat in Frankreich, teilweise als Kartenzeichner. 1951 siedelt er nach Köln über. Es folgen zahlreiche Ausstellungen und Reisen. Nay beteiligt sich an verschiedenen documenta-Ausstellungen in Kassel und verfaßte 1955 seine Schrift »Vom Gestaltwert der Farbe«. Ein Jahr später führte er eine Einzelausstellung im Deutschen Pavillon auf der Biennale in Venedig durch. Nay lebte zuletzt in Köln-Lindenthal. Seine Gemälde sind in allen großen Kunstsammlungen vertreten. Zahlreiche Preise galten ihm und seinem Werk. 1991 fand eine große Retrospektive in der Josef-Haubrich-Kunsthalle in Köln statt.

Falkenburgstraße

Anfang: Dürener Straße
Ende: Scheffelstraße
Lage: C 4–D 4

Im Revolutionsjahr 1848 erbaute Fritz Fühling, einer der beiden »Gründer« Lindenthals, im an der Dürener Straße gelegenen Dreieck Krieler, Uhland- und Lindenstraße (heutige Falkenburgstraße) sein zweites Lindenthaler Haus, das einer Burg glich. Der Kölner Kaufmann, Karnevalist und revolutionäre Angehörige der Frankfurter Nationalversammlung im Jahre 1848, Franz Raveaux (1810–1851), hielt die Festrede, in der er der »Kolonie Lindenthal« eine große Zukunft voraussagte (Siehe »Adenauer/Gröbe, Lindenthal. Die Entwicklung eines Kölner Vorortes«. S. 25 ff). Noch vor der Jahrhundertwende ging die Falkenburg in den Besitz der Familie Wilhelm und Berta Junggeburth über, die dort eine florierende Schnapsbrennerei und einen Handel mit Gaststättenbedarf betrieb.

Kindern muß die »Burg« wohl unheimlich gewesen sein, denn Suitbert Heimbach schrieb in seinen Plaudereien »Rund um den Krieler Dom in der Jahrhundertwende«: »An der Falkenburg halten wir uns nicht allzulange auf. Zwar fürchten wir uns nicht, wie viele kleine und große Kinder vor den Eulen, die im Turme hausen und bei Dunkelheit rauschend vorbeiziehen, aber die Burg scheint uns hier fehl am Platze.« Während der Luftangriffe von 1944 bis 1945 auf Lindenthal zerstörten die Bomben die Falkenburg vollkommen. Heute zeugt von der Burg nur noch eine verkleinerte Abbildung aus gelben Ziegelsteinen in der roten Backsteinwand eines Hauses in der Krieler Straße und die Falkenburg-Apotheke an der Dürener Straße.

In der Falkenburgstraße 21 steht eines der ältesten Lindenthaler Gebäude: ein um 1870 errichtetes, zweigeschossiges, weißgeschlämmtes Backsteinhaus mit einer mittig

Abb. 37 Die Falkenburg von der Dürener Straße aus gesehen

im ersten Stockwerk eingefügten Madonna. Das Gebäude wird als Gastwirtschaft genutzt und trägt den Namen »Zum Marienbildchen«. Verwechslungen mit dem stadtbekannten Restaurant »Zum Marienbild« an der Aachener Straße werden gerne hingenommen, denn auch die Wirte dieser gemütlichen »Kleinausgabe« legen großen Wert auf die Qualität der Biere und der Speisen.

Flotowstraße

Anfang: Theresienstraße
Ende: Lindenburger Allee
Lage: C 5

Als Sproß einer alten mecklenburgischen Adelsfamilie wurde Friedrich von Flotow am 27. April 1812 auf dem Gut Teutendorf geboren. Gegen den Willen seines Vaters, der für seinen Sohn eine Verwaltungslaufbahn vorsah, setzte Friedrich seinen Wunsch durch, Musiker zu werden. Bereits als 15jähriger zog er nach Paris und studierte bei Reicha drei Jahre lang Komposition. Der erste Erfolg gelang ihm 1839 mit der französischen Oper »Le naufrage de la Méduse«. Finanziell abgesichert griff er in dennoch selbstloser Weise dem jungen und noch unbekannten Jakob Offenbach aus Köln unter die Arme, indem

Abb. 38 Friedrich von Flotow

er gemeinsam mit ihm kleine Stücke für Violoncello und Klavier komponierte und in den wichtigsten Pariser Soiréen aufführte.
Flotows Opern hatten elegante Melodien und fanden trotz des Fehlens jeglicher Tiefe großen Anklang. So folgte rasch Oper auf Oper. Die erste für Deutschland geschriebene Oper gelangte 1844 in Hamburg unter allgemeinem Beifall zur Uraufführung. Dieses Werk, »Allessandro Stradella«, war in Wien dermaßen erfolgreich, daß die Wiener Hofoper den Komponisten mit einer neuen Oper beauftragte. Das Ergebnis war »Martha«. 1847 in Wien uraufgeführt, trat sie einen geradezu sensationellen Siegeszug durch ganz Europa an. Zum 70. Geburtstag Flotows gab man in Wien die 500. Aufführung dieser Oper. Etliche deutschsprachige Opern wie »Die Großfürstin« (1850), »Indra« (1852), »Rübezahl« (1854), »Albin« (1856), »Die Musikanten« und »Der Runenstein« (1868) folgten, konnten aber keine nennenswerten Erfolge einspielen; sie sind – von »Indra« abgesehen – gar nicht mehr auf den heutigen Spielplänen zu finden. Auch mehrere Ballette brachte Flotow auf die Bühne, wie auch eine Musik zu Shakespeares »Wintermärchen«, einige Ouvertüren, Klaviertrios und Lieder.
Von 1855 bis 1862 leitete Flotow das Schweriner Hoftheater.
Er starb am 24. Januar 1883 in Darmstadt.

Frangenheimstraße

Anfang: Herbert-Lewin-Straße
Ende: Karl-Schwering-Platz
Lage: B 5/6

Dr. med. Paul Frangenheim wurde in Bochum am 4. Juli 1876 geboren und starb in Köln am 28. Oktober 1930. Sein Großonkel Johann Friedrich Frangenheim war Pfarrer an St. Kolumba in Köln und errichtete 1826 eine Studienstiftung im Rahmen des Kölner Gymnasial- und Stiftungsfonds. Paul Frangenheim leitete als Nachfolger Bardenheuers (siehe Bardenheuerstraße) von 1913 bis zu seinem Tode die Chirurgische Klinik des Augusta- und des Bürgerhospitals und besaß damit den zweiten chirurgischen Lehrstuhl in Köln. 1919 wurde er Professor der Chirurgie an der neuen Kölner Universität.

Abb. 39 Paul Frangenheim

Franzstraße

Anfang: Lindenburger Allee
Ende: Krieler Straße
Lage: D 4/5

Nach Greven's Adreßbuch von 1955 war eine Familie Franz Eigentümer des ersten Gebäudes an der nach ihr benannten Straße. Möglicherweise ist sie auch nach dem Bürgermeister von Lindenthal und Efferen, Franz Weygold (um 1876) benannt. Wahrscheinlich handelt es sich aber um die auch in Lindenthal ursprünglich verbreitete Gewohnheit, Straßen nach bliebigen Vornamen zu benennen.

Frechener Platz

Lage: Der Frechener Platz liegt zwischen der Mommsenstraße und der Sielsdorfer Straße. Bis 1934 hieß er Kerpener Platz, E 4.

Frechener Straße

Die Frechener Straße begrenzt den Frechener Platz nach Südosten.

Anfang: Mommsenstraße

Ende: Zülpicher Straße

Lage: E 4

Die Stadt Frechen nennt sich gerne »eine junge Stadt mit Tradition«. Das trifft insofern auch zu, als das Gemeinwesen Frechen nach den zahlreichen Bodenfunden bereits in römischer Zeit Bestand gehabt haben soll. Urkundliche Erwähnungen stammen jedoch aus dem 9. Jahrhundert, aber erst am 2. September 1951 wurden dem Ort die Stadtrechte verliehen. Seit der kommunalen Neugliederung im Jahre 1975 besteht Frechen aus den Stadtteilen Bachem, Benzelrath, Buschbell, Frechen, Grefrath, Habbelrath, Hücheln und Königsdorf.

Braunkohle, Ton und Quarzsand bestimmen bereits seit Jahrhunderten das wirtschaftliche Leben in Frechen. Auf eine 500jährige Tradition kann das Töpferhandwerk zurückblikken – die Frechener Bartmannkrüge zum Beispiel waren zwischen dem 16. und 18. Jahrhundert in ganz Europa und in Übersee begehrt. 1852 errichtete man die erste Steinzeugröhrenfabrik. Um 1700 begann der Braunkohlenabbau, und 1891 preßte die erste Fabrik die Braunkohle zu Briketts. Heute prägen die Fabrikations- und Forschungseinrichtungen der Braunkohle, der Steinzeugrohrindustrie und der Quarzwerke das Wirtschaftgefüge der 15 km westlich von Köln liegenden Stadt, in der rund 44 000 Einwohner leben.

Das am 22. August 1928 von Preußen genehmigte Wappen der Stadt Frechen zeigt den schwarzen Löwen der Herzöge von Jülich im goldenen Feld. In seinen Pranken hält er einen braunen Bartmannkrug. Der Entwurf stammt von dem Kölner Heraldiker Arnold Steiger.

Abb. 40 Signet der Stadt Frechen

Freiligrathstraße

Anfang: Zülpicher Straße
Ende: Bachemer Straße
Lage: D 4–E 4

Der Schriftsteller und Dichter Ferdinand Freiligrath wurde in Detmold am 17. Juni 1810 geboren. Er starb am 18. März 1876 in Canstatt (heute zu Stuttgart). Freiligrath wurde bekannt durch seinen Einsatz zur Erhaltung der Ruine Rolandseck, an der heute zu seiner Erinnerung eine Plakette angebracht ist. Er widmete im Jahre 1840 sein bei M. DuMont Schauberg erschienenes Buch »Roland-Album« Marianne Prinzessin Wilhelm von Preußen als Besitzerin der Ruine. Der Erlös des Buches diente dem Besten der Ruine. Das Buch zeigt auf seinem Titel, der von D. Levy-Elkan aus Köln gestaltet wurde, einen Blick durch den Rolandsbogen auf den Drachenfels. Das Büchlein enthält poetische Bearbeitungen der Rolandsage, unter anderem von August Kopisch, Karl Simrock und Ludwig Uhland (siehe Uhlandstraße).
Schon 1838 hatte der Kaufmannslehrling in Soest und Bankangestellte in Amsterdam und Barmen sehr erfolgreich Gedichtsammlungen veröffentlicht, teils mit exotischen Schilderungen. Mit Simrock und Matzerath gab er das »Rheinische Jahrbuch für Kunst und Poesie« heraus (1840–41) und mit Levin Schücking »Das malerische und romantische Westphalen« (1841).
Auf ein Ehrengehalt König Friedrich Wilhelms IV. verzichtete er nach zwei Jahren (1844), da er sich seit dieser Zeit ganz in den Dienst sozialer und freiheitlich-demokratischer Ideale stellte. In Brüssel lernte er 1840 Karl Marx kennen und ging über die Schweiz 1846 nach England. Während der Revolution des Jahres 1848 kehrte er nach Deutschland zurück (Gedicht: »Die Todten an die Lebenden«), wurde verhaftet, freigesprochen und Redakteur der von Marx in Köln geleiteten »Neuen Rheinischen Zeitung« (bis 1849). Wegen seiner Beteiligung an der demokratischen Zentralbehörde in Köln wanderte er abermals nach England aus.

Abb. 41 Ferdinand Freiligrath

Zugleich Romantiker verfocht Freiligrath das Gedankengut der Revolution von 1848, kämpfte für soziale Reformen und die nationale Erhebung. Die Benennung der Straße nach ihm steht im Zusammenhang mit den Straßenbenennungen nach Robert Blum, Gottfried Kinkel sowie Karl Schurz. Zahlreiche Gedichte über den Rhein und Übersetzungen englischer Gedichte und der Werke Victor Hugos, dem er sehr ähnlich war, ins Deutsche zählen zu seinem Œuvre. Ein Haus am Rheinufer in Unkel berichtet von Freiligraths Aufenthalt dort von 1839 bis 1840. Am 27. Juni 1868 besuchte er seine Freunde, die Kölner, im Gürzenich zu einem Bankett, auf dem eine Nationalkollekte begann, die dem Dichter nach seinem Londoner Exil ein sorgenfreies Leben in Deutschland ermöglichen sollte. Die von ihm neun Jahre lang geleitete Agentur der Schweizer Generalbank in London war im Vorjahre eingegangen. Seinen Lebensabend verbrachte er aber nicht am Rhein, sondern in Stuttgart und Canstatt, um sich noch im Alter zum patriotischen Dichter der Bismarckzeit zu wandeln.

Friedrich-Moritz-Straße

Anfang: Am Gleueler Bach
Ende: Schmittmannstraße
Lage: E 3

Der Geheime Medizinalrat Dr. med. Friedrich Moritz, nicht zu verwechseln mit dem Architekten Karl Moritz, dem Erbauer der alten Oper, des Gereonshauses und des Kaufhauses Peters (heute Karstadt) in Köln sowie des sogenannten Moritz'schen Pavillons auf dem Gelände der Lindenburg, wurde am 10. Dezember 1861 in Mainz geboren und starb am 12. Januar 1938 in Köln. Nach dem Medizinstudium an den Universitäten Würzburg und München wurde er 1890 Privatdozent und von 1891 bis 1901 außerordentlicher Professor, danach Professor der Inneren Medizin und Direktor der Poliklinik Reissingerianum in München. Von 1901 bis 1905 war er ordentlicher öffentlicher Professor für Innere Medizin und Direktor der Inneren Klinik in Greifswald, von 1905 bis 1907 in Gießen, 1907 bis 1911 in Straßburg und von

Abb. 42 Friedrich Moritz

1911 bis 1929 in Köln, und zwar bis 1919 an der Medizinischen Akademie, ab 1923 als Direktor der Klinik für Innere Medizin der

Abb. 43 Eröffnungsfeier der Kölner Universität am 19. Juni 1919

Lindenburg. Zugleich war er ärztlicher Direktor der Krankenanstalt Lindenburg und wurde 1935 Ehrenbürger der Universität Köln. Er gilt als Mitbegründer der neuen Universität Köln, insbesondere der medizinischen Fakultät.
Es gibt ein Buch von H. Dietlen über ihn: »Friedrich Moritz, ein großer Kliniker«, erschienen in Köln 1950. Eine neue Biografie ist in Arbeit.
Auf einem vielfach reproduzierten Foto von der Wiedereröffnungsfeier der Kölner Universität (heutige Fachhochschule an der Claudiusstraße) am 19. Juni 1919 sieht man Moritz neben Adenauer und Eckert stehen.
In den ersten Jahren existierten an dem Vorläufer der jetzigen großen Universität in Lindenthal nur zwei Fakultäten, nämlich die Wirtschafts- und Sozialwissenschaftliche, die aus der Handelshochschule und der Akademie für Kommunale und Soziale Verwaltung unter Eckerts Leitung hervorging sowie die Medizinische Fakultät, die sich aus der Akademie für Praktische Medizin unter Moritz' Leitung entwickelte (vergleiche auch Am Adenauerweiher Eckertstraße und Universitätsstraße).

Friedrich-Schmidt-Straße

Anfang: Klosterstraße
Ende: Militärringstraße
Lage: B 2/5

Der Architekt Friedrich Schmidt, seit 1889 Freiherr von Schmidt, wurde in Frickenhofen/Württemberg (heute zu Gschwend/Ostalbkreis) am 22. Oktober 1825 geboren und starb am 23. Januar 1891 in Wien. Nach seinem Studium in Stuttgart und Köln wurde Schmidt von 1843 bis 1858 Mitglied der Kölner Dombauhütte. 1853 führte ihn ein Ruf nach Wien, er lebte seitdem als Professor für Architektur an der Wiener Akademie, um dort 1863 auch Dombaumeister zu werden. Sein Porträt ist außen am Stephansdom in

Abb. 44 Friedrich Schmidt

plastischer Form angebracht. Schon 1858 hatte er einen Lehrauftrag in Mailand an der Accademia delle Arti erhalten. 1872 bis 1883 erbaute er in Wien das neugotische Rathaus an der Ringstraße. 1872 erhielt Schmidt die große Goldmedaille des Royal Institute of British Architects. Er lieferte auch einen preisgekrönten Entwurf für die Kölner Herz-Jesu-Kirche am Zülpicher Platz, die von seinem Sohn Heinrich Freiherr von Schmidt, geboren in Köln am 8. März 1850, schließlich gebaut wurde. Die an der Kölner Dombauhütte erlernte Neugotik verband der Vater mit Renaissanceformen zu seinem typischen Repräsentationsstil.
Friedrich Schmidt als Dombaumeister personifiziert die Verbindung zwischen den Domen in Köln und Wien. Die Benennung der von Lindenthal über Braunsfeld nach Müngersdorf führenden langen Straße steht im Zusammenhang mit den übrigen Architekten-Straßen in Braunsfeld, wobei die Hültzstraße und der Hültzplatz (siehe dort) die Trennung zwischen Lindenthal und Braunsfeld darstellen.

Fritz-Hönig-Straße

Anfang: Johann-Heinrich-Platz
Ende: Decksteiner Straße
Lage: D 3

Fritz Hönig wurde am 23. September 1833 in einem Bürgerhaus in der Breite Straße geboren. Bald zog die Familie um in das Haus Altermarkt 56, wo Hönigs Vater eine Pumpen- und Feuerspritzenproduktion betrieb. Der lange, fussige Fritz hielt nicht viel von Schule und Gelehrsamkeit; viel lieber trieb er sich auf dem Marktplatz herum. An dieser unverfälschten und kräftigen Quelle lernte er die Kölner Mundart kennen. Nach einer Lehre im väterlichen Haus verbrachte er einige Wanderjahre in Belgien und Paris. Wenn Hönig im Ausland auch bedeutende Kenntnisse im Feuerlöschwesen erwarb, mit denen er der eigenen Firma einen erheblichen Aufschwung verschaffte, so lernte er doch neben der französischen Sprache auch die französische Lustspiel-Literatur kennen. Das schlug sich wiederum in einer großen Anzahl einaktiger Lustspiele für die »Gesellschaft Fidelio« und die »Cäcilia Wolkenburg« nieder. Herrliche Karnevalslieder und Büttenreden machten ihn rasch zu einer beliebten Person; kurzzeitig oblag ihm als Präsident der »Großen Karnevalsgesellschaft« sogar die Leitung über das bedeutendste Kölner Volksfest. Seine beiden erfolgreichen Sammlungen mundartlicher Erzählungen und Gedichte »Geschräppels« (1875) und »Allerhands« (1877) faßte er 1887 unter dem Titel »För jeder jet« für eine Neuausgabe zusammen, schrieb acht Bändchen Puppenspiele (1884) und das noch heute immer wieder aufgelegte Buch »Sprüchwörter und Redensarten in Kölner Mundart« (1895). Besonders intensiv widmete sich Hönig der Zusammenstellung eines Wörterbuches der Kölner Mundart. Bereits 1877 gab er eines in erster Auflage heraus; das war jedoch sehr lückenhaft und zeigte viele Mängel. Er erkannte es selbst und arbeitete daran bis an sein Lebensende

Abb. 45 Fritz Hönig

weiter. Zur Vollendung brachte er das Werk allerdings nicht mehr.
Fritz Hönig starb in der Nacht vom 2. zum 3. November 1903 in der Friedenstraße 22 und wurde am 6. November auf Melaten unter großer Anteilnahme der Bevölkerung beigesetzt.
Aus dem Kreis seiner Freunde und Verehrer bildete sich bald ein fünfzigköpfiges Komitee, das die Mittel beschaffte, die notwendig waren, um das Wörterbuchprojekt zu Ende zu führen. Rektor Heinrich Hack sichtete, bearbeitete und vollendete das Manuskript und gab es schließlich im J. P. Bachem Verlag an Hönigs zweitem Todestag 1905 heraus.

Fürst-Pückler-Straße

Anfang: Stadtwaldgürtel
Ende: Aachener Straße
Lage: B 4–C 4

Der Schriftsteller Hermann Fürst von Pückler-Muskau stammte aus der schlesischen Linie eines 1306 erstmals urkundlich

Abb. 46 Schloß und Park von Muskau

erwähnten Adelsgeschlechtes und wurde 1822 gefürstet. Er ist besonders bekannt geworden als Landschaftsgarten-Künstler. Daher hat man auch die längs des Stadtwalds führende Straße nach ihm benannt. Pückler wurde am 30. Oktober 1785 auf Schloß Muskau an der Oder geboren, welches er 1811 erbte, und um welches herum er den ersten Park in Deutschland im englischen Stil errichtete, und zwar unter erheblichem Kostenaufwand. Er beschrieb ihn in seinen »Andeutungen über Landschaftsgärtnerei« (1834). 1845 verkaufte er Muskau, das heute durch die deutsch-polnische Grenze zerschnitten wird, und erwarb Schloß Branitz bei Cottbus, um das herum er ebenfalls einen englischen Park anlegte und wo er am 4. Februar 1871 starb.

Großen Ruhm erwarb sich Pückler aber auch als Schriftsteller. Zunächst erschienen von ihm die »Briefe eines Verstorbenen«, später Berichte über seine Reisen von 1834 bis 1839 durch Nordafrika, Griechenland, Ägypten und Kleinasien, die noch heute durch ihre Frische und Ironie, ihren Witz und die ihnen zugrundeliegende gute Beobachtung gefallen (so zum Beispiel Tutti Frutti 1834, Vorletzter Weltgang von Semilasso, 1835, Südöstlicher Bildersaal, Reisen in Griechenland, 1840/41, Aus Mehemed Ali's Reich, 1844). Den Erlös aus dem Verkauf der Bücher brauchte er dringend für seine Reisen und Gartenbaumaßnahmen. Auch ansonsten weist Pücklers Biografie viele Besonderhei-

Abb. 47 Hermann Ludwig Fürst von Pückler-Muskau

ten auf. Es heißt über ihn, daß er sein Reisetagebuch als Gegenstück zu den Reisetagebüchern vom Typus der italienischen Reise Goethes konzipiert habe. Er sei nicht wie Goethe mit einer bestimmten Erwartung, die er durch seine Erfahrungen bestätigt sehen möchte, gereist, vielmehr habe er gefunden, was er nie gesucht habe. So brachte er von einer Nordafrikareise eine schwarze Sklavin mit, die ihn liebte und die er liebte und die er wie eine zweite Ehefrau neben seiner ersten in Deutschland hielt, bis sie, noch blutjung, starb.

Geibelstraße

Anfang: Gleueler Straße
Ende: Dürener Straße
Lage: C 5

Der Dichter Emanuel Geibel wurde am 17. Oktober 1815 in Lübeck geboren, wo er am 6. April 1884 starb. Geibel hinterließ vor allen Dingen ein lyrisches Werk, daneben ein Lustspiel unter dem Titel »Meister Andrea«, entstanden 1847. Es handelt sich um einen Faschingsschwank, den er für eine Gruppe von Freunden innerhalb von acht Tagen schrieb. Das Werk wurde von F. P. von Weingärtner 1920 vertont.

In Literaturgeschichten aus der Zeit vor dem ersten Weltkrieg wurde Geibel als Lyriker nicht selten neben Goethe gestellt. Einem breiten bürgerlichen Publikum gefiel in der zweiten Hälfte des 19. Jahrhunderts seine Dichtung so gut, daß von seiner ersten »Gedichte« überschriebenen Sammlung (1840) bis zum ersten Weltkrieg 132 Auflagen erschienen. Neben Felix Dahn, Viktor von Scheffel (siehe Scheffelstraße) und Paul Heyse hatte Geibel schon in seiner frühen Zeit einen maßgeblichen Anteil an der Aus-

Abb. 48 Geibel (in der Mitte stehend) im Münchener Dichterkreis der »Krokodile«

prägung und Bildung der bürgerlichen Lesekultur, ihres patriotischen Sinns und schließlich ihres restaurativen Selbstbewußtseins. Geibel selbst hielt sich für einen Epigonen. Zwischen 1852 und 1866 war er die dominierende Figur im Münchener Dichterkreis der »Krokodile« (siehe Abbildung). Er arbeitete ebendort als Professor der Ästhetik. Ab 1868 lebte Geibel ständig in Lübeck.
Sein romantischer Volksliedton und die Verwendung tonmalerischer Adjektive, die an Joseph von Eichendorff und Eduard Mörike erinnern, erzeugten eine Musikalität, die den Geibel'schen Gedichten mehr als 3000 Vertonungen eintrugen. Am bekanntesten ist heute noch das Lied »Der Mai ist gekommen«. Geibel wurde zum Liebling der Frauen, man sprach von Backfisch-Lyrik.
Geibel huldigte den klassischen Ideen und litt dabei Mangel an wahrem Grundgefühl. Griechenland hatte er als Hauslehrer in Athen kennengelernt. Er bearbeitete aber ebenso Stoffe aus Spanien, Portugal und Frankreich und befaßte sich mit orientalischen und nordischen Sagenstoffen. Formal verbesserte er sich stetig, qualitativ allerdings nicht. Er bediente sich einer Vielzahl metrischer Formen, konnte aber frühere Bearbeitungen gleicher Stoffe durch andere Dichter qualitativ nicht erreichen. Geibel propagierte ein feudales, antidemokratisches Weltbild und versah politische Funktionen mit transzendentalem Hintergrund. Als offizieller und gefeierter Lyriker der deutschen Einigung unter Preußen wurde er von den Jungdeutschen angegriffen. Schon seit 1843 erhielt er vom preußischen König ein Jahresgehalt von 300 Talern. Arno Holz (siehe Arno-Holz-Straße) sprach von längst ergossenen Ergüssen, Trivialität und austauschbaren sprachlichen Requisiten.

Geleniusstraße

Anfang: Haselbergstraße
Ende: Piusstraße
Lage: A 6

Der Geistliche Aegidius Gelenius (Gelen, Geelen, Gehlen) wurde am 10. Januar 1595 in Kempen geboren und starb am 24. August 1656 in Osnabrück. Gelenius wurde Stiftsherr an St. Andreas in Köln, später Weihbischof von Osnabrück. Er schrieb 1645 das vielzitierte Werk »De admiranda sacra et civili magnitudine Coloniae Claudiae Agrippinensis Augustae Ubiorum Urbis. Libri IV«, erschienen in Köln bei Jodocus Kalcovius.
Die Benennung der Straße nach ihm steht in Zusammenhang mit den Straßenbenennungen nach Wenzel Hollar und Anton Woensam, die die Größe und Schönheit Kölns durch ihre Stiche beschrieben haben, während Gelenius dies als Schriftsteller tat. Wenn Gelenius auch in vielen Punkten irrte und manche kölnischen Namen und Bezeichnungen in »übertriebenem Humanismus« aus den alten Sprachen herleitete, so war sein Buch über die zu bewundernde Größe Kölns doch für seine Zeit, als Kölns Größe schon allmählich schwand, von hervorragender und langanhaltender Bedeutung.
Ein Bruder des Aegidius Gelenius war Johannes Gelenius (geboren am 17. 10. 1585 in Kempen, gestorben am 30. 4. 1631 in Köln), Universitätsprofessor in Köln und von 1626–1631 Generalvikar, außerdem Regens des Montanum und Domherr. Er wurde begraben in dem Erbbegräbnis der Familie Gelenius in der ehemaligen Margarethenkapelle an der Burgmauer. Der Kölner Gymnasial- und Stiftungsfonds besitzt ein Gemälde von ihm. Offensichtlich hat er seinem Bruder Aegidius handschriftliche stadtgeschichtliche Quellen in fünf Bänden »Farragines Gelenii« hinterlassen und seinen Bruder zu dessen weiteren 25 Bänden »Farragines« und seiner Stadtgeschichte auf dieser Grundlage veranlaßt. Von Aegidius Gelenius stammt

Abb. 49 Titelbild des Hauptwerkes von Aegidius Gelenius

auch das Werk: De funiculo triplici tricoronatae Coloniae, id est de literariae ecclesiasticae & civilis reipublicae Ubiorum forma. Aegidius hat die Kapelle reich ausgestaltet. Sein Wunsch, dort auch selbst begraben zu werden, hat sich nicht erfüllt. Dafür wird er aber als Rathausturmfigur in Zukunft auf Köln herabsehen.
Schließlich ist die Stiftung Gelen im Rahmen des Kölner Gymnasial- und Stiftungsfonds (Stadtwaldgürtel 18) zu erwähnen, die auf den Testamenten des Johannes Gelenius und dessen weiteren geistlichen Bruders Gottfried (Stiftsherrn bei St. Aposteln) beruht. Das Wappen der Familie ist auf dem abgebildeten Titelstich des Hauptwerkes des Aegidius in der Mitte zu erkennen (Kuhkopf und Andreaskreuz mit vier Ringen).

Abb. 50 Villa an der Urft in Gemünd (Sept. 1991)

Gemünder Straße

Anfang: Zülpicher Straße
Ende: Rurstraße
Lage: D 5

Der Kneipp-Kurort Gemünd liegt sechs Kilometer nördlich von Schleiden am Südhang des Kermeter (siehe Kermeterstraße). Der Name »Gemunde« wird erstmals 1213 erwähnt und bezeichnet einen Ort am Zusammenfluß von Olef und Urft.
Einer ersten wirtschaftlichen Blütezeit im 16. Jahrhundert folgte noch eine zweite im 19. Jahrhundert durch die eisenschaffende und verarbeitende Industrie. Diese Industrie wanderte jedoch vor rund hundert Jahren in das Rhein-Ruhr-Gebiet ab. Die holzverarbeitende Industrie, eine Brauerei wie auch zahlreiche Gärtnereien bemühen sich um einen wirtschaftlichen Ausgleich. Der bedeutendste Wirtschaftsfaktor ist heute der Tourismus, denn Gemünd ist mit seiner herrlichen Umgebung und den zahlreichen Wanderwegen einer der besuchtesten Urlaubsorte in der Nordeifel.
Unter den Juristen galt und gilt Gemünd mit seinem sogenannten Kleinen Amtsgericht als eine beliebte Ausbildungsstätte.

Gleueler Straße

Anfang: Bachemer Straße/Kringsweg
Ende: Horbeller Straße, auf Lindenthaler Gebiet bis Stüttgenweg
Lage: C 6–E 3

Der heute rund 7000 Einwohner zählende Ort Gleuel, im Lee des Villerückens vor den hauptsächlich aus Westen wehenden Winden geschützt und auf lößdurchsetzter, nährstoffreicher Parabraunerde gelegen, war sicherlich bereits in der Jungsteinzeit von seßhaften Menschen besiedelt gewesen. Urkundlich nachweisbar macht den Ort 898 die Schenkung eines Salhofes mit den entsprechenden Nebenhöfen, der Kirche Gleuels und den Gütern in Sielsdorf an ein Essener Kloster durch König Zwentebold. 1193 tauchen die Güter im Besitz des kölnischen Domstifts auf. In einem am 19. Juni 1567 geschriebenen »Weisthum« sind die Grenzen der kurkölnischen Herrlichkeit Gleuel genau festgehalten: Sie verliefen von Horbell bis zum ersten Haus in Bachem, von dort reichten sie an das Berrenrather Gebiet, dann bis an das Dorf Burbach und weiter am Schafsbach und die Bonnstraße entlang bis zum Schwarzen Kreuz und zum unteren Bellerhof. Der Domdechant und das Domkapital waren Erb-, Grund- und Gewaltherren dieser Herrlichkeit. Sie ernannten unter anderem auch den Schultheiß, der ein mit einem Hof Belehnter sein mußte. Das waren in der Regel Adelige; um 1642 auch Gerhard von Werth, der Bruder des berühmten Reitergenerals Jan von Werth. In einer Landesbeschreibung von 1699 werden als geistliche Grundbesitzer in der Herrlichkeit Gleuel neben dem Domkapitel auch die Stifte St. Severin, St. Georg, St. Gereon, Maria im Kapitol, Abtei St. Pantaleon, Kloster Sion, St. Apern, St. Mauritius, der Pastor von St. Peter, die Vikarie an St. Aposteln und die Kirche St. Alban – alle aus Köln – sowie der Pastor in Efferen und der Pastor und der Vikar von Gleuel genannt. 1802 wurden alle diese Besitze säkularisiert, parzelliert und verkauft. Die ehemals zum kurkölnischen Landtag berechtigten Ritter von Gleuel waren der Stadt Köln – mitunter auch gegen den Erzbischof (Gerard von Gleuel kämpfte 1260 auf seiten der Stadt Köln gegen Konrad von Hochstaden, der sich dem von Albertus Magnus 1258 vermittelten »Großen Schied« entziehen wollte.) – eng verbunden und stellten so manchen Bürgermeister. 1414 wurde ein Jo-

Abb. 51 Die Burg Gleuel (Sept. 1991)

hann von Gleuel öffentlich als »Freund der Stadt Köln« ausgerufen. Göddert von Gleuel führte von 1449 bis 1474 in einer politisch und militärisch bewegten Zeit die städtischen Streitkräfte, also die Funken. 1550, nach dem Aussterben der Familie von Gleuel, belehnte das Domkapitel einen Ritter Gerhard von Schall und Bell (siehe auch Schallstraße) mit der Burg und den dazu gehörenden Gütern und der Mühle. 80 Jahre später erwirbt der Kölner Ratsherr Johann von Cöln die Burg und baute sie in der heutigen Form aus. Dessen Sohn Ferdinand war Bürgermeister zu Köln und liegt seit 1685 in Gleuel begraben. Balthasar Caspar von Cöln, Amtmann von Junkersdorf und Herr zu Hürth und Gleuel übertrug 1726 den Rittersitz wieder dem kölnischen Domkapitel. Nach der Säkularisation erwarb ihn eine Familie Felten, die ihn 1907 an die Familie Berk (heute auf Burg Hemmerich in Frechen) veräußerte. 1969 wurde die Gemeinde Hürth Eigentümerin, ohne die Burg einem geeigneten Zweck zuführen zu können. Schließlich kaufte 1976 der Architekt Ahlert die Wasserburg, renovierte sie gründlich und nutzt sie heute als Wohn- und Bürobau. Gelegentlich werden dort auch öffentliche kulturelle Veranstaltungen durchgeführt.
Bezüglich der Bebauung hat sich in der Gleueler Straße im Abschnitt zwischen der Freiligrath- und der Decksteiner Straße einiges gegenüber dem, was im ersten Lindenthalbuch steht, geändert; das soll hier nun ergänzt werden. Das Kloster »Zur Heiligen Elisabeth«, Gleueler Straße 365 ist um einen mehrflügeligen Neubau nach Westen hin erweitert worden. Auf dem ansteigenden, ca. 10 000 m² großen Nachbargrundstück brach nach dem Abriß der dort alleinstehenden Villa des früheren VW-Händlers (Fleischhauer) und Kunstmäzens Walter Franz eine wahre Bauwut los. Zahlreiche Ein- und Mehrfamilienhäuser in zum Teil luxuriösem Stil drängen sich heute dort wirr durcheinander auf beängstigend engem Raum. Dabei wurde fast der gesamte wertvolle Baumbestand des Parks vernichtet.

Gottfried-Keller-Straße

Anfang: Universitätsstraße
Ende: Haedenkampstraße
Lage: B 6

»Der grüne Heinrich«, »Züricher Novellen«, »Das Sinngedicht«, »Martin Salander« und »Die Leute von Seldwyla« mit den Erzählungen »Pankraz, der Schmoller«, »Romeo und Julia auf dem Dorfe« oder »Kleider machen Leute« kennt jeder etwas belesene Mensch, und daß Gottfried Keller der Dichter ist, muß auch nicht ausdrücklich erwähnt werden.
Nach eben diesem Schweizer ist die Straße hier benannt; so wollen wir uns also einmal dessen Vita anschauen.
Gottfried Keller wurde am 19. Juli 1819 im Haus »Zum goldenen Winkel« in Zürich geboren; im Haus »Zur Sichel« am Rindermarkt wuchs er mehr oder weniger sich selbst überlassen auf. Von den in rascher Folge geborenen fünf Geschwistern blieb nur die fast drei Jahre jüngere Schwester Regula am Leben. Mit fünf Jahren verlor er den Vater. Den Stiefvater, den er dann zehn Jahre lang ertragen mußte, verzieh er seiner Mutter nicht, was einige Stellen in seinen späteren Texten bezeugen. Sechs Jahre lang besuchte er eine Armenschule. 1831 kam er in eine höhere Schule, das sogenannte Landknabeninstitut. Seit Ostern 1833 ging er zur kantonalen Industrieschule, von der er aber ein gutes Jahr später wegen Disziplinlosigkeit verwiesen wurde.
Gottfried begann die Lehre eines Vedutenmalers und Lithographen. Ohne sie abzuschließen, schloß er sich dem Maler Rudolf Meyer an. Hier entwickelte sich rasch sein Talent, und die ersten meisterhaften Aquarelle entstanden.
Mit einem aus der Hinterlassenschaft seiner Großmutter ausgezahlten Erbteil zog Gottfried Keller am 26. April 1840 nach München. Für einen Landschaftsmaler war das aber nicht der richtige Ort, und so kehrte er bald nach Zürich zurück. Als Redakteur

Abb. 52 Ossianische Landschaft. Gemälde von Gottfried Keller (1843)

einer Wochenzeitung hielt er sich über Wasser. Die Malerei tritt zugunsten der Schreiberei in den Hintergrund. Die erste Sammlung seiner »Gedichte« fand den Beifall wichtiger Personen, und mit Hilfe eines Staatsstipendiums von 800 Franken konnte er ab Oktober 1848 an der Heidelberger Universität unter Hermann Hettner, Ludwig Feuerbach und anderem studieren. Im Frühjahr 1850 zog es ihn nach Berlin, weil er Dramatiker werden wollte. Es gelang ihm jedoch keine einzige Vollendung eines dramatischen Entwurfs. Statt dessen gab er eine Sammlung »Neue Gedichte« heraus und vor allem den großen, über weite Teile autobiographischen Roman »Der grüne Heinrich«, mit dem er sich selbst in die vorderste Reihe deutscher Erzähler stellte.

Ab 1855 lebte er wieder bei seiner Mutter und seiner Schwester in Zürich. 1856 erschien der erste Band seiner Erzählungen »Die Leute von Seldwyla«. Das intensive Schreiben erfuhr von 1861 bis 1876 deutliche Einschränkungen, als man Keller zum Ersten Staatsschreiber des Kantons Zürich ernannte und er diese Aufgabe ernsthaft wahrnahm. Nach 15 Jahren dieser Tätigkeit legte er das Amt aber doch wieder nieder, um sich ganz der Schriftstellerei zu widmen. Es kam zu einem fruchtbaren Lebensherbst, der zur Blüte seines literarischen Ruhmes führte. Nach einem Wohnungswechsel im Jahr 1882 nach Hottingen am Zeltweg nahm die Schaffenskraft Kellers ab. Dazu kam eine wachsende Vereinsamung. Anfang 1890 wurde er bettlägerig; am 15. Juli erlöste ihn der Tod von einem halbjährigen Siechtum.

Hermann Hesse schrieb 1931 in der 18. Nummer der Zeitschrift »Der Lesezirkel«: »Bei Gottfried Keller sehen wir aus dem Leben von großer Bedrängtheit und Kargheit, sehen wir aus einem zu klein gewachsenen, schrulligen, armen, trotzigen Junggesellen- und Weintrinkerleben ein Werk losgerungen, das nichts von Nöten und Verkniffenheiten zu wissen scheint, wir sehen den zu kurz Gekommenen und Vergrämten im Werk eine Harmonie erreichen, eine Atmosphäre der Überlegenheit und der reinen Schau, eine Opferung des Ichs zugunsten der Schönheit, die nicht nur entzückt, sondern als Künstlertat im höchsten Grade vorbildlich ist, während doch das tatsächliche Leben so sehr wenig vorbildlich zu sein schien.«

Gronewaldstraße

Anfang: Frangenheimstraße
Ende: Grünanlage am Karl-Schwering-Platz
Lage: B 5/6

Johann Joseph Gronewald lebte in Köln von 1804 bis 1873 und war erster Direktor der Taubstummenschule in Köln. Auf seinem schönen Grabstein auf Melaten (Nr. 279, lit. B, zwischen lit. R und lit. G, abgebildet bei Abt/Vomm) heißt es: »Zur Erinnerung an die aufopfernde Nächstenliebe, zu welcher er Thätigkeit und Vermögen dem Wohle der Taubstummen widmete, setzten ihm dieses Denkmal die Stadt Cöln, die Taubstummenschule und seine Freunde.« Das Relief von Anton Werres (Architekt im übrigen: Julius Raschdorff?) zeigt, wie Christus im Beisein einer vielköpfigen Menge einen Taubstummen heilt.
Nachdem 1778 in Leipzig ein erstes Taubstummeninstitut eingerichtet worden war und 1788 ein weiteres in Berlin und 1817 weitere in Königsberg und Münster gefolgt waren, unternahm Gronewald einen entsprechenden Versuch in Köln, indem er am 1. Dezember 1828 drei Taubstumme (zwei aus Köln, einen aus Deutz) in Unterricht nahm und ihnen in seiner Privatwohnung die Zeit widmete, welche ihm seine Hauptbeschäftigung freiließ. Im Hauptberuf war Gronewald seit 1828 Lehrer an der neuerrichteten Bürgerschule. Zwischen 1826 und 1828 hatte ihn der Kultusminister als Hilfslehrer an die genannte Berliner Anstalt berufen, wo er mit der Taubstummenunterrichtsmethode bekannt gemacht worden war.

Abb. 53 Das Grab von Johann Joseph Gronewald

Nach vielfachen Unterbrechungen begann Gronewald am 22. November 1831 den Unterricht wieder mit 10 Zöglingen. Die städtische Armenverwaltung (das damalige Sozialamt) räumte ihm dazu in dem ehemaligen Minoritenkloster (später Wallraf-Richartz-Museum, jetzt Museum für Angewandte Kunst) einige Zimmer als Schullokal ein. Wie dargestellt, handelte es sich um die vierte derartige Anstalt in Preußen. Allmählich wuchs sie heran. Aus dem privaten Unternehmen wurde durch die Wohltätigkeit der Kölner Bürgerschaft, dem Schutz und der Freigiebigkeit der städtischen Verwaltung sowie der Beihilfe der Provinzial- und Staatsbehörden nach und nach eine große Anstalt, aus der Schüler aus der ganzen

Rheinprovinz nach Köln geschickt wurden. Auf Veranlassung des späteren Regierungspräsidenten Heinrich von Wittgenstein (vergleiche Wittgensteinstraße) konstituierte sich am 6. September 1832 der »Verein zur Beförderung des Taubstummen-Unterrichts zu Köln«, welchem am 18. November 1871 vom deutschen Kaiser und preußischen König die Rechte als juristische Person verliehen wurden. Nach dem Tode Heinrich von Wittgensteins, der von Anfang an Vorsitzender des Vorstandes war, wurde Vorsitzender der Bürgermeister Rennen, bis 1879, und anschließend Friedrich von Wittgenstein.
Der Anstalt gelang es, ein bedeutendes Stiftungskapital anzusammeln, das fast dazu ausreichte, aus den Zinsen die Bedürfnisse der Anstalt zu decken. Von dem 1833 dem Verein mietfrei überlassenen Haus Rechtschule 10 zog die Anstalt mit dem Verein im Jahre 1887 in das im neugotischen Stil errichtete Haus Rosengasse 10, eine für damalige Verhältnisse vorzügliche Anlage.
Die Benennung der Straße nach Gronewald steht im Zusammenhang mit der dort liegenden Rheinischen Gehörlosenschule.

Gymnicher Straße

Anfang: Kerpener Straße
Ende: Zülpicher Straße
Lage: D 7

Gymnich, der nördlichste Ort von Erftstadt liegt – wie es die Gymnicher treffend sagen – »platt op der Äd«, also im Flachland der mittleren Erftniederung zwischen dem Villerükken im Osten, der Voreifel im Süden, dem Nörvenicher Wald im Westen und dem Kerpener Bruch im Norden. Bereits in der Römerzeit verband die Heerstraße Köln – Lindenthal – Gleuel – Türnich – Gymnich – Nörvenich – Düren den Ort, der damals Geminiacum hieß, mit Colonia Claudia Ara Agrippinensium, der Hauptstadt der Provinz Niedergermanien. Das älteste schriftliche

Abb. 54 Dreifachwappen von Gymnich / Wolff Metternich / de Maistre, 1967

Zeugnis über Gymnich ist eine Urkunde aus dem Jahre 1041. In einer Urkunde von 1139 bestätigt Erzbischof Arnold I von Köln, daß die Benediktinerabtei Siegburg ein Lehen in »Gimmenich« erworben und dem Acelin von Gymnich (erster Edelmann von Gymnich) zur Verwaltung übertragen habe. Das war auch der Ausgangspunkt für die Entwicklung des Unterdorfes. Das Oberdorf gehörte zum erzbischöflichen Amt Lechenich. Diese Geteiltheit führte zwangsläufig zu Spannungen. So beschwerte sich beispielsweise 1452 Johann von Gymnich beim Erzbischof über den Lechenicher Amtmann Dietrich von Bourscheidt wegen dessen Übergriffe auf die dem Hause Gymnich zustehende Gerichtsbarkeit. Erst nach dem Einmarsch der Franzosen im Oktober 1794 wurde die unselige Teilung beseitigt. Gymnich bekam unter dem Kantonsort Lechenich den Status einer Mairie (obwohl mit rund 2000 Menschen in der untergeordneten Bürgermeisterei 40 Leute mehr lebten als in der Kantonshauptstadt). Nach 1816 wurde diese Ordnung auch von den Preußen beibehalten. Erst mit dem Gesetz zur kommunalen Neugliederung des Landkreises Euskirchen vom 1. Juli 1969 trat eine bedeutende Änderung ein: Aus Friesheim, Gymnich, Lechenich, Liblar und einigen kleineren Orten wurde eine Stadt, Erftstadt. Bleiben wir aber bei Erftstadt-Gymnich, von dem drei Dinge weithin bekannt sind.

Abb. 55 Schloß Gymnich in der Mitte des 19. Jahrhunderts, Lithographie von Ferdinand Müller

Weithin sichtbar ist die unverwechselbare Silhouette des Kirchturms von Sankt Kunibert mit der zwiebelförmigen Schieferhaube. Der heutige Backsteinbau ist ein 1759 erfolgter Neubau einer bereits im 13. Jahrhundert errichteten gotischen Kirche; der alte Chor wurde in den Neubau miteinbezogen.

Unter Gläubigen weithin bekannt ist die seit dem 13. Jahrhundert jährlich wiederkehrende Flurprozession zu Pferde, der »Gymnicher Ritt«. Die Legende führt ihn auf Ritter Arnold von Gymnich zurück, der im Gefolge des Grafen von Jülich am fünften Kreuzzug teilnahm. Die Kreuzritter drangen bei dem Versuch, Kairo einzunehmen, in das Nildelta ein, worauf die Ägypter alle Schleusen öffneten und damit eine Überschwemmung verursachten. Die Kreuzfahrer erlitten eine furchtbare Niederlage. Nur wenige überlebten. Arnold von Gymnich stak ebenfalls mit seinem Roß im Morast und Wasser fest. In seiner Not gelobte er für den Fall einer Rettung eine immerwährende Reiterprozession in seiner Heimat. Ein plötzlich auffliegendes Wasserhuhn schreckte Arnolds Pferd dermaßen, daß es wieder loskam und festen Boden gewann.

Im politischen Leben der Bundesrepublik ist das Schloß Gymnich weithin bekannt. Es diente bis zur Wiedereröffnung des Hotels Petersberg im Jahre 1990 ausländischen Staatsoberhäuptern und Regierungschefs als Gästehaus und bildet damit einen historischen Rahmen für ein Stück aktueller Zeitgeschichte. Das heutige Aussehen ist auf den Wiederaufbau von 1659 der im Dreißigjährigen Krieg stark zerstörten Vorgängeranlage zurückzuführen. Inmitten eines großen Parkgeländes besteht die zweiteilige Wasseranlage aus der zweiflügeligen Hauptburg, der Schloßkapelle und der zweiflügeligen Vorburg aus dem 18. Jahrhundert. Mindestens 700 Jahre gehörte diese heute zum Schloß ausgebaute Burg denen von Gymnich, bis 1806 das Geschlecht ausstarb. Die letzte Namensträgerin, Johanna Freiin von

Gymnich, schenkte 1825 den Besitz an Max Felix Graf Wolff Metternich zu Gracht. Später erwarb das Schloß ihre Enkelin, verheiratet mit dem österreichisch-ungarischen Rittmeister Franz Vicomte de Maistre, deren Enkel wiederum, Jörg Freiherr Holzschuher von Harrlach, der heutige Eigentümer ist.

Gyrhofstraße

Anfang: Universitätsstraße
Ende: Robert-Koch-Straße
Lage: C 6/7

Diese Straße ist benannt nach dem Hof »Zum Gyr«, der einer der neun Ritterhöfe in der alten Sülzer Bauerschaft war.
Wenn Grevens Adreßbuch dies 1955 schreibt, so stimmt es doch nur teilweise. Nach Adam Wrede (»Das Klostergut Sülz bei Köln«, Köln 1909, S. 7 f.) handelt es sich bei dem Gyrhof sowie den Höfen Mommersloch, später Zum Wolf, Wichterich, Ulrepforte, Zum Hirtz, Zum Juden, Mummersloch und Zur Eren um Höfe der sogenannten Bauerbank Weyerstraße. Diese gehörten den gleichnamigen vornehmen Kölner Familien und lagen zwar jenseits der alten römischen Stadtmauer, aber noch innerhalb der halbkreisförmigen mittelalterlichen Stadtmauer, die bis 1888 Köln umschlossen hat. Durch dieses 1180 begonnene Befestigungswerk unter dem Bischof Philipp I. von Heinsberg wurden die genannten Höfe zu Stadthöfen und von ihren vor der Stadt liegenden Äckern abgeschnitten. Zu der sich danach bildenden Bauerbank Weyerstraße gehörten auch die Äbte von St. Pantaleon als Eigentümer des sogenannten Sülzer Hofes (vergleiche Sülzburgstraße). Die genannten Äcker bildeten das sogenannte Sülzerfeld. Der Gyrhof lag also nicht im Sülzerfeld, dem heutigen Sülz, dort befanden sich nur zugehörige Felder.
Die Familie Gyr oder Gir, auch mit dem Prädikat »vom« oder »von«, ist eine alte Kölner Patrizierfamilie, deren Grundbesitz innerhalb Kölns nachgewiesen ist. Ihr gehörte der sogenannte Giershof, Vor den Siebenburgen 7, in der Kölner Innenstadt, von dem eine Abbildung wiedergegeben ist, sozusagen eine Abbildung des Namensgebers der Gyrhofstraße, das sogenannte Gyrshaus in der Wahlgasse 1 (bei St. Martin) und vor allen Dingen das Haus »Zum Gyr« in der Lintgasse 14 im Martinsviertel, von dem zahlreiche

Abb. 56 Drei Wappen derer von Gyr

Abb. 57 Der Girshof Vor den Siebenburgen, Aquarell von H. Oedenthal

Ansichten, Schnitte und Grundrisse vorhanden sind und das in dem Werk von Hans Vogts »Das Kölner Wohnhaus bis zur Mitte des 19. Jahrhunderts«, 2 Bände, Neuss 1966, mehrfach behandelt ist. In dem Haus »Zum Gyr« befand sich vor wenigen Jahren auch eine gleichnamige Gastwirtschaft.
Nach dem genannten Geschlecht soll es auch früher eine Giersgasse im Martinsviertel gegeben haben. Offensichtlich handelte es sich um die spätere Geyergasse beziehungsweise Geyersgasse. In Johann Koelhoffs Chronik der Stadt Köln (Köln 1499) wird das Wappen derer vam Ghyre abgebildet, und zwar drei vorwärtsschreitende silberne Löwen im blauen Feld, auf dem Helm ein blauer Bock mit silbernen Hörnern, wie es Anton Fahne, Geschichte der Kölnischen, Jülichschen und Bergischen Geschlechter, Köln 1848 (1. Band), beschreibt. Er weist auch das Siegel eines Theoderich Ghyr mit gleichem Bildinhalt nach. Fahne weist darauf hin, daß es in Köln zwei Familien gleichen Namens gegeben habe, die er zunächst unter dem Namen Geyer aufführt. Die eine Familie soll sich nach dem Hause »Zum Gyr« in der Rheingasse (de vulture) geschrieben haben beziehungsweise nach ihrem Aussehen (so ein noch lebendes Mitglied der Familie Geyr), die andere nach dem persönlichen Charakter (avarus, also gierig, geizig). Die Geyers (de vulture) führten zunächst einen ganzen Geier im Wappen, später nur einen bloßen Geierkopf mit goldener Krone im goldenen Felde. Auf dem Helm wiederholte sich der schwarze Geierkopf. Diese Familie Geyer ist sicherlich identisch mit der bekannten katholischen Adelsfamilie Geyr von Schweppenburg, einem Paderborner Stadtgeschlecht, das über Warburg ins Rheinland kam, so jedenfalls das Adelslexikon (Band 4 des Genealogischen Handbuches des Adels, Limburg 1978). Fahne stellt schon im 14. Jahrhundert Mitglieder dieser Familie in Köln fest, auch in der Lintgasse. Sehr wahrscheinlich handelt es sich hierbei auch um Angehörige der anderen Familie Geyr. Die Familie Geyr von Schweppenburg hat viele Geistliche und Beamte im Rheinland hervorgebracht.

Das andere Geschlecht Gyr (Geyr) (avari), das unserem Gyrhof wohl viel näher steht, spielte im Kölnischen Stadtregiment des Mittelalters und auch noch später eine führende Rolle. Die Familie teilte sich in mehrere Linien, welche sich nach ihren Besitzungen von Covelshof, Hüntgen (de cane), Schöneck, Tempel, Zöllner, Pantaleon und so weiter schrieben. Ein Gyr mit dem Vornamen Johann wurde auch Bürgermeister in Köln. Die Witwe Guderadis Gyr aus dem Haus Schöneck in der Pfarrei St. Martin stiftete 1241 das Kloster Burbach auf dem heutigen Stadtgebiet von Hürth. Dieses Zisterzienserinnen-Kloster hieß auf deutsch »Marienbrunn«, auf lateinisch »ad fontem St. Mariae« und wurde seinerzeit mit Nonnen aus dem Kölner Kloster Mariengarten (Gelände der heutigen WDR-Bauten) besetzt. Von dem in der Säkularisation aufgelassenen Kloster stehen heute noch wenige Bauteile.
So glaubt man zunächst, die Gyrhofstraße weise, wie die ebenso im Süden Lindenthals gelegene Sülzburgstraße auf Sülzer Örtlichkeiten hin, und wird so umgeleitet in die Kölner Innenstadt und Stadtgeschichte.

Hans-Driesch-Straße

Anfang: Decksteiner Straße
Ende: Lindauer Straße
Lage: E 3

Driesch dozierte drei Semester lang (1920/21) als Philosophieprofessor an der neugegründeten Kölner Universität. Er wurde am 28.10.1867 in Bad Kreuznach geboren und starb am 16.4.1941 in Leipzig. Man bezeichnet ihn als Entwicklungsphysiologen, Begründer des Neovitalismus, der bei dem Versuch der Schaffung einer philosophisch-erkenntnistheoretischen Basis für den Vitalismus zwischen materialistischen Ausgangspunkten, philosophischem Dualismus und objektivem Idealismus schwankte.

Abb. 58 Hans Driesch

Driesch studierte in Freiburg und Jena Zoologie und promovierte 1889 in Jena bei Ernst Haeckel (1834–1919), dem berühmten Zoologen und Vorkämpfer für den Darwinismus. Durch experimentelle entwicklungsgeschichtliche Arbeiten in Plymouth, Triest und Neapel gelang ihm der Nachweis, daß entwicklungsgestörte Keime über einen Regulationseffekt verfügen, der bewirkt, daß bestimmte Keimteile die Leistungen anderer mitübernehmen. Diese Erkenntnis veranlaßte Driesch zur neovitalistischen Annahme eines nichtmateriellen Naturfaktors bei der Erklärung des ontogenetischen Entwicklungsgeschehens, den er in Anlehnung an Aristoteles »Entelechie« nannte (1889). Nach einem Vortrag an der Universität Aberdeen im Jahre 1907 begann sich der inzwischen berühmte Driesch der Philosophie zuzuwenden und habilitierte sich 1909 an der Universität Heidelberg zum Privatdozenten für Naturphilosophie. Ebendort erhielt er 1911 eine außerordentliche Professur. Nach seiner verhältnismäßig kurzen Kölner Zeit wechselte Driesch nach Leipzig, wo er bis zu

seiner vorzeitigen Emeritierung im Jahre 1933 wirkte. Nach Driesch ist »Leben Gebanntsein wissender Ganzheit in Materie«. Unter Philosophie verstand Driesch das »vollständige und gefügehafte Wissen vom Wissen und von allem Gewußten«.
Über seine »Lehre von der empirischen Wirklichkeit« und die »Naturlogik« vermeidet Driesch einen eindeutig materialistischen Ansatzpunkt und gelangt durch die dualistische Einbeziehung der »Urteilssache des Wissens« in die Kategorie Wirklichkeit zu der objektiv-idealistischen Erwägung, daß das Jenseits eine zweite mögliche Existenzform des Wirklichen sei und dieses nicht ohne den Begriff Gottes gedacht werden könne. Driesch widmete sich auch der Konstituierung der Parapsychologie als Wissenschaft. Driesch läßt sich in keine Philosophenschule einordnen. Politisch galt er als linksliberal. Er sah eine Hauptforderung an den Menschen darin, das Leiden anderer Menschen zu lindern. Gegenüber Diktaturen empfahl er nicht die Revolution, sondern den passiven Widerstand und den Boykott.
Bei Drieschs Berufung nach Köln wurde er dem Philosophen Graf Keyserling vorgezogen, aber selbst das größte Grundgehalt, das je einem preußischen Professor geboten wurde, konnte ihn nicht davon abhalten, den Ruf nach Leipzig anzunehmen.
Driesch hat folgende Hauptwerke hinterlassen:
- Philosophie des Organischen, 2 Bände, Leipzig 1909;
- Ordnungslehre. Ein System des nichtmetaphysischen Teiles der Philosophie, Jena 1912;
- Wirklichkeitslehre. Ein metaphysischer Versuch, Leipzig 1917;
- Die sittliche Tat. Ein moralphilosophischer Versuch, Leipzig 1927;
- Der Mensch und die Welt, Leipzig 1928.

Hans-Sachs-Straße

Anfang: Classen-Kappelmann-Straße
Ende: Dürener Straße
Lage: C 6

Der sogenannte Schusterpoet Hans Sachs wurde am 5. 11. 1494 in Nürnberg geboren, wo er am 19. Januar 1576 auch verstarb. Obwohl Sachs Sohn eines Schneidermeisters war, besuchte er die Lateinschule. Mit 15 Jahren begann er eine Schuhmacherlehre. Von einer Wanderschaft durch Deutschland (1511–1516) zurückgekehrt, wurde er 1520 in Nürnberg Meistersinger und früh berühmt. Sachs, der sich zeitlebens eines gewissen Wohlstands erfreute und durchaus die Normen der bürgerlichen Mittelschicht vertrat, wandte sich früh den Lehren Luthers zu. Sachs hielt nichts von revolutionären Bewegungen auf der einen Seite und von fürstlicher Tyrannei auf der anderen.
Sachs äußerte sich in vier literarischen Gattungen: dem Meistergesang, den Spruchgedichten, dem Spiel und dem Prosadialog. Außerdem schuf er über 4000 Lieder geistlichen und weltlichen Inhalts. Zahlreich sind seine Fastnachtsspiele gemäß Nürnberger Tradition. In seinen über hundert Komödien und Tragödien dramatisierte er vor allen Dingen biblische und historische Stoffe. Es ging ihm um die politische und weltliche Bildung der städtischen Mittel- und Unterschichten, die Propagierung von Frieden, Ordnung, Ehrbarkeit und Vernunft. Nachdem er schon im 17. Jahrhundert in Vergessenheit geraten war und man ihn später für einen beschränkten Stümper hielt, begann im 18. Jahrhundert seine Neubewertung durch Wieland und Goethe. Sie erfuhr ihren Gipfelpunkt in Wagners Oper »Die Meistersinger von Nürnberg«, uraufgeführt 1868.
Der Meistergesang ging zurück auf die von Frauenlob in Mainz um 1315 gegründete erste Meistersingerschule. In solchen Schulen schlossen sich stadtbürgerliche Dilettanten zusammen, als sich die höfische Kunst

Abb. 59 Hans Sachs im Alter von 51 Jahren

der fahrenden Sänger dem Ende zuneigte. Es gab für die Abfassung der Meistergesänge strenge Regeln, an denen sich Sachs auch beteiligte. Oft wurde er als Schlichter angerufen. Titel seiner Fastnachtsspiele, Schwänke und Komödien sind unter anderem folgende: Der farendt Schueler im Paradeiss (1550), Das Heysz Eysen (1576), Der Hörnen Sewfriedt, Ein Son König Sigmunds im Niderlandt (1557), Die Judith (1551), Das Kelberbrüten (1551), Das Narren schneyden (1536), Das Schlauraffen Landt (1530), Der schwanger Pawer (1544).
Sein Kopf ist an der Stuckfassade eines Hauses am Beginn der Hans-Sachs-Straße angebracht.

Haselbergstraße

Anfang: Aachener Straße
Ende: Weinsbergstraße
Lage: A 6

Johann Haselberg kam als fahrender Buchhändler 1531 von der Insel Reichenau im Bodensee nach Köln und verfaßte hier »Eyn lobspruch der Keyserlichen freygstath Coelln«. Darin schildert er unter anderem das bunte Treiben auf dem Altermarkt und auf dem Fischmarkt, so wie es Johann Toussyn/Abraham Aubry 1650 auf ihrem Stich vom Altermarkt zeigen: »Da fand man Gewebe mancher Art, Atlas, Camelot, Seide und Samt, viele Apotheken und Kräuterhändler; ringsum trank man gut Wein und Bier. Äpfel und Birnen waren da viel, Käse,

Abb. 60 Der Alter Markt um 1650 nach einem Stich von Abraham Aubry

Butter, Kraut, Rüben, Brot und Mehl; all dieser Speisen war ich froh. Dabei verkaufte man Heu und Stroh. Über einen weiten Platz ging ich aus, da sah ich gar manch schönes Haus; gar guten Wein tat man dort schenken, Geld mußt der haben, der ihn wollt trinken. Vier Garküchen standen in der Mitten. Alte Kleider zu verkaufen war da der Brauch. Dort findet man auch eine schöne Fleischküche. Eine schöne Fleischhalle sah ich zunächst; deren sind fünf zu Köln, wie man wohl weiß. Da verkauft man das Fleisch auch nach dem Pfund; es wird angeboten zu jeder Stund... Es sind da auch fünf Kaufhäuser und Waagen; denen laufen die Kaufleute nach geschwind, um gut zu verkaufen mit dem Gewicht. Der Waagmeister weiß das wohl. Viel Stundenglocken sind da überall, wohl zweiunddreißig in einer Zahl; die Stund verkünden sie Tag und Nacht, damit sich ein jeder danach richten mag.«

Witzigerweise wurde just in demselben Jahre (1531) der große Stadtprospekt des Anton Woensam von Worms (siehe Woensamstraße) dem in Köln weilenden Kaiser Karl V. und seinem Bruder Ferdinand I. überreicht. Dieser Prospekt trägt unter einem Textteil die sogenannte Flora des Kölner Humanisten Hermann von dem Busche, ein lateinisches Preisgedicht auf die Stadt Köln.

Haydnstraße

Anfang: Kitschburger Straße
Ende: Brahmsstraße
Lage: C 3

Es ist schon erstaunlich, daß man heutzutage selbst in seriösen Nachschlagewerken als Geburtsdatum des Joseph Haydn den 31. März 1732 angibt. Dabei verriet Haydn seinem Biographen Dies: »Ich bin am 1. April geboren, ... aber mein Bruder Michael ... will nicht, daß man sage, ich sei als Aprilnarr in die Welt getreten.« Also, Franziskus Josephus Haiden – so der Eintrag im Kirchen-

Abb. 61 Franz Joseph Haydn

buch – wurde am 1. April 1732 nahe der ungarischen Grenze in dem niederösterreichischen Dorf Rohrau geboren. Sein Vater war Bauer, Stellmacher und später auch Marktrichter. Mit seiner Frau Anna-Maria hatte er zwölf Kinder, von denen jedoch die Hälfte früh starb; Joseph war das zweitälteste. In der Familie wurde intensiv Hausmusik gespielt, an der bereits die kleinen Kinder teilnahmen. Schon mit fünf Jahren erkannte man Josephs musikalisches Talent. Ein gewisser Vetter Franckh, Schullehrer und Chorleiter im wenige Kilometer entfernten Hainburg, lehrte ihn das Geigen- und Klavierspiel; außerdem bildete er ihn zum Chorknaben aus. Von dort nahm ihn 1740 der Kapellmeister Reutter als Mitglied des Knabenchors am Stephansdom nach Wien mit. Haydn erhielt zwar guten Schul- und Gesangsunterricht, jedoch keinerlei theoretische Unterweisung in der Musik. Dennoch komponierte er fleißig »auf eigene Faust«. Sehr spät, nämlich erst mit 18 Jahren, geriet Haydn in den Stimmbruch und wurde daraufhin aus dem Domchor entlassen. Vollkommen mittellos hatte er sich nun durchs Leben zu schlagen. Er versuchte es mit Nachtständchen, Mitwirkungen in kleinen Orchestern und dem gelegentlichen Geben von Klavierlektionen. Baron Fürnberg, der ihn 1755 zur Komposition eines ersten Quartetts anregte, verschaffte Haydn 1759 eine Anstellung als Musikdirektor des Grafen Morzin auf Lukavec in Böhmen. Für dessen Kapelle schrieb er seine erste Sinfonie. Mit einem festen, wenn auch dürftigen Gehalt ausgestattet, hielt er in Wien um die Tochter des Friseurs Keller an, bei dem er in der Zeit seiner Mittellosigkeit Unterschlupf fand. Die Ehe blieb kinderlos und verlief überaus unglücklich. 1800 starb seine Frau in Baden bei Wien. 1761 holte der Fürst Esterhàzy Haydn als zweiten Kapellmeister auf sein Schloß. Der Fürst besaß separate Ensembles für Opern-, Konzert- und Kirchenmusik. Allen stand Haydn vor, mußte für sie schreiben, die Stücke einstudieren und dirigieren, ja sogar Unterricht erteilen. Das forderte und förderte zugleich sein Talent nach allen Seiten. Als der erste Kapellmeister 1766 starb, rückte Haydn nach. In der für ihn mit freudigem Schaffensdrang gefüllten Zeit schuf er die Mehrzahl seiner Sinfonien, viele Quartette, Trios, zahlreiche Messen, Lieder und für das Marionettentheater des Fürsten einige Opern; das Oratorium »Il ritorno di Tobia«, eine Musik zu Goethes »Götz von Berlichingen« und die Komposition der »Sieben Worte des Erlösers« entstanden hier. Als der Fürst 1790 starb und sein Nachfolger den aufwendigen Musikbetrieb nicht aufrechterhalten wollte, behielt man doch Haydn zur Disposition bei vollem Gehalt.
Haydns Ruhm drang ins Ausland, und bald bat man den Komponisten, sechs Sinfonien für Paris zu schreiben (1794), oder gar nach London zu reisen. Die erste Englandreise dauerte vom 15. Dezember 1790 bis zum 24. Juli 1792. Seine Freunde bemühten sich vergeblich, ihm das Unternehmen auszureden. Besonders Mozart setzte sich – bedrückt von einer Vorahnung – vehement gegen diese

Reise ein. Vor der Abreise sagte er zu Haydn: »Lieber Papa! Sie sind nicht für die große Welt erzogen und reden zu wenig Sprachen.« Haydn erwiderte: »Oh, meine Sprache versteht man durch die ganze Welt.« Darauf Mozart: »Ich fürchte, mein Vater, wir werden uns das letzte Lebewohl sagen.« Die Vorahnung erfüllte sich aber anders als gedacht: Mozart selbst starb am 5. Oktober 1791 – ohne Haydn wiedergesehen zu haben.

Während des Englandaufenthalts hatte Haydn für 700 Pfund Sterling sechs neue Sinfonien persönlich zu dirigieren. Die Universität Oxford verlieh ihm die Ehrendoktorwürde. Schon 1794 folgte die zweite Englandreise unter ähnlichen Bedingungen. Reich belohnt und ehrenvoll anerkannt wie kaum ein anderer Künstler der Zeit kehrte Haydn nach Wien zurück. Nach dem Oratorium »Die Schöpfung« (1798), dem ein grandioser Erfolg beschieden war, entstanden 1800 noch »Die Jahreszeiten« nach Thomsons Lehrgedicht »The Seasons«. 1803 beschloß Haydn mit dem 83. Streichquartett, daß allerdings unvollendet geblieben ist, seine schöpferische Tätigkeit. Sechs Jahre der Ruhe genoß er noch – als Künstler wie als Mensch hochverehrt – in seinem kleinen Haus im Wiener Vorort Gumpendorf bis zu seinem Tode am 31. Mai 1809. In der Bergkirche zu Eisenstadt erfolgte Haydns Beisetzung.

Heimbacher Straße

Anfang: Zülpicher Straße
Ende: Rurstraße
Lage: D 5

Die auf einem isolierten Felsen errichtete, heute vollständig renovierte und modernisierte Burg Hengebach beherrscht das malerische Bild des Luftkurortes Heimbach in der Nordeifel. Die Ritter von Hengebach treten bereits im zehnten Jahrhundert auf; die Burg selbst wird erstmals 1016 erwähnt. Ab 1272 residierte Graf Wilhelm von Jülich auf der Burg, die 1687 einem großen Stadtbrand zum Opfer fiel. 1804 verkaufte der letzte Sproß des Hauses Jülich, Maximilian Joseph, dem Napoleon die Königswürde von Bayern übertrug, die Burg an eine Heimbacher Familie als Steinbruch. 1935 gelangte sie in den Besitz der Stadt Schleiden, die dort ein Heimatmuseum errichten wollte. Die gerade abgeschlossenen Aufbauarbeiten machte ein Bombenteppich im Dezember 1944 wieder zunichte. Seit 1979 ist die Burg Hengebach Eigentum der Stadt Heimbach und wird von einer Erwachsenenbildungsstätte und einem gastronomischen Betrieb genutzt.

Nicht gerade vom Glück begünstigt verlief die Geschichte der Heimbacher Bürger. Sie erhielten zwar 1343 »Freiheiten«, 1412 die Stadt- und 1602 die Marktrechte, doch zählt die Chronik von 1387 bis 1794 dreißig »Drangsale« auf.

Überregional bekannt sind die Pfarrkirche St. Clemens und die Wallfahrtskirche Christus Salvator. Die 1725 konsekrierte Pfarrkirche weist eine glänzende, komplette Barockausstattung mit Hochaltar, zwei Seitenaltären und der Kanzel auf. Der Hochaltar wird vom Altarbild des Rubens-Schülers Pieter Soutmann beherrscht. Der romanische Glockenturm mit seinem barocken Turmhelm verbindet als ältester Baukörper das Schiff der Clemenskirche mit dem 1981 eingeweihten Neubau der Salvatorkirche. Die Wallfahrtskirche beherbergt das kostbare Gnadenbild der »Schmerzhaften Muttergottes«. Die sehenswerten Glasmalereien schuf der Kölner Professor Georg Meistermann, der auch in der Lindenthaler St. Thomas-Morus-Kirche und in der Kölner Kirche St. Gereon die Fenster gestaltete.

Das Wappen zeigt im schwarzen Grund einen silbernen, zinnenbewehrten Torturm mit rotem Spitzdach und vorgekragten Pechnasen sowie rotem, halbgezogenem Gatter. An den Turmsockel schräg angelehnt befindet sich das gelbe Schild mit dem schwarzen Löwen der Herzöge von Jülich.

Abb. 62 Der Luftkurort Heimbach in der Nordeifel

Heinestraße

Anfang: Gleueler Straße
Ende: Bardenheuerstraße
Lage: C 6

Harry Heine wurde am 13. Dezember 1797 als ältestes von vier Kindern der Eheleute Samson und Peire Heine in Düsseldorf geboren. Väterlicher- wie mütterlicherseits entstammt Harry angesehenen jüdischen Familien. Seine Kindheit und Jugend verlief in der nicht gerade bedeutenden, 20 000 Einwohner zählenden, ehemaligen Residenzstadt, in der den Juden sozial und wirtschaftlich eine ziemliche Gleichberechtigung zugestanden wurde, recht sorglos. Nach dem Verlassen des Düsseldorfer Lyzeums kurz vor dem Abschluß begann Harry 1815 eine kaufmännische Lehre und selbständige Tätigkeiten. Er besaß jedoch kein rechtes Talent, so daß sein Manufakturengeschäft »Harry Heine & Co« bereits 1819 den Konkurs anmelden mußte. Heine versuchte nun, ein juristisches Studium in Bonn, Göttingen und Berlin zu absolvieren. In Bonn war August Wilhelm von Schlegel (siehe auch Schlegelstraße) sein bedeutendster Lehrer; er stand ihm auch bei seinen dichterischen Versuchen zur Seite. (In den Sonetten spürt man noch deutlich Schlegels Einfluß.) In Berlin faszinierten ihn die Philosophievorlesungen Hegels. Im »Verein für Kultur und Wissenschaft der Juden« arbeitete Harry Heine intensiv mit, seinen Glaubensgenossen bisher verschlossene Bereiche des geistigen Daseins zu öffnen. Die Juden zeigten aber kein Interesse und stellten auch nicht die zum Erhalt der Gruppe notwendigen Geldmittel zur Verfügung, so daß der Verein nach knapp vier Jahren seine Tätigkeit einstellen mußte. Einerseits darüber enttäuscht, andererseits aber auch, um in der damaligen Gesellschaft aufsteigen zu können und Anerkennung zu finden, ließen sich einige Vereinsmitglieder christlich taufen. Auch Heine trat 1825 zum Protestantismus über und nannte sich fortan Heinrich. Noch im gleichen Jahr beendete er seine Studien mit der Erlangung der juristischen Doktorwürde. 1826 erschien der erste Band der »Reisebilder« und ein Jahr später als Zusammenfassung aller bis dahin entstandenen Gedichte das »Buch der Lieder«. Heinrich Heine wurde damit in der breiten Öffentlichkeit bekannt und als einer der bedeutendsten Dichter der jungen Generation anerkannt. Aber alle seine Bemühungen, einen bürgerlichen Beruf als Anwalt, Notar oder als Professor in Hamburg, Berlin oder München zu ergreifen, schlugen fehl. So zog er im Mai 1831 nach Paris, um dort als Auslandskorrespondent für Cottas Zeitschriften, vor allem aber als freier Schriftsteller zu wirken. Wenn auch auf Veranlassung Metternichs im Herbst 1832 die Berichterstattung Heines in deutschsprachigen Blättern verboten wurde, fand Heine in Paris durch seine literarischen Arbeiten rasch höchste Anerkennung und Eingang in die Kreise führender geistiger und gesellschaftlich hochrangiger Persönlichkeiten. Aber für viele Anhänger Heines, die ihn als Autor der »Reisebilder« und des »Buches der Lieder« hoch verehrten, bedeuteten die Werke der Pariser Zeit nur Enttäuschungen. Heine wurde streitbarer und führte zahlreiche Fehden und politische Auseinandersetzungen. So manche riefen regelrechte staatliche Gegenmaßnahmen hervor: Als sich Heine an den in Paris erscheinenden und von Karl Marx und dessen Gruppe herausgegebenen »Deutsch-französischen Jahrbüchern« und ab 1844 am »Vorwärts« mit Texten beteiligte, beschwerte sich die deutsche Regierung über die politischen Angriffe dermaßen vehement, daß die Zeitungen verboten und die Beteiligten aus Frankreich ausgewiesen wurden. Warum Heinrich Heine nicht behelligt wurde, bleibt ein Geheimnis; man munkelte jedoch, daß ihm seine guten Beziehungen zu maßgeblichen französischen Politikern von Nutzen waren.

Abb. 63 Heinrich Heine nach einem Gemälde von Max Oppenheim (1831)

1841 heiratete Heinrich Heine seine langjährige Freundin, Eugenie Mirat, die als sehr hübsch, unkompliziert, lebenslustig, ohne größere geistige Fähigkeiten und treu an ihrem Henri hängend geschildert wird. Seit Beginn der vierziger Jahre begann Heine zu kränkeln. Der Gesundheitszustand verschlimmerte sich immer mehr, bis er 1848 zur völligen Lähmung des Körpers führte. Seinen Geist und seine Schaffenskraft konnte die »Matratzengruft«, wie er sein Krankenlager nannte, nicht brechen. Am 17. Februar 1856 starb Heinrich Heine in seiner Pariser Wohnung Rue de Matignon 3. Auf dem Montmartre-Friedhof wurde er ohne große Feierlichkeiten, aber unter dem Geleit vieler Freunde wie Dumas, Gautier und Mignet beigesetzt.

Heinrich-Stevens-Weg

Anfang: Dürener Straße
Ende: Junkersdorfer Straße
Lage: C 1–D 2

Der Kölner Stevens lebte von 1881–1940 und war Vorsitzender des Bundes Deutscher Radfahrer (BDR). Nachdem Stevens im Jahre 1922 vergeblich versucht hatte, Oberbürgermeister Konrad Adenauer (vergleiche Straße »Am Adenauerweiher«) für das Ehrenpräsidium der Großen Rheinischen Sportwoche zu gewinnen, gelang es ihm, Köln als Austragungsort für die Deutschen Meisterschaften am 27. Juli 1924 festzulegen. Der 42. Bundestag des Bundes Deutscher Radfahrer fand 1925 ebenfalls in Köln statt. Stevens erreichte es außerdem, Köln als Austragungsort für die Radweltmeisterschaften vom 14. bis 21. Juli 1927 durchzusetzen. Die Fortsetzung der Meisterschaften fand in Elberfeld (heute zu Wuppertal) vom 22. bis 25. Juli 1927 statt. Für die Radweltmeisterschaften wurde die Radrennbahn in Köln erneuert. Köln war in den 20er und 30er Jahren eine Hochburg des Radrennsports. Erst kürzlich wurde die Radrennbahn in der Stadionanlage erneuert.

Herbert-Lewin-Straße

Anfang: Dürener Straße
Ende: Danteweg
Lage: B 6

Der Arzt Prof. Dr. Herbert Lewin wurde am 1. April 1899 in Schwarzenau im Bezirk Bromberg (heute zu Polen) geboren und kam 1937 über Berlin als Chefarzt der gynäkologischen Abteilung des Jüdischen Krankenhauses nach Köln-Ehrenfeld.
Bereits 1933 hatte man ihm die von den Gutachtern bereits befürwortete Habilitation verweigert, und zwar aus »rassischen Gründen«. Der sozialdemokratische Arzt wurde am 22. Oktober 1941 zusammen mit 2014 jüdischen Menschen von Köln ins Ghetto Lodz (Litzmannstadt) deportiert. Dort arbeitete Lewin als Häftlingsarzt, später auch im Vernichtungslager Auschwitz-Birkenau sowie in den Konzentrationslagern Oranienburg und Schwarzheide, bevor er am 8. Mai 1945 aus dem Lager Theresienstadt befreit wurde. Der seinerzeitige Kölner Oberbürgermeister Konrad Adenauer (vergleiche »Am Adenauerweiher«) schickte im Sommer 1945 Wagen nach dort, um überlebende jüdische Mitbürger wieder nach Hause holen zu lassen.
Obwohl Lewins erste Frau und zwei Geschwister im Konzentrationslager ermordet worden waren, kehrte er nach Köln zurück und führte im Auftrag des ihm freundschaftlich verbundenen Konrad Adenauer weitere überlebende Juden aus Theresienstadt nach Köln zurück. Adenauer wollte Lewin zum Gesundheitsdezernenten berufen. Lewin übernahm jedoch Aufgaben innerhalb jüdischer Organisationen. Er wurde 1946 Vorsitzender der neugebildeten Kölner Synagogengemeinde und sogar Vorsitzender des Zentralrats der Juden in Deutschland. Seiner Berufung zum Chefarzt der Städtischen Frauenklinik in Offenbach im Jahre 1950 ging der erste antisemitische Skandal der Bundesrepublik Deutschland voraus. 1952 erhielt er einen Lehrstuhl für Gynäkologie an der Universität Frankfurt. In Wiesbaden verstarb er am 21. September 1982.
Die Herbert-Lewin-Straße hieß bis zur feierlichen Namensänderung am 22. Mai 1986 Haedenkampstraße, nach Dr. Karl Haedenkamp. Dieser war vor 1933 Schriftführer der vom Hartmannbund herausgegebenen »Ärztlichen Mitteilungen«. Man warf Haedenkamp später vor, sich als Funktionär und ehemaliger Generalsekretär des Hartmannbundes während des Dritten Reiches für die Ausschaltung der jüdischen und marxistischen Ärzte aus der Kassenpraxis eingesetzt zu haben. Nach dem Kriege wurde Haedenkamp Hauptgeschäftsführender Arzt der Ar-

Abb. 64 Vorstand und Repräsentanz der Synagogengemeinschaft in Köln (1948), 3. v. r. H. Lewin

beitsgemeinschaft der Westdeutschen Ärztekammern und Geschäftsführender Vorsitzender des Präsidiums des Deutschen Ärztetages. Aus der genannten Arbeitsgemeinschaft ging die Bundesärztekammer hervor, die an der heutigen Herbert-Lewin-Straße ihren Sitz hat. Dort erscheint auch das Deutsche Ärzteblatt und hat die Kassenärztliche Bundesvereinigung ihren Sitz. Haedenkamp, der am 26. Februar 1889 in Hamm/Westfalen geboren war, starb am 13. Juli 1955 in Garmisch-Partenkirchen. Auf Wunsch der Ärzteschaft wurde die neue Straße schon 1956 nach ihm benannt. Gegen den Widerstand der Bundesärztekammer beschloß die Bezirksvertretung Lindenthal auf Antrag der Kölnischen Gesellschaft für christlich-jüdische Zusammenarbeit im Jahre 1985 die Umbenennung der Straße.
Es handelte sich dabei um eine kleine späte Wiedergutmachung.

Herderstraße

Anfang: Theresienstraße
Ende: Falkenburgstraße
Lage: D 5

Der Schriftsteller, Philosoph und Theologe Johann Gottfried Herder (seit 1802 von Herder) ist sicherlich einer der berühmtesten Deutschen überhaupt. Er wurde in Mohrungen (Ostpreußen) am 25.08.1744 geboren und starb in Weimar am 18.12.1803. Sein Vater war ein pietistischer Kantor und Volksschullehrer.
1762 begann Herder ein Studium der Medizin, dann jedoch der Theologie und Philosophie in Königsberg in Preußen. Entscheidende Anregungen erhielt er durch Immanuel Kant, J.G. Hamann, A.A.C. Shaftesbury und Jean-Jacques Rousseau. 1764 wurde Herder

Lehrer an der Domschule in Königsberg, 1767 Prediger in Riga, wo heute noch sein Denkmal steht. Eine Seereise im Jahre 1768 nach Nantes brachte für ihn die Wende von der Aufklärung zur Sturm- und Drang-Periode. In Paris knüpfte er Beziehungen zu den Enzyklopädisten, Diderot und D'Alembert, an, in Hamburg befreundete er sich mit Lessing und Claudius. Nachdem er bei J.H. Merck in Darmstadt seine spätere Frau Caroline Flachsland kennengelernt hatte, traf er in Straßburg im September 1770 Goethe. Von dieser Begegnung gingen für beide Seiten nachhaltige Wirkungen aus. Man zählt Herder zu den Personen, von denen Goethe gelernt hat. 1771 wurde Herder Konsistorialrat in Bückeburg, ab 1776 wirkte er in Weimar und wurde dort 1801 Oberkonsistorialratspräsident. Er befreundete sich mit Wieland und Jean Paul. Herders Gedanken auf den Gebieten der Sprachphilosophie, der Geschichtsphilosophie, der Literatur- und Kulturgeschichte und der Anthropologie sind von größter Bedeutung für die europäische Geistesgeschichte und wirken bis in die Gegenwart und Zukunft fort. In seinen Fragmenten »Über die neuere deutsche Literatur ›Littera‹« (1767, 3 Bände) beschäftigt er sich mit der spezifischen Dichtung eines jeden Volkes, dem Stand seiner Sprache und dessen Abhängigkeit von den natürlichen und sozialen Gegebenheiten. Herder förderte die Verwendung der Muttersprache als Volkssprache. Herder hatte in seinem posthum veröffentlichten Journal »Meine Reise im Jahre 1769« (1846) bereits alle späteren Ideen vorgeprägt. Für ihn bestand ein Widerspruch zwischen Literatur und Leben. In seiner von der Berliner Akademie preisgekrönten »Abhandlung über den Ursprung der Sprache« (1772) setzte Herder die Sprache gegen die theologisch-orthodoxen wie gegen die rationalistischen Sprachtheorien der französischen Aufklärung zu den spezifischen, naturgegebenen anthropologischen Voraussetzungen in Beziehung. 1779 gab er die Blätter »Von deutscher Art und Kunst« heraus. In seinem Werk »Auch eine Philosophie der Geschichte zur Bildung der Menschheit« (1774) kritisiert Herder den Rationalismus und das Weltbild der Aufklärung mit seinem Vernunft- und Fortschrittsoptimismus. Seine Geschichtsphilosophie entwickelte er weiter in den »Ideen zur Philosophie der Geschichte der Menschheit« (1784–1791). Nach ihm ist der Mensch zur Humanität bestimmt, die in der Religion ihre höchste Form findet. Seine Naturphilosophie wurde von Spinoza beeinflußt.

Herders eigentliche dichterischen Werke wie zum Beispiel Dramen waren nicht von großer Bedeutung. Wegen seiner Sammlung »Volkslieder« (1778–90) gilt Herder als Begründer der Volksliedforschung. Als liberaler Theologe nahm er in seinen Untersuchungen zum Alten und Neuen Testament

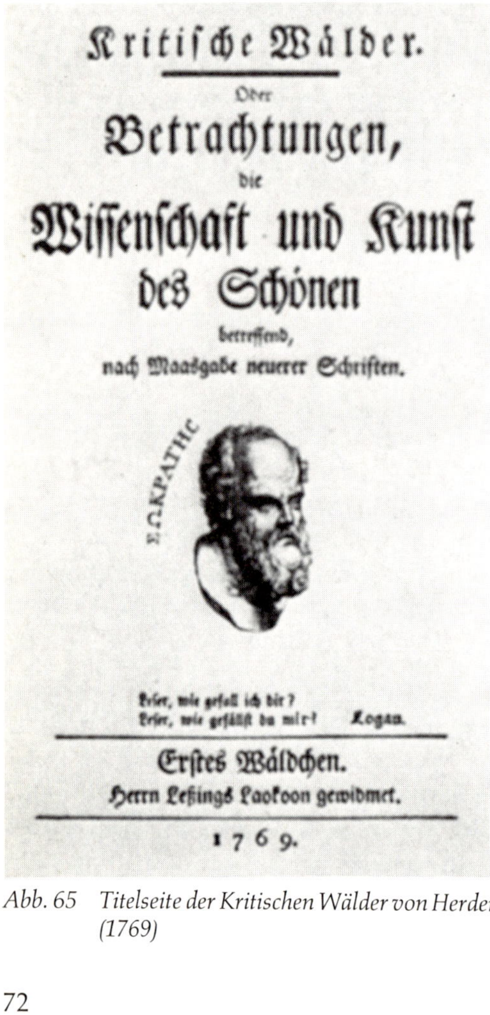

Kritische Wälder.

Oder

Betrachtungen,

die

Wissenschaft und Kunst

des Schönen

betreffend,

nach Maasgabe neuerer Schriften.

ΣΩΚΡΑΤΗΣ

Leser, wie gefall ich dir?
Leser, wie gefällst du mir? Logau.

Erstes Wäldchen.

Herrn Leßings Laokoon gewidmet.

1769.

Abb. 65 Titelseite der Kritischen Wälder von Herder (1769)

Abb. 66 Zeitgenössische Silhouette von Herder mit seiner Gemahlin

wichtige spätere Erkenntnisse der exegetischen Forschung vorweg. Auf die sogenannte Geniezeit und die Romantik besaß er größten Einfluß, ebenfalls auf die Entfaltung der historischen Wissenschaft und die Identitätsfindung der slawischen Nationen. Herders Werk ist ungeheuer vielseitig und umfassend. Er gab nicht nur eine Nachdichtung über den spanischen Nationalhelden »Cid« (1803/1804) heraus, sondern er veröffentlichte auch fiktive Briefe zur Förderung der Humanität (1793–1797), befaßte sich mit der ältesten Urkunde des Menschengeschlechtes (1774/76), mit dem Ursprung der Sprache (1772), der Seelenwanderung (1782/85) und dem Erkennen und Empfinden der menschlichen Seele (Bemerkungen und Träume), erschienen 1778.

Dem Mitbegründer der deutschen Klassik ist in Weimar an der nach ihm Herderkirche genannten Stadtkirche ein Denkmal gewidmet.

Hillerstraße

Anfang: Dürener Straße
Ende: Wüllnerstraße
Lage: C 5

Ferdinand Hiller (seit 1878 von Hiller) wurde in Frankfurt am Main am 24.10.1811 als Sohn des wohlhabenden Kaufmanns Justus Hiller (früher Isaac Hildesheim) und seiner Ehefrau Regina Sichel geboren. Wegen seiner früherkannten musikalischen Begabung

Abb. 67 Ferdinand Hiller nach einem Gemälde von C. F. Sohn

ging Hiller nicht auf die Universität, sondern nahm Geigenunterricht und erlernte das Klavierspiel in seiner Heimatstadt. Ab 1825 wurde er durch Johann Nepomuk Hummel in Weimar unterrichtet, wo ihn Goethe empfing und ihm ins Stammbuch folgende Verse schrieb:
»Ein Talent, das Jedem frommt, Hast Du in Besitz genommen, Wer mit holden Tönen kommt, Er ist überall willkommen. Welch ein herrliches Geleite, Ziehest an des Meisters Seite, Er erfreut sich deiner Lehre, Du erfreust dich seiner Ehre.«
Im März 1827 trifft Hiller auf einer Konzertreise mit Hummel den sterbenden Beethoven in Wien. Mit Beethovens Tod verlagert sich der Schwerpunkt des Musikgeschehens nach Paris, wohin sich Hiller auf Empfehlung seines Herzensfreundes Mendelssohn-Bartholdy wendet. Hier lernt er die führenden Komponisten der Zeit kennen. Seine Mutter zieht zu ihm und führt einen Salon, in dem die führenden Geister der Literatur und bildenden Kunst verkehren. Hiller gibt Konzerte und tritt vornehmlich als Klaviervirtuose auf. Er befreundet sich mit Liszt und Chopin, mit denen er auch gemeinsam auftritt.
Nach Zwischenstationen in Frankfurt (1836), Italien (Mailand 1837, Como, Florenz, Rom 1840–1842) und einer Vertretung Mendelssohns in Leipzig geht Hiller 1844 nach Dresden, wo seine Opern aufgeführt werden und er sich mit Wagner anfreundet. Obwohl er die Abonnementskonzerte dort ins Leben ruft, ist er ständig auf der Suche nach einer dauerhaften anerkannten musikalischen Stellung. Die erreichte er zunächst in Düsseldorf als Vereinsdirigent, nicht als städtischer Kapellmeister wie vor ihm Mendelssohn. Wie in Dresden tritt er auch in Düsseldorf mit den führenden bildenden Künstlern in Verbindung.
Zeit seines Lebens war Hiller ein fleißiger Briefschreiber, sein schriftlicher Nachlaß mit über 10000 Schreiben von über 3000 verschiedenen Personen befindet sich im Historischen Archiv der Stadt Köln, während sein kompositorischer Nachlaß der Frankfurter Universitätsbibliothek gehört.
Nachdem Hiller sehr oft in Köln gastiert hatte, wurde er 1850 in die Position des Städtischen Kapellmeisters gewählt. Seine Aufgabe war es, die verschiedenen musikalischen Aktivitäten, insbesondere der Concertgesellschaft und der Musikalischen Gesellschaft zu verbinden. Erst ihm gelang es, aus der Rheinischen Musikschule seines Vorgängers Dorn 1858 das Städtische Konservatorium zu bilden.
Hiller vervollkommnete das Kölner Orchester, führte regelmäßig jährlich zehn Gürzenichkonzerte auf und brachte diese auf eine ungewöhnliche in ganz Deutschland anerkannte Höhe. Die Kölner liebten ihn und seine verbindliche, weltmännische Art. Als Solisten traten auf der Geiger Joseph Joachim, die Sängerin Jenny Lind und Johannes Brahms (siehe Brahmsstraße).
Neben der Förderung seiner Schüler und Freunde lagen Hiller die Niederrheinischen

Musikfeste am Herzen, von denen er zwischen 1853 und 1883 elf dirigierte. 1868 verlieh ihm die philosophische Fakultät der Universität Bonn den Ehrendoktor. Seine Tochter Tony (1850–1931) ist durch ihre Heirat mit dem Pianisten James Kwast (1852–1927) die Schwiegermutter Pfitzners (siehe Pfitznerstraße) geworden.
1884 zwang schwere Krankheit Hiller, sein Amt niederzulegen. Er starb am 11. Mai 1885 in Köln.
Sein Nachfolger Wüllner (siehe Wüllnerstraße) wandte sich von der bis dahin vorherrschenden Verehrung der romantischen Musik, vor allem infolge Mendelssohns, ab und begann, die vermißten Stücke von Liszt und Wagner und sehr früh auch Werke von Richard Strauss (siehe gleichnamige Straße) aufzuführen. Hiller hatte sich mit Liszt und Wagner zerstritten.
Letzterer tat Hillers Werke als Kapellmeistermusik ab. Hillers Opern (zum Beispiel »Die Zerstörung Jerusalems«, 1840, »Saul«, 1858, und »Katakomben«, 1862), Sinfonien und Konzerte wurden zwar seinerzeit nicht selten aufgeführt, konnten sich aber auf Dauer nicht auf den Spielplänen halten. Hiller hat für das Kölner Musikleben in der zweiten Hälfte des vorigen Jahrhunderts Hervorragendes geleistet. Reinhold Sietz hat Hillers Tagebücher und Briefe herausgegeben sowie viele Beiträge zur Rheinischen Musikgeschichte um die Mitte des vorigen Jahrhunderts und damit über Hiller verfaßt. Auf dem Melatenfriedhof ist ein sehr schöner Grabstein mit dem Porträt Hillers erhalten geblieben (Nr. 12 HWG, zwischen Lit. M und Lit. I). Aber nicht nur dort kann man sein Ebenbild betrachten, sondern auch demnächst als Rathausturmfigur.

Hohentwielstraße

Anfang: Mommsenstraße
Ende: Freiligrathstraße
Lage: D 5

Der Hohentwiel im Hegau bei Singen ist ein 689 Meter hoher Vulkanschlot aus eruptivem Phonolith. Auf seinem Gipfel steht Deutschlands größte Festungsruine. Die Burg war im 10. Jahrhundert der Stammsitz der Herzöge von Schwaben. Ab dem 11. Jahrhundert bewohnten verschiedene Adels-

Abb. 68 In der Hohentwielstraße (1990)

geschlechter des Hegaus den steilaufragenden Berg, bis er 1538 von Herzog Ulrich von Württemberg erworben und zu einer uneinnehmbaren Festung ausgebaut wurde. Im Dreißigjährigen Krieg überstand die Festung fünf schwere Belagerungen. Eine Zeitlang nutzten die Landesherren den Hohentwiel auch als Staatsgefängnis. 1800 übergab man die Festung ohne Gegenwehr den sich nahenden Franzosen; ein Jahr später ließ Napoleon sie schleifen.

Hollarstraße

Anfang: Innere Kanalstraße
Ende: Haselbergstraße
Lage: A 6

Der Zeichner, Radierer und Kupferstecher Wenzel Hollar wurde am 13. 07. 1607 in Prag geboren und starb in London am 25. 03. 1677. Hollar verbrachte nur knapp vier Jahre seines Lebens in Köln (1632 bis 1636), schuf in dieser Zeit aber eine Reihe von Kölner und Rheinischen Ansichten, vor allen Dingen den berühmten Prospekt der Stadt Köln, nur zu vergleichen mit der Stadtansicht von Anton Woensam (1531) (vergleiche Woensamstraße) und dem Mercatorstadtplan von 1571. Beliebt sind seine weiblichen Kölner Trachtenfiguren.
Von Hollar stammen ferner Abbildungen des Jan von Werth, des Kartäusergründers Bruno von Köln, Peter Paul Rubens, der seine ersten zehn Lebensjahre in Köln verbrachte, des Johann Adam Schall von Bell (vergleiche Schallstraße) und des Leichenwegs des spanischen Heerführers Johann Baptist von Tassis.
Dieser große Barockkünstler führte ein Wanderleben. Nach Aufenthalten in Stuttgart (um 1627/28) und Straßburg (1629–30) arbeitete er für Matthäus Merian d.A. 1631 in Frankfurt. Nach seiner Kölner Zeit reiste er mit Thomas Howard Earl of Arundel, in dessen Dienste er trat, nach Wien und in seine Geburtsstadt Prag, um sich 1637 endgültig in London niederzulassen, wo er unter anderem Zeichenlehrer des Prinzen von Wales wurde. Diese Zeit unterbrach nur ein Zwangsaufenthalt in Antwerpen (1644–52), wohin sich Hollar wegen der Revolutionswirren in England begab.
Hollar wirkte auch als Buchillustrator und überlieferte durch seine graphischen Nachbildungen viele inzwischen verlorengegangene Kunstwerke. Aus zwei Ehen stammten etliche Kinder, die Hollar mit seiner gering bezahlten Kunst nur schwer durchbringen konnte. Hollar, arm und krank, fand praktisch erst mit seinem Tod Ruhe vor den Pfändungen seiner Gläubiger.
Aus seinen übermenschlichen Anstrengungen entsprangen über 3000 graphische Blätter von größtem Abwechslungsreichtum.

Abb. 69 Wenzel Hollar (Selbstbildnis)

Hültzplatz

Lage: In der Kreuzung der Friedrich-Schmidt-Straße mit der Fürst-Pückler-Straße und der Hültzstraße
Lage: B 4

Der Baumeister Johannes Hültz muß Ende des 14. Jahrhunderts in Köln geboren sein; denn schon seit 1419 leitete er als Werkmeister den Weiterbau des Straßburger Münsters. In der Kunstgeschichte galt und gilt weithin Erwin von Steinbach als Entwerfer und Erbauer der gesamten Westfassade des Straßburger Münsters. Sein Gesamtentwurf einschließlich der beiden geplanten Türme

wurde jedoch nicht durchgeführt, sondern mehrfach abgeändert. Nach seinem Tode 1318 folgte ihm sein Sohn Johannes, welcher 1339 starb.
Ab 1398 führte der Ulmer Dombaumeister Ulrich von Ensingen den Nordturm über der 1365 erreichten Plattform aufwärts bis kurz unter den Turmhelm, den erst Johannes Hültz unter Erhöhung des Oktogons um ein Geschoß 1439 vollendete. Dies gelang ihm in einer bisher unbekannten, völlig neuartigen und unerhörten Weise, indem er eine steile achseitige, aus 52 kleinen Wendeltreppentürmchen künstlich zusammengesetzte Pyramide aufsetzte. Der Turm kann somit bis zur Kreuzblume begangen werden. Trotz dieser genialen Leistung steht Hültz nach wie vor im Schatten Erwins, dem Goethe überschwenglich huldigte, ohne von Hültz etwas zu wissen (»Von Deutscher Baukunst«, 1772/73, ferner in »Dichtung und Wahrheit«, »Aus meinem Leben« und in »Dritte Wallfahrt nach Erwins Grabe im Juli 1775«).
Hültz starb 1449. Ein Epitaph außen an der St. Johanniskapelle wurde später verbaut. Der Kölner Kunsthistoriker Johann Jacob Merlo ging noch von einen Vater Hültz mit gleichem Vornamen aus, was er möglicherweise damit verwechselte, daß dem Kölner Dombaumeister Gerhard ein Meister Arnold folgte, der sein Amt an seinen Sohn Johannes weitergab, oder Merlo auch an Erwins Sohn Johannes dachte. Der Südturm wurde nie vollendet, so daß durch Hültz' Werk die unverwechselbare Fassade des Straßburger Münsters ihre heutige Gestalt fand.
Die Straßen und Platzbenennungen nach Hültz stehen im Zusammenhang mit der Benennung der Friedrich-Schmidt-Straße (siehe dort) und den weiteren Architekten-Straßen in Braunsfeld zwischen Friedrich-Schmidt-Straße und Aachener Straße. Dort wurden Architekten geehrt, die aus Köln stammten und/oder in Köln gewirkt haben. Auch im vorigen Jahrhundert hat ein Kölner Bildhauer namens Grass am Straßburger Münster gewirkt, von dem unter anderem eine Figur Erwin von Steinbachs stammt.

Abb. 70 Das Straßburger Münster nach einer Zeichnung von Harwerth

Die Studentenverbindungen K.D.St.V. Rappoltstein und die in ihr aufgegangene V.K.D.St. Eckart (früher Erwinia nach Erwin von Steinbach) sind beide 1905 an der Straßburger Universität gegründet worden. Ihr Verbindungshaus am Karl-Schwering-Platz zeigt als Sgrafitto die Silhouetten des Kölner Doms und des Straßburger Münsters.

Hültzstraße

Anfang: Aachener Straße/Stadtwaldgürtel
Ende: Hültzplatz
Lage: B 4

Immermannstraße

Anfang: Geibelstraße
Ende: Kreuzung Hans-Sachs-Straße/Bachemer Straße
Lage: C 5/6

Karl von Immermann, geboren am 24. 04. 1796 in Magdeburg und gestorben am 25. 08.1840 in Düsseldorf, war Dichter und Schriftsteller, vor allen Dingen aber auch Richter am Düsseldorfer Landgericht. Immermann schrieb unter anderem folgende Werke: Die Epigonen. Familienmemoiren in neun Büchern (1836); Merlin. Eine Mythe (1832); Münchhausen. Eine Geschichte in Arabesken (1838/39) und Tulifäntchen. Ein Heldengedicht in drei Gesängen (1830).

In seinem Hauptwerk »Die Epigonen« behandelt Immermann den Segen und Unsegen des Nachgeborenseins und beklagt die gesellschaftlich-kulturelle Erschöpfung der Zeit, den Übergang vom Feudalismus zum Industrialismus. Das kaum spielbare Drama Merlin, mit dem Immermann sich an Goethes Faust messen wollte, führt hinein in die Sagenwelt um den Gral und König Artus' Tafelrunde. Der Roman Münchhausen, Immermanns zweitwichtigstes Werk, handelt von einem erdachten Enkel des Lügenbarons und wendet sich unter Austeilung von Seitenhieben auf viele bekannte zeitgenössische Autoren gegen die Auswüchse des subjektivistischen, von der Goethezeit ererbten Idealismus. Am »Tulifäntchen«, einem fingerlangen und fingerdicken Erben eines verarmten Geschlechts, arbeitete Heinrich Heine (siehe Heinestraße) durch Verbesserungsvorschläge mit.

Den Kölnern war Immermann vor allen Dingen lieb durch sein Buch »Das Fest der Freiwilligen zu Köln am Rheine, den 3. Februar 1838«, das er im Auftrage des Festordnenden Comites geschrieben und bei J.P. Bachem in Köln verlegt hatte. Bei diesem Freiwilligenfest ging es um die 25-Jahr-Feier derjenigen Freiwilligen, die 1813 an den Befreiungskrie-

Abb. 71 Der sogenannte Freiwilligenpokal

Der Oberhof.

Aus Immermann's Münchhausen.

Mit 57 Illustrationen von B. Vautier in Düsseldorf.

Berlin.

Verlag von A. Hofmann & Comp.

Abb. 72 Titelseite des Buches »Der Oberhof« von Immermann

gen gegen Napoleon teilgenommen hatten. Sein Buch enthält eine Stammliste der Freiwilligen, die an dem Jubiläumsfest teilnehmen konnten. Dort treffen sich viele Prominente mit zahlreichen Unbekannten. Der Verein der Freiwilligen aus den Jahren 1813, 1814 und 1815 stiftete den sogenannten Freiwilligen-Pokal, der heute mit zum Ratssilber zählt (vergleiche den Katalog des Kölner Stadtmuseums über das Ratssilber, 1980 herausgegeben von Werner Schäfke).

Joeststraße

Anfang: Stadtwaldgürtel
Ende: Fürst-Pückler-Straße
Lage: B 4

Diese Straße ist nach Professor Wilhelm Joest (geboren am 15. März 1852 in Köln und gestorben auf den Sandwichinseln im März 1898) benannt, dem Völkerkundler und Weltreisenden, der mittelbar zu einem Mitbegründer des Rautenstrauch-Joest-Museums wurde. In der Nähe der Joeststraße ist daher die Rautenstrauchstraße in Lindenthal zu finden. Joest entstammte der bekannten Familie von Zuckerindustriellen.
Seine Schwester Adele (1850–1903) heiratete 1872 den Kommerzienrat und Belgischen Konsul Eugen Rautenstrauch. Aus dieser Ehe ging unter anderem der Bankier Eugen von Rautenstrauch (siehe Rautenstrauchstraße) hervor, der wiederum 1914 Ellen von Joest heiratete. Beider Sohn wurde der heute noch in Köln lebende ehemalige Ratsherr Ludwig Theodor von Rautenstrauch. Wilhelm Joest hatte 1885 Clara vom Rath geheiratet, hinterließ aber keine Kinder, als er von seiner letzten Forschungsreise nicht zurückkehrte. Seine Erben, nämlich seine Schwester Adele und deren Ehemann Eugen Rautenstrauch, schenkten 1899 seine völkerkundliche Sammlung (etwa 3400 Objekte) der Stadt Köln, die daraus per 1. Oktober 1901 das Rautenstrauch-Joest-Museum formte, welches zunächst im Naturhistorischen

Abb. 73 Das Rautenstrauch-Joest-Museum

Museum im Bayenturm und später in der alten Quatermarktschule Unterkunft erhielt. Adele Rautenstrauch stiftete im Jahre 1900 nach dem Tode ihres Gatten 250 000 Mark als Grundstock für den Museumsneubau, der dann von ihren Kindern nach ihrem Tode vollfinanziert wurde. Das Grundstück gab die Stadt Köln dazu. So konnte am 12. November 1906 der repräsentative Museumsneubau am Ubierring (Architekt Edwin Crones) eingeweiht werden.

Da an den Stiftungen jeweils mehrere Personen der beiden miteinander versippten Familien beteiligt waren, hat man offensichtlich davon abgesehen, die Vornamen bei den Straßennamen mitanzugeben.

Die Grabstätte der Familie Joest (von Joest) befindet sich auf dem Melatenfriedhof unter Nr. 269, HWG, zwischen lit. A und lit. B.

Johann-Heinrich-Platz

Lage: zwischen Virchowstraße und Fritz-Hönig-Straße
Lage: D 3/4

Er ist benannt nach den Bankiers aus dem Hause Stein, die alle Johann Heinrich Stein beziehungsweise von Stein hießen. Nach Greven's Adreßbuch aus dem Jahre 1955 ist sie benannt nach demjenigen Johann Heinrich von Stein, der das Beamtenerholungsheim Rolandseck der Stadt Köln stiftete. Es dürfte sich dabei um den in Köln am 14. August 1832 geborenen und am 16. Oktober 1911 verstorbenen Geheimen Kommerzienrat Johann Heinrich von Stein gehandelt haben. Die Stiftung erfolge in dem Zeitraum zwischen 1905 und 1910. Das Bankhaus

Abb. 74 Sechs Generationen Johann Heinrich Stein

Stein, das im Jahre 1990 auf sein 200jähriges Bestehen zurückschaute (als Marcard, Stein & Co. mit Hauptsitz in Hamburg), hat dem Kölner Vorort Lindenthal in gewisser Weise sein Gepräge verliehen, da seine Inhaber bis in die jüngste Zeit hinaus Grundbesitzer in Lindenthal waren (vergleiche »Am Schloßgarten«).
Die Festschrift zum 150jährigen Bestehen des Bankhauses schrieb der Gründungsrektor der Kölner Universität, Christian Eckert, im Jahre 1940 (vergleiche Eckertstraße). Diesem Buch ist unter anderem auch die Abbildung der sechs Generationen Johann Heinrich von Stein entnommen. Die Gräber der Familie von Stein befinden sich auf dem Friedhof Melaten bei Mevissen unter Nr. 236, HWG, zwischen lit. E und lit. P.

Abb. 75 Joseph Stelzmann

Joseph-Stelzmann-Straße

Anfang: Zülpicher Straße
Ende: Gleueler Straße
Lage: C 6–D 6

Stelzmann wurde in Worms am 12. 5. 1831 geboren und starb in Köln am 25. 9. 1905, wo er von 1880 bis 1905 Stadtverordneter war. Stelzmann, Führer der Liberalen, gewissermaßen als Nachfolger von Classen-Kappelmann (vergleiche gleichnamige Straße), betätigte sich vor allen Dingen als Finanzfachmann. In dieser Eigenschaft sprach er sich 1881 sehr lebhaft gegen die im Jahre 1888 dann doch vorgenommenen Eingemeindungen der westlichen Vororte nach Köln, so auch Lindenthals, aus. Er befürchtete vor allen Dingen Steuererhöhungen für ganz Köln, da die einzugemeindenden Gebiete als arm galten. 1896 brachte er den Antrag auf Einführung der kommunalen Grundsteuer nach dem gemeinen Wert in teilweiser Anrechnung auf die daneben bestehende Staatsgrundsteuer erfolgreich im Stadtrat ein. 1898 setzte er sich für eine Ermäßigung des Zuschlags zur Grund- und Gebäudesteuer ein, erklärte sich aber gegen eine Aufhebung und Ermäßigung der Biersteuer und der städtischen Wassermessermiete.
Wenn man heutzutage Stelzmanns Namen in Zusammenhang mit der Straße liest, denkt man mehr an die Lindenburg als Universitätsklinik, die bis zum Jahr 1991 dort ihren Haupteingang hatte; jetzt befindert er sich auf der Kerpener Straße.

Karl-Schurz-Straße

Anfang: Bachemer Straße
Ende: Decksteiner Straße
Lage: D 3/4

Der Soldat und Politiker Karl Schurz (auch Carl) ist der Deutsch-Amerikaner schlechthin. Er wurde auf Schloß Gracht, das den Grafen von Wolff-Metternich gehörte, am 2. März 1829 geboren (heute zu Erftstadt-Lib-

Abb. 76 Karl Schurz

lar). In seiner Jugendzeit kam er häufig nach Köln. Er besuchte hier die Schule, und zwar das Gymnasium in der Marzellenstraße. Daneben verbrachte er die Schulferien gerne auf dem Mönchshof, wo sein Onkel Jüssen als Pächter wirkte (siehe Straße »Am Mönchshof«). Bekannt wurde Schurz dadurch, daß er den aus Oberkassel (südlich von Bonn) gebürtigen Professor Gottfried Kinkel (siehe Kinkelstraße) aus der Spandauer Zitadelle befreite, in die Kinkel aufgrund seiner Mitwirkung am Badischen Aufstand im Rahmen der 1848er Revolution verbracht worden war. Es handelte sich um dasselbe Gebäude, das nach dem Zweiten Weltkrieg als Kriegsverbrechergefängnis diente. Schurz war Kinkel von seiner Bonner Studentenzeit her freundschaftlich und politisch verbunden.
Beide flohen, Schurz über London und Paris nach Amerika, wo er 1852 eintraf. Dort brachte er es zum Brigadegeneral und Innenminister. Als Minister ging es ihm vor allen Dingen um die Abschaffung des sogenannten Beutesystems, das darin bestand, daß nach jeder Wahl der neue Präsident der Vereinigten Staaten sämtliche Beamten seiner Vorgänger in den teuren Ruhestand schickte, um seine eigenen Anhänger in Amt und Würden zu bringen.
Schurz' Lebenserinnerungen, insbesondere über seine Zeit in Deutschland, sind sehr lesenswert. Als berühmter Mann besuchte er Bismarck in Berlin. Er starb am 14. Mai 1906 in New York. Noch heute feiern die Deutsch-Amerikaner in New York ihre Steuben-Schurz-Parade.

Karl-Schwering-Platz

Anfang: Dürener Straße
Ende: Frangenheim-/Biggestraße
Lage: B 5

Wie die Biggestraße ist auch dieser Platz, der früher als Fortsetzung der Brucknerstraße auch einmal nach Bruckner hieß, nach einem Direktor des in der Nähe gelegenen Apostelgymnasiums genannt (vergleiche Am Adenauerweiher, Biggestraße und »Adenauer/Gröbe, Lindenthal. Die Entwicklung eines Kölner Vorortes«. S. 118 ff.).
Dr. phil. Karl Schwering wurde am 28. September 1846 in Osterwick in Westfalen geboren. Er legte sein Abitur am Gymnasium in Münster ab, studierte ebenda und in Berlin und war dort ab 1869 am Gymnasium »Graues Kloster« tätig, später wieder in Münster. 1871 wurde er Privatdozent für Mathematik an der Akademie in Münster, später Oberlehrer in Brilon und Coesfeld und 1880 (Schul-)Professor. 1890 versetzte man ihn als Hilfsarbeiter an das Preußische Kultusministerium nach Berlin, 1892 ernannte man ihn zum Direktor des Dürener Gymnasiums, 1898 zum Direktor des Trierer Kaiser-Wilhelm-Gymnasiums und 1901 zum Direktor des Apostelgymnasiums in Köln. 1913 erhielt er den Ehrentitel »Geheimer Studienrat«. Nachdem er 1921 in den Ruhestand getreten war, verstarb er am 27. November 1925 in Köln und fand seine letzte Ruhestätte ebenfalls auf dem Friedhof Melaten.
In seinem Nachruf heißt es, daß er ein überragender Mann der Wissenschaft gewesen sei, ein Pädagoge reich an vielseitigem Wissen und Können. Die bei den Erläuterungen zur Biggestraße erwähnte Festschrift enthält Gedichte von ihm zur 50-Jahrfeier des Gymnasiums im Jahre 1910 und Zeitungsnachrufe.
Schwering entstammte einer alten Schulzenfamilie. Erst sein Vater Lambert Schwering vertauschte die Landwirtschaft mit dem

Abb. 77 Karl Schwering

akademischen Studium und wurde Arzt. Karl wurde das älteste von 8 Kindern. Das mathematische Interesse erbte er von seiner Mutter Leokadia, die aus einer holländischen Kaufmannsfamilie stammte. Er wurde ein ausgezeichneter Schüler am Gymnasium Paulinum. Obwohl seine Lehrer an der Berliner Universität ihn für die akademische Laufbahn vorherbestimmten, wollte er sich erst eine sichere Lebensgrundlage als Lehrer verschaffen. Kurz vor seiner Ernennung zum ordentlichen Professor in Münster warf ihn der Kulturkampf aus der Bahn (vergleiche Krementzstraße). Schwering weigerte sich, der altkatholischen Bewegung beizutreten, und zog den Rückzug auf das Gymnasium vor.

Am Gymnasium in Düren entstanden in der Hauptsache Schwerings mathematische Lehrbücher. Weil er inzwischen neun Kinder besaß, ergriff er die akademische Laufbahn auch nicht, als sie ihm noch einmal eröffnet wurde. Wirtschaftlich gesehen hätte sie keine Verbesserung für ihn bedeutet. Wissenschaftlich befaßte er sich vor allen Dingen mit elliptischen und lemniskatischen Funktionen, den kleinsten Biquadraten, der Infinitesimalrechnung und hyperbolischen Funktionen. Er verfaßte ein Handbuch für Lehrer der Mathematik und ein Lehrbuch über Methoden der kleinsten Quadrate. Zwei Jahrzehnte war er Mitglied der wissenschaftlichen Prüfungskommission an der Universität in Bonn.

Schwerings mathematisches Denken war ausgezeichnet durch Reichtum, Phantasie und seltene Fruchtbarkeit, Eigenart und Selbständigkeit. Er verblüffte durch Einfachheit bei der Lösung der schwierigsten Probleme. Zeitlebens kämpfte er gegen das Vorurteil, das man zum Verständnis der Mathematik eine besondere Begabung benötige. Er meinte, daß das Unverständnis mancher Schüler für die Mathematik auf den schlechten Methoden mancher Mathematiklehrer beruhe. Nebenher war er auch ein ausgezeichneter Kenner der klassischen Philologie.

Sein Sohn Lambert wurde Leiter des Naturwissenschaftlichen Gymnasiums in Köln-Mülheim, sein Sohn Leo Mitgründer der Rheinisch-Westfälischen und Kölner CDU, dieser wiederum Vater des späteren Kustos am Kölner Stadtmuseum, Max-Leo Schwering. Der Sohn Ernst Schwering war 1948, 1950 und 1952–1956 Oberbürgermeister von Köln. Der Sohn Felix Schwering schließlich, ein hoher Ministerialbeamter in Bonn, lebte nach dem Zweiten Weltkrieg im Hause Max-Bruch-Straße 8.

Kermeterstraße

Anfang: Zülpicher Straße
Ende: Lindenthalgürtel/Birresborner Straße
Lage: D 5–E 5

Der Kermeter ist ein zwischen der Rur- und der Urfttalsperre in westöstlicher Richtung verlaufender Höhenzug. Er umfaßt eine

Abb. 78 Blick über den Heimbacher Stausee auf den Kermeter

Fläche von rund 3000 Hektar und mißt an seiner höchsten Stelle 526 m üNN (Wildbretshügel).
Über den Kermeter verlief einst die Römerstraße Köln-Reims. Nach Abzug der Römer wurde er fränkisches Königsgut. Karl der Große jagte hier, wenn er in der nur wenige Kilometer entfernten Kaiserpfalz Vlatten weilte. Bis das Gebiet 1735 durch Erbfolge an Bayern fiel, gehörte es zunächst dem Erzbischof von Köln und dann dem Herzog von Jülich. Durch Annektion fiel der Kermeter 1795 an Frankreich, kam aber bereits zwanzig Jahre später nach Preußen und gehört seit 1946 zu Nordrhein-Westfalen.
1971 richtete man im früheren Forsthaus Kermeter ein sehenswertes Waldmuseum und davon ausgehend einen fünf Kilometer langen Waldlehrpfad ein.

Kerpener Straße

Anfang: Zülpicher Straße / Meister-Ekkehart-Straße
Ende: Lindenthalgürtel
Lage: D 5/7

Kerpen ist mit 55 000 Einwohnern die bevölkerungsreichste Stadt des im Westen an Köln grenzenden Erftkreises. Der bedeutendste Wirtschaftsfaktor ist der Braunkohlentagebau, wenngleich man sich bemüht, in großer Branchenstreuung kleine und mittelgroße Betriebe in Gewerbegebieten anzusiedeln, ja sogar wohnplatznahe Industriearbeitsplätze zu schaffen.
Sich einen historischen Überblick über die Stadt zu verschaffen, ist ein äußerst umfangreiches Unterfangen, weil das Stadtgebiet bis zur Eingliederung nach Preußen zu drei verschiedenen »Großmächten« gehörte. Die

Abb. 79 Blick auf Kerpen

Stadtteile Kerpen, Mödrath und Langenich lagen dabei als Exklave auswärtiger Herrscher zwischen den sich häufig befehdenden Mächten der Grafschaft und des späteren Herzogtums Jülich und des Erzbistums Köln. Hier schauen wir uns in aller Knappheit einen Geschichtsabriß der oben genannten Stadtteile an.

Die erste Erwähnung fand Kerpen als eine Schenkung des Königs Ludwig des Deutschen (ein Enkel Karls des Großen) an das Kloster Prüm in der Urkunde vom 20. 10. 871. Die »Villa Kerpinna« war damals also ein Reichsgut. Eine damit verbundene Reichsburg wird jedoch erst 1110 genannt. 1282 wurde die Burg an den Herzog von Brabant verkauft. Die Brabanter Herzöge tummelten sich zwar sehr erfolgreich auf Europas Schlachtfeldern – unter anderem fügte einer dem Kölner Erzbischof Siegfried von Westerburg in der Schlacht von Worringen eine schmerzliche Niederlage zu –, sie versäumten es aber, für ausreichende Nachkommenschaft zu sorgen. So fiel das Herzogtum Brabant 1404 mit Kerpen an das Herzogtum Burgund. Der letzte männliche Nachfolger dieser Dynastie, Karl der Kühne, fiel 1477 bei Nancy. Er hinterließ eine Tochter, Maria, die sich mit dem Habsburger und späteren Kaiser Maximilian I. verheiratete. Damit fiel Kerpen an Österreich. Der Sohn von Maria und Maximilian, Philipp der Schöne, heiratete die spanische Erbtochter Johanna die Wahnsinnige. Ihrem Sohn Karl V. gehörte nun mit den spanischen Besitzungen in Amerika ein Reich, »in dem niemals die Sonne unterging«. 1522 teilte Karl V. sein Reich und gab seinem Bruder Ferdinand I. die österreichischen Besitzungen; er selber behielt die spanischen und burgundischen. Kerpen gehörte von da an für knapp 200 Jahre zu Spanien. Im spanischen Erbfolgekrieg bemühten sich die Franzosen mehrfach, Kerpen sich einzuverleiben, hielten es auch von

Abb. 80 Das Wappen der Stadt Kerpen

1702 bis 1704 besetzt, konnten aber von Herzog Johann Wilhelm von Jülich-Berg (»Jan Wellem«) vertrieben werden. Dafür beanspruchte er per Kriegsrecht Kerpen und übertrug es seinem Minister Johann Friedrich Graf von Schaesberg, was der deutsche Kaiser auch sanktionierte. Gleichzeitig unterstellte der Kaiser Kerpen als Reichsgrafschaft unmittelbar sich selbst. 1794 fiel Kerpen wie überhaupt die linksrheinischen Lande für gut zwanzig Jahre an Frankreich.
Aus den beiden Kantonen Kerpen und Bergheim wurde unter preußischer Herrschaft durch einen Erlaß des Oberpräsidenten der Provinz Jülich-Kleve-Berg am 20.04.1816 der Kreis Bergheim gebildet, der bis 1975 Bestand hatte.
Das Stadtwappen ist gespalten und in der linken Hälfte noch geteilt. Links oben steht im schwarzen Feld der rot bewehrte goldene Löwe der Herzöge von Brabant, darunter im silbernen Feld ein golden bekrönter und bewehrter, doppelschwänziger Löwe der Herzöge von Limburg. Die rechte, goldene Hälfte füllt ein roter Torturm mit Walmdach und offenem, schwarzem Fallgatter aus.
Der berühmteste Sohn Kerpens ist Adolf Kolping. Er wurde dort am 8. Dezember 1813 geboren. Der gelernte Schuhmacher fand als Spätberufener zum Priestertum. 1845 wurde er zum Priester geweiht. Er durchdachte kritisch seine Zeit und suchte nach Wegen zu einer Besserung besonders der sozialen Lage junger Handwerker. Diesem Sinnen und Trachten entsprang die Gründung des »Katholischen Gesellenvereins«, der sich zum weltweiten Kolpingwerk entwickelte. Im Alter von nur 52 Jahren starb Adolf Kolping. Sein Geburtshaus ist heute ein Museum.
Im Jahre 1991 wurde er seliggesprochen. Seine Gebeine ruhen in der Kölner Minoritenkirche. Zwischen der Kirche und dem Museum für Angewandte Kunst steht auch ein großes Denkmal des Gesellenvaters.

Keussenstraße

Anfang: Hinter »An der Decksteiner Mühle«
Ende: Schmittmannstraße
Lage: E 3

Abb. 81 Hermann Keussen

Professor Dr. Hermann Keussen (geboren in Krefeld am 5. Juni 1862 und gestorben am 7. Mai 1943 in München-Neulustheim) war Leiter des Kölner Stadtarchives und besonders verdient um die Erforschung der Geschichte der Stadt Köln und ihrer Universität. Er verfaßte die berühmte Topographie der Stadt Köln im Mittelalter in zwei Bänden mit Atlasteil (Bonn 1910). Es handelt sich um eine gekrönte Preisschrift der Mevissen-Stiftung im Rahmen der Gesellschaft für Rheinische Geschichtskunde. Ferner schrieb er die Festschrift zum Einzug in das neue Universitätsgebäude 1934 unter dem Titel »Die alte Universität Köln – Grundzüge ihrer Verfassung und Geschichte –«, zugleich Heft 10 der Veröffentlichungen des Kölnischen Geschichtsvereins. 1895 hatte Keussen an der Neuherausgabe des Nachschlagewerkes Johann Jacob Merlos über Kölnische Künstler (erstes Erscheinen: 1850) unter Eduard Firmenich-Richartz mitgewirkt.

Kinkelstraße

Anfang: Bachemer Straße
Ende: Dürener Straße
Lage: D 4

Gottfried Kinkel wurde am 11. August 1815 als Sohn des reformierten Pfarrers von Oberkassel (bei Bonn) geboren. Der Vater stammte aus Herborn, die Mutter aus Wuppertal. Der junge Gottfried wurde im Sinne des Kalvinismus und Pietismus erzogen. Nachdem er im Jahre 1831 am Bonner Gymnasium ein glänzendes Abitur abgelegt hatte, studierte er an der dortigen Universität und im Jahre 1834/1835 an der Berliner Universität Theologie. Auf mehreren Reisen, zum Teil Fußwanderungen, durchstreifte er Deutschland, Südfrankreich und Italien. In den Jahren 1836 bis 1838 unterzog er sich den theologischen Examina in Bonn und Koblenz. Schon im Sommer 1837 hatte er seine Dozententätigkeit an der Theologischen Fakultät in

Abb. 82 Gottfried Kinkel

Bonn begonnen. Seine persönliche Vorliebe galt aber nicht der Theologie, sondern der Kunst und Poesie. Er verkehrte in Bonn mit Emanuel Geibel (vergleiche Geibelstraße), Simrock und Freiligrath (siehe gleichnamige Straße).
Nach dem Bruch einer ersten Verlobung heiratete er 1843 Johanna Mockel, seine ihm bis zu ihrem frühen Tod treu ergebene Weggefährtin und Gattin. Er hatte die hervorragende Pianistin 1840 kennengelernt. Am 29. Juni 1840 gründeten Kinkel und seine spätere Frau als »Direktrix« und einige Freunde den Dichterkreis »Maikäferbund« mit dem Organ »Maikäferzeitung«, das 7 Jahre lang erschien. Alle Mitglieder hatten einen Maikäfernamen, so hieß Kinkel »Wolterwurm«. Zum Kreise seiner Freunde gehörte außer den Genannten auch Jakob Burckhardt, welcher neben Geibel im Mai 1843 Johannas Brautführer wurde. Sie war wegen der Heirat zum Protestantismus übergetreten.
In der Maikäferzeit widmete sich Kinkel mehr und mehr der Dichtung und Kunst; der

Theologie, der Evangelischen Kirche, auch dem Glauben entfremdete er sich mehr und mehr, so daß er nach und nach seine kirchlichen Tätigkeiten einstellen mußte. Er verlor auch seine Hilfspredigerstelle in Köln.
Kinkels Gedichte, die auch schon zu seinen Lebzeiten veröffentlicht wurden, verherrlichen die Rheinromantik und befinden sich zum Teil heute noch in Gedichtsammlungen. Aufgrund seiner Schwierigkeiten mit der Evangelischen Kirche wurde er im Jahre 1846 umhabilitiert und zum außerordentlichen Professor für Kunst- und Literaturgeschichte in Bonn ernannt. Aus dieser Tätigkeit wurde Kinkels Lebensaufgabe, dieser ging er auch später während des Londoner Exils und der sich darauf anschließenden Zeit in der Schweiz nach.
In dieser glücklichen Bonner Zeit bis 1848 entstanden weitere dichterische Werke, die Produktion der »Maikäfer« blühte. Seit dem Herbst 1847 hielt Kinkel in Köln Vorträge über moderne Bildnerei und Malerei. In diese Vorträge mischten sich mehr und mehr politische Töne ein, just am 26. Februar 1848, als der Thron zu Paris stürzte, sprach er in Köln über die Pariser Revolution. Kinkel ließ sich von den Revolutionsereignissen in Deutschland und Bonn mitreißen. Er marschierte vor das Bonner Rathaus mit der schwarz-rot-goldenen Fahne, sprach von der berühmten Rathaustreppe zur Bevölkerung. Es gelang ihm allerdings nicht, Mitglied der Nationalversammlung in der Paulskirche zu werden. Aber in der Folgezeit agierte er in Bonn und wurde Redakteur der Bonner Zeitung, die er neben seiner Aufklärungsarbeit im »Handwerker- und Bildungsverein« leitete. Es kam zu politischen Auseinandersetzungen mit Marx. Kinkel wollte eine scharfe Trennung zwischen Handwerk und Proletariat haben. Ihm ging es um soziale Fortschritte für alle Schichten. Er nannte zwar die Beilage zur Bonner Zeitung »Wochenzeitung für soziale Fragen« »Spartakus«, war aber gegen den Klassenkampf, den Marx und dessen Freunde propagierten.
Kinkel gelangte 1849 in die Zweite Preußische Kammer, in Bonn führte Karl Schurz die Parteigeschäfte und die Zeitungsredaktion (siehe Karl-Schurz-Straße) stellvertretend für ihn.
Kinkel machte trotz innerlicher Mißbilligung den Zug zum Siegburger Zeughaus mit, er und Schurz stellten sich der provisorischen Regierung in der Rheinpfalz zur Verfügung, und schließlich kämpften sie im Badischen Aufstand in der Freischärlerkompanie Besançon mit, bis Kinkel an der Murg verwundet und gefangengenommen wurde. Schurz konnte entkommen.
Kinkel wurde der Prozeß gemacht, allerdings wurde er nicht zum Tode verurteilt, was er erwartet hatte, sondern zu lebenslänglicher Festungshaft in der Zitadelle von Spandau bei Berlin. Ein zwischenzeitlich stattgefundener Prozeß in Köln wegen des Siegburger Zeughaussturmes führte zu keiner Verurteilung Kinkels.
In Spandau war Kinkel lebendig begraben. Mit Hilfe seiner unermüdlichen Frau Johanna gelang es Schurz, der unter Einsatz seines Lebens mit falschem Paß aus Frankreich nach Deutschland zurückgekommen war, Kinkel aus dem Zuchthaus zu befreien. Er bestach einen Wärter, der nachts Kinkels Zelle aufschloß und ihm half, sich mit einem Seil vom Söller unter dem Dachstuhl herunterzulassen. Draußen wartete Schurz mit zwei Wagen. Er ließ einen leeren Wagen zur Irreführung der Verfolger nach Hamburg fahren und fuhr selbst mit Kinkel zur mecklenburgischen Grenze. Mit dem Schiff gelangten sie von Warnemünde nach Edingburgh.
Für Kinkel folgten schwere Jahre im Exil, über die sich Karl Marx, der bekanntlich auch in London lebte, lustig machte.
Das Ehepaar Kinkel, das inzwischen vier Kinder bekommen hatte, mußte notgedrungen mehr arbeiten als die englischen Proletarier, denen 10 Arbeitsstunden als Grausamkeit vorkamen. Johanna Kinkel stürzte 1858 bei einem Herzanfall über die Brüstung eines Balkons und war augenblicklich tot.

Obwohl Kinkel in England gut Fuß gefaßt hatte und sich mit Vorlesungen und Unterricht an verschiedenen Colleges seinen Lebensunterhalt verdiente, sann er auf eine Übersiedlung in die Schweiz. Dies gelang ihm erst 1866, als er zum Professor für Kunst- und Literaturgeschichte an das Polytechnikum nach Zürich berufen wurde. Dort lebte er in Ruhe und Frieden mit seiner zweiten Ehefrau, die er noch in England geheiratet hatte. Nach seiner Amnestierung konnte er auch in Deutschland auf Vortragsreise gehen.

Kinkel starb in Unterstraß bei Zürich am 12. November 1882. Die Stadt Zürich errichtete ihm ein Ehrengrab auf dem Zentralfriedhof, das ein Denkmal des Bildhauers Baptist Hörbst schmückt. Seine Geburtsstadt setzte ihm 1906 ein Denkmal, das der Düsseldorfer Bildhauer Gustav Rutz mit einer bronzenen Büste versah.

Kinkel, ein auffallend schöner Mann und hervorragender Redner, besaß eine starke Persönlichkeit und Ausstrahlung, die faszinierender war und wirkte als sein dichterisches Werk.

Kitschburger Straße

Anfang: Dürener Straße
Ende: Aachener Straße
Lage: B 3–C 4

Die Kitschburg und das dazu gehörenden Gehöft mit 30 Morgen Land wird bereits 1669 erwähnt. Das Anwesen übereignete der Domkapitular Johann Heinrich Moers 1715 dem Kölner Priesterseminar. Im Zuge der Säkularisierung fiel es in französischen Staatsbesitz und wurde mit weiteren ausgedehnten Ländereien an den Bankier Abraham Schaaffhausen verkauft. Dieser baute das Landhaus der Regenten des Priesterseminars 1817 zu einer Sommerresidenz um. Schaaffhausen erwarb etwa zur gleichen Zeit Schloß Morsbroich im heutigen Leverkusen. Der Park um die Kitschburg wurde von Maximilian Friedrich Weyhe (1775–1846) und Jakob Greiß (1800–1853) angelegt (vergleiche auch »Adenauer/Gröbe, Lindenthal. Die Entwicklung eines Kölner Vorortes«. S. 162) und siehe auch Straße »Am Schloßgarten«). 1894

Abb. 83 Das Stadtwaldrestaurant im Jahre 1955

erwarb die Stadt Köln das Gebiet zwischen der Dürener, Militäring-, Friedrich-Schmidt- und Fürst-Pückler-Straße einschließlich der Kitschburg, um es zum Stadtwald umzuwandeln. Aus Schaaffhausens Sommerresidenz wurde das immer noch Kitschburg genannte Stadtwaldrestaurant. Nach dem Wiederaufbau nach dem Zweiten Weltkrieg diente es wenige Jahre als belgisches Offizierskasino, dann konnte es als Ausflugslokal wieder der Öffentlichkeit übergeben werden. Heute steht an gleicher Stelle das Queens-Hotel (vergleiche auch »Adenauer/Gröbe, Lindenthal. Die Entwicklung eines Kölner Vorortes«. S. 37 f. und S. 101 ff.).

Klosterstraße

Anfang: Dürener Straße
Ende: Aachener Straße
Lage: B 5–C 5

Sie ist benannt nach dem noch heute dort befindlichen Kloster vom Guten Hirten (siehe »Adenauer/Gröbe, Lindenthal. Die Entwicklung eines Kölner Vorortes«. S. 144 ff.). Früher unterhielten die Schwestern dort eine in Köln sehr bekannte Einrichtung für sogenannte gefallene Mädchen.
Diese Einrichtung war eine Stiftung namhafter Kölner Bürger. Nach dem Zweiten Weltkrieg betrieb das Kloster eine Wäscherei, später verschiedene Schulen. Kürzlich wurde die Schule vom Erzbistum Köln übernommen. Heute werden dort Heilpädagogen ausgebildet. Von den früheren Klosterbauten stehen nur noch geringe Reste, allerdings noch fast die gesamte Umfassungsmauer. In den 60er Jahren schuf der Braunsfelder Architekt Fritz Schaller die neue Klosterkirche, ähnlich der Thomas-Morus-Kirche an der Decksteiner Straße.
1988/89 entstand auf dem Klostergelände das Kardinal-Höffner-Haus mit der Domsingschule, den Räumen des Domchores und der Musikschule des Domchores (vergleiche auch Leiblplatz). Der abgeschlossene Klostergarten ist auch heute noch sehr groß und steht in räumlichen Zusammenhang mit den Grünanlagen am Karl-Schwering-Platz, an der Clarenbach- und Rautenstrauchstraße.

Krautwigstraße

Anfang: Lortzingstraße
Ende: von-Lauff-Straße
Lage: B 4/5

Dr. med. Peter Joseph Franz Krautwig wurde am 11. Oktober 1869 in Bonn geboren. Sein Vater war Bäcker. Krautwig besuchte das Gymnasium in Bonn und studierte dort Medizin. Vom 20. 07. 1905 bis zu seinem Tode am 26. 04. 1926 war er Beigeordneter der Stadt Köln. Er war zuständig für das gesamte Gesundheitswesen, insbesondere für die Krankenanstalten. Er war der erste Fachme-

Abb. 84 Peter Joseph Franz Krautwig

diziner, der Beigeordneter für das Gesundheitswesen in Köln wurde. Unter ihm wurden ab 1906 die neuen Städtischen Krankenanstalten Lindenburg errichtet (Architekt war der städtische Baurat Kleefisch). Die Klinik konnte 1908/1909 bezogen werden. Krautwig hinterließ zahlreiche Abhandlungen über Sozialhygiene und Bevölkerungspolitik. Er starb auf einer Dienstreise zum Stadt-Kölnischen Kinderheim in Adenau/Eifel. Er gehörte der Zentrumspartei an. Sein Sohn Dr. jur. Carl Krautwig lebte später in Lindenthal und war zuletzt Staatssekretär im Innerdeutschen Ministerium.

Krementzstraße

Anfang: Weyertal
Ende: Kringsweg
Lage: C 6

Vielen Kölnern dürfte nicht mehr geläufig sein, daß diese Straße nach dem Kölner Erzbischof Philipp (II.) Krementz (1819 bis 1899) benannt ist. Auch nach anderen Kölner Bischöfen sind in Köln Straßen benannt, in Lindenthal ist dies aber die einzige. Vielleicht hängt diese Straßenbenennung damit zusammen, daß unter Krementz die St. Stefanskirche in der Bachemer Straße gebaut wurde.
Krementz wurde am 1. Dezember 1819 in Koblenz als Sohn des Metzgers Andreas Krementz und seiner Ehefrau Anna Katharina Froitzheim geboren. Er besuchte dort die 1829 gegründete katholische Bürgerschule. Nach der Reifeprüfung studierte er seit dem Wintersemester 1837/38 an der Universität Bonn katholische Theologie. Zum Sommersemester 1839 siedelte er nach München über, wo er unter anderem das Oberhaupt der katholischen Bewegung Joseph von Görres (1776–1848) hörte und in Verbindung zu Paulus Melchers (1813–1895) trat, dessen Nachfolger als Kölner Erzbischof er werden würde.
Nach Eintritt in das Trierer Priesterseminar empfing Krementz am 27. August 1842 die Priesterweihe und wurde Kaplan an St. Kastor in Koblenz. Dort fiel sein überdurchschnittliches Predigertalent auf. 1846 ging er als Religionslehrer an die Rheinische Ritterakademie nach Bedburg, um nach nur 1½jähriger Tätigkeit dort schon als 28jähriger Pfarrer von St. Kastor zu werden.
Diese Stelle war aus verschiedenen Gründen hochangesehen, unter anderem stellte sie hohe gesellschaftliche Anforderungen an den Pfarrer, da Mitglieder der königlichen Familie häufig im Koblenzer Schloß weilten. Krementz wirkte als Pfarrer sehr erfolgreich, er siedelte viele karitativ tätige Orden neu an und wurde 1853 Dechant des Dekanates Koblenz. In dieser Zeit entstand eine Beziehung zur Preußischen Kronprinzessin und späteren Kaiserin Augusta (1811–1890), die später für ihn von besonderer Wichtigkeit wurde. Der Ehemann, der spätere Kaiser Wilhelm I. war damals Militärgouverneur der Provinzen Rheinland und Westfalen.
Krementz verfaßte einige exegetische Schriften und empfahl sich auch durch seine charakterlichen Qualitäten für eine höhere Laufbahn. Zudem war er kein kämpferischer Ultramontaner, was ihn den preußischen Behörden empfahl. So wurde er 1857 für eine Trierer Domherrenstelle vorgeschlagen, lehnte aber ab, da er sich zu sehr an Koblenz gebunden fühlte. Als er die Stelle später doch noch annehmen wollte, war sie anderweitig besetzt. Auch für die Besetzung der Bischofsstühle in Köln und Trier wurde er vorgeschlagen, erreichte aber in den jeweiligen Kapiteln nicht die erforderliche Mehrheit.
Sein Lebensweg erhielt eine andere Wendung, als er 1867 völlig überraschend durch das Frauenburger Domkapitel zum Bischof von Ermland (Ostpreußen) gewählt wurde. 1868 wurde er vom Kölner Erzbischof Paulus Melchers in Koblenz konsekriert unter Assistenz des Trierer Bischofs Eberhard und des Mainzer Bischofs Freiherr von Ketteler. Das Bistum zählte ca. 285 000 Katholiken und 1 450 000 Protestanten, ca. 200 Geistliche

und 136 Pfarreien. Krementz entwickelte lebhafte Aktivitäten. So begründete er 1869 das Pastoralblatt für die Diözese Ermland; auch die Ermländischen Volksblätter, später in Ermländische Zeitung unbenannt, gingen auf ihn zurück.

Ab 1867 wurde in der katholischen Kirche über das sich abzeichnende Dogma der Unfehlbarkeit des Papstes gestritten. Krementz lehnte die Definition dieses Lehrsatzes ab und bat mit 13 anderen Bischöfen auf der Fuldaer Bischofskonferenz am 4. September 1869 Papst Pius IX. (vergleiche Piusstraße), von einer Definition der päpstlichen Unfehlbarkeit abzusehen. Am 13. Juli 1870 stimmte er mit weiteren 87 Konzilsvätern gegen die Darlegung über das unfehlbare Lehramt des Papstes, nahm aber an der feierlichen Abstimmung am 18. Juli nicht mehr teil, sondern reiste nach Frauenburg zurück.

Krementz geriet in eine schwierige Situation, da alle Professoren des Braunsberger Lyceums und eine Reihe führender Laien des Bistums das eben definierte Dogma ablehnten. Während die meisten deutschen sogenannten Minoritätsbischöfe das Dogma in der Folgezeit anerkannten und auch dessen Annahme in ihren Diözesen durchsetzten, gelang dies Krementz mit abwechselnd waltender Milde und Strenge nicht. Es kam zu Suspendierungen, kleinen und großen Exkommunikationen. Diese Vorgänge in Ostpreußen stellten den Beginn des preußisch-deutschen Kulturkampfes gegen die katholische Kirche dar. Sicherlich hat Krementz in dieser stürmischen Zeit seine Beziehung zum preußischen Königshaus beziehungsweise späteren deutschen Kaiserhaus geholfen. Die preußische Regierung wunderte sich über das strenge Vorgehen Krementz', da sie ihn nicht als ultramontan, das heißt streng romhörig eingeordnet hatte. Dies war Krementz auch mit Sicherheit nicht, aber andererseits folgte er einem sogenannten integralistischen Kurs, das heißt er sah auf eine vollständige Beachtung der kirchlichen Lehrsätze und Anordnungen. Damit entsprach er dem Kirchenverständnis des Kölner Erz-

Abb. 85 Philipp Krementz. Portrait im Kapitelsaal des Kölner Doms

bischofs Melchers, der 1876 von der preußischen Regierung abgesetzt worden war, aber von kirchlicher Seite aus gesehen noch bis 1885 sich im Amt befand, wenn auch im Exil. In diesem Jahre einigten sich Rom und Berlin auf die Neubesetzung des Kölner Erzstuhles mit Krementz. Beide Seiten waren froh, einen gemeinsamen Kandidaten gefunden zu haben.

Nachdem Krementz zuerst aufgrund seines Alters (65 Jahre) und seines schlechten Gesundheitszustandes gebeten hatte, von seiner Ernennung abzusehen, nahm er an und hielt am 14. Dezember 1885 seinen festlichen Einzug in Köln. Am nächsten Tag brachten ihm fast 20 000 Kölner einen Fackelzug dar. Man war froh, daß der Kulturkampf beendet, die Bischofsstelle neubesetzt war und auch die verwaisten Domherren- und Pfarrerstellen wieder besetzt werden konnten. In diesen Punkten erfüllte Krementz zwar nicht die Erwartungen der preußischen Regierung nach regierungsfreundlichen Persönlichkeiten, gleichwohl gab es keine neuen Probleme oder Kämpfe. Krementz entwickelte keine neuen Pastoralkon-

zepte, vielmehr lag ihm daran, die 45 Dekanate und 817 Pfarreien des Bistums zu besuchen und die Pfarrarbeit zu verbessern. Die von ihm vorgeschlagene Abtrennung des Bistums Aachen erfolgte erst in diesem Jahrhundert.
Krementz sorgte dafür, daß die Mehrheit der Professoren der katholischen Theologie an der Bonner Universität Katholiken wurden, bisher waren es Altkatholiken. Die altkatholische Kirche, die bis heute ihren einzigen Bischof in Bonn hat, war von den Gegnern des Unfehlbarkeitsdogmas gegründet worden. Unter Krementz wurde ein Neubau des Theologenkonviktes Collegium Albertinum unmittelbar an der Rheinfront eröffnet. In Erinnerung an seine ermländische Vergangenheit soll die zugehörige Kirche der Kirche auf der Marienburg nachempfunden worden sein.
Im Januar 1893 wurde Krementz zusammen mit seinem Konkurrenten, dem regierungsfreundlichen Fürstbischof von Breslau Georg Kopp (1837–1914) zum Kardinal ernannt und reiste deswegen nach Rom. Er behielt noch bis zu seinem Tode am 6. Mai 1899 den Vorsitz in der deutschen Bischofskonferenz, ließ sich aber zum Teil von Kopp vertreten. 17 Monate vor seinem Tode war Krementz an sein Haus gebunden, erledigte aber in bescheidenem Umfange noch Aktenarbeit, insbesondere Akten der Bischofskonferenz. Krementz genoß bei der katholischen Bevölkerung im Rheinland größte Verehrung, was sich bei seiner Beisetzung am 12. Mai im Kölner Dom zeigte.

Krieler Straße

Anfang: Dürener Straße / Falkenburgstraße
Ende: Gleueler Straße / Mommsenstraße
Lage C 4–D 4

Diagonal zum gesamten Straßensystem verläuft eine der ältesten Straßen: die Krieler Straße. Sie schuf eine direkte Verbindung vom sich in der zweiten Hälfte des vorigen Jahrhunderts entwickelnden Kern Lindenthals zum jahrhundertealten Kriel und vor allem zum »Krieler Dömchen« (vergleiche auch »Adenauer/Gröbe, Lindenthal. Die Entwicklung eines Kölner Vorortes«. S. 18 ff.). Von der Gleueler Straße aus bis etwa zur Bachemer Straße entspricht die im ausgehenden 19. Jahrhundert errichtete Bebauung keineswegs der eines noblen Vorortes. Hier entstanden, vornehmlich von den Ziegeleien erbaute, anderthalbgeschossige Reihenhäuser mit Kleinwohnungen für geringe Ansprüche sowohl für die Beschäftigten in den Ziegeleien als auch für die Arbeiter der kleinen umliegenden Fabrikationsstätten. Dazwischen drängten sich verschachtelte Gebäude, aus denen Briketts, Petroleum, Blumen, Milch, Nahrungsmittel und Eisenwaren verkauft und Altmaterial angekauft wurde. Erst zur Dürener Straße hin, eben im Bereich des aufstrebenden Lindenthals, wurde die Bebauung offener und villenähnlich.
Im Zweiten Weltkrieg wurde hier sehr viel zerstört (vergleiche auch »Adenauer/Gröbe,

Abb. 86 Krieler Straße/Ecke Gleueler Straße um 1920

Lindenthal. Die Entwicklung eines Kölner Vorortes«. S. 62–67). Heute präsentiert sich die verkehrsberuhigte Krieler Straße in einem zeitgemäßen Gewand. Die Wohnhäuser wurden modernisiert, Baulücken architektonisch reizvoll ausgefüllt, neben Einzelhandelsgeschäften und zwei Wirtschaften, siedelten sich auch zwei Restaurants höheren Niveaus an. Den Abschluß – Krieler Straße 100 – bildet das in Köln bekannte Studio Diacine, in welchem audiovisuelle Medien für Museen, Kommunen und Konzerne erstellt werden.

Kringsweg

Anfang: Gleueler Straße
Ende: Weyertal
Lage: C 6

Nach Greven's Adreßbuch von 1955 soll er benannt sein nach einem Bauern Krings, genannt der »Krumme Krings«, dem die dortigen Ländereien gehört haben sollen.

Kronenburger Straße

Anfang: Mariawaldstraße
Ende: Mommsenstraße
Lage: D 5–E 5

Unweit der belgischen Grenze, nördlich der Schnee-Eifel, liegt an einem steil zum Flüßchen Kyll abfallenden felsigen Hang die Siedlung Kronenburg mit dem weißen, gedrungenen Kirchturm und den Ruinen eines alten Bergfrieds und Treppenturms. Auf des Berges höchster Spitze lag einst ein Hochschloß, von dem aber nur noch Trümmer zu finden sind. Wohlerhalten ist hingegen die in den Jahren 1480 bis 1510 erbaute Schloßkapelle: eine zweischiffige, spätgotische Hallenkirche. Auf einem Stich von Matthäus Merian aus dem Jahre 1620 ist die ganze bauliche Pracht zu erkennen.
Bereits um 1277 besitzt der Johanniterorden hier eine Niederlassung, die bis 1518 dem Adenauer Komtur untersteht und dann von Trier aus verwaltet wird.

Abb. 87 Blick auf Kronenburg und den Kronenburger See

1414 stirbt der Ritter Peter von Kronenburg, ohne einen männlichen Erben zu hinterlassen. Über mehrere Erbfolgen hinweg kommt Kronenburg von 1487 bis 1593 an das Haus der Manderscheider. 1597 gelangt der Ort zu Luxemburg und damit an den spanischen König, der ja auch Herzog von Luxemburg war. Im Dreißigjährigen Krieg nahm der Fürst Octavio Picolomini vom Kronenburger Schloß Besitz. Nach einer langen Periode des Niederganges entdeckten in den zwanziger Jahren dieses Jahrhunderts Xantener Studenten von der Düsseldorfer Kunstakademie die alte Kronenburg für sich und gründeten dort eine Meisterschule für Malerei. Bald gesellten sich noch eine Goldschmiede und eine die Eifeler Tradition der Weberei fortsetzende Werkstatt dazu. Auch Rechtsreferendare haben in dieser »Perle der Eifel« eine Ausbildungsstätte gefunden.
Heute ist Kronenburg ein vielbesuchtes Ausflugsziel, zumal der Burgbering weitgehend restauriert und begehbar gemacht wurde und der Eifelverein hier 1958 sein Zentralwanderheim, das sogenannte Eifelhaus, eröffnete.

Landgrafenstraße

Anfang: Herderstraße
Ende: Friedrich-Schmidt-Straße
Lage: B 4–C 5

Nach Greven's Adreßbuch von 1955 hat die Namensgebung keine tiefere Begründung. Ursprünglich hieß die Straße Kaiserstraße, angeblich nach einer Familie Kaiser, 1891 wurde die Straße geteilt in die Burggrafenstraße und die Landgrafenstraße. Die Burggrafenstraße war die Vorläuferin des Lindenthalgürtels in dem Bereich, der zweigeteilt ist, zwischen Franzstraße und Kerpener Straße, und zwar auf der stadtauswärts gelegenen Seite; man kann auch sagen Vorläuferin der Kermeterstraße.
Der Landgraf war seit dem 12. Jh. der Inhaber eines reichslehnbaren Amtes, dessen Aufgabe die Verwaltung von Reichsgut und die Durchsetzung des Landfriedens war. Aus diesen Befugnissen entstanden im 13. Jh. Landesherrschaften, vergleiche die Landgrafen von Hessen und Thüringen.

Laudahnstraße

Anfang: Robert-Koch-Straße
Ende: Joseph-Stelzmann-Straße
Lage: D 6

Dr. med. Heinrich Laudahn (geboren am 4. Oktober 1830 und in Köln gestorben am 9. Mai 1900) war Geheimer Sanitätsrat und wurde 1874 Direktor der städtischen Irrenanstalt Lindenburg, der Vorläuferin der späteren städtischen Krankenanstalten. In der bei dem Artikel über die Leichtensternstraße erwähnten Festschrift hat Laudahn eine umfangreiche Darstellung über die Entwicklung der Irrenpflege in Köln und das Entstehen der Lindenburg abgegeben (siehe »Adenauer/Gröbe, Lindenthal. Die Entwicklung eines Kölner Vorortes«. S. 152 ff.).

Leiblplatz

Lage: An der Gleueler Straße am Schnittpunkt mit der Lindenburger Allee, der Theresien- und der Franzstraße
Lage: D 5

Dieser Platz hat zwei Namensgeber, nämlich den Musiker Carl Leibl (1784–1870) und seinen Sohn, den Maler Wilhelm Leibl (1844–1900).
Carl Leibl wurde am 3. September 1784 in Fußgönheim (Bayr. Pfalz) als Sohn des Justizamtmanns Johann Karl Ferdinand Leibl und dessen Ehefrau Maria Regina Wagner geboren. Die Vorfahren schrieben sich noch

Abb. 88 Carl Leibl

Abb. 89 Wilhelm Leibl

Laiblin und stammten aus Süddeutschland. Durch die Ereignisse der französischen Revolution verlor der Vater Leibl seine Stellung und wandte sich nach München. Er erwarb dort eine sogenannte Tafernwirtschaft. Sein Sohn Carl sollte diese Wirtschaft übernehmen und begann die Wanderschaft, um das Handwerk der Küferei zu erlernen. So gelangte er auch nach Saarbrücken und bis nach Südfrankreich, wo er die französische Sprache erlernte. Zwar arbeitete er von 1806 bis 1821 in der väterlichen Weinwirtschaft, verschrieb sich aber innerlich der Musik. Er studierte vornehmlich bei Peter von Winter, dem Hofopernkapellmeister und Komponisten zahlreicher Opern und Kirchenwerke. Durch Vermittlung des Herzogs Max wurde Carl Musiklehrer am königlichen Hof.

1826 gelang es ihm, die ausgeschriebene Stellung eines Domkapellmeisters in Köln zu erlangen. Er konnte eine von ihm komponierte Messe vorlegen sowie ein Vermögen von 10 000 Gulden nachweisen. Die Stelle eines Domkapellmeisters wurde neu geschaffen, da erstmals ein Staatszuschuß zur Dommusik ab 1. Januar 1826 gewährt wurde. Außer dieser Tätigkeit übernahm Leibl auch die Leitung der 1810 begründeten sogenannten Familienkonzerte und des um 1823 gegründeten Singvereins. Die Familienkonzerte gingen in die Konzerte der 1827 begründeten Concertgesellschaft über. Leibl komponierte fleißig weiter, sowohl weltliche als auch kirchliche Musik. Seine Konzerttätigkeit endete nach dem sogenannten Kölner Beethovenstreit mit dem Domorganisten Franz Weber und einem Streit mit dem 1840 gewählten städtischen Kapellmeister Conradin Kreutzer gelegentlich der Aufführung von Leibls Domfestkantate 1842.

Von seiner Tätigkeit für den Kölner Karneval zeugen die seinerzeit überaus beliebten Lieder, wie »Bier-« oder »Bockwalzer«, »Das Nasenlied« und »Die Herzensmelodie«. Man hat sogar Auswirkungen der Melodien Leibls auf die Weisen Jacques Offenbachs nachgewiesen. Leibl wirkte auch im Rate des großen Karnevalskomitees mit. Was sein Haupttätigkeitsfeld angeht, die Dommusik, so hatte Leibl mit dem verwahrlosten Zustand des Orchesters zu kämpfen, in dem 70- bis 80jährige mitspielten. Leibl sorgte für Verbesserungen und Verstärkungen, auch Solosänger wurden engagiert. Seine berühmte Festkantate zur Wiederaufnahme der Arbeiten am Kölner Dom wurde während des Aufziehens des Grundsteins am Südturm des Domes gesungen. Werke von Leibl wurden auch aufgeführt beim 2. Deutsch-Vlämischen Sängerbundesfest in Gent, 1847, beim Domfest 1855 vor König Friedrich Wilhelm IV. und 1861 bei der feierlichen Einweihung des Wallraf-Richartz-Museums.

In dieser Zeit kam es zu einer Stilwandlung auf dem Gebiete der liturgischen Kirchenmusik, die auch von dem Kölner Erzbischof und Kardinal Johannes von Geißel getragen wurde. Ein Kölner Provinzialkonzil beschloß 1860, daß bei liturgischen Feiern außer der Orgel nur in seltenen Fällen andere Instrumente erklingen dürften, und verbot Frauenstimmen in der Kirche. Es wurde ein neuer Chor unter Friedrich Könen gebildet, während der alte Domchor bis 1863 fortbestand. Nach 37jähriger Leitung der Dommusik durch Leibl hörte diese auf zu bestehen, und Leibl trat in den Ruhestand. 1865 wirkte er noch bei einer Messe zur Einweihung des im Inneren fertiggestellten Kölner Domes mit. Aus des Vaters Leibl 1829 geschlossener Ehe mit Gertrud Lemper, deren Vater Professor am Montaner-Gymnasium in Köln war, gingen zahlreiche Kinder hervor, unter anderem als 8. Kind Wilhelm Leibl, der in Köln am 23. Oktober 1844 geboren wurde, als sein Vater immerhin schon im 61. Lebensjahre stand. Wilhelm Leibl erblickte in der Sternengasse 22 in der Kölner Innenstadt das Licht der Welt. Im Hause Sternengasse 18 starb Vater Leibl am 4. Oktober 1870. Er liegt auf dem Melatenfriedhof neben seiner 1880 verstorbenen Ehefrau begraben.

Das berühmteste Bild, das der Sohn Wilhelm Leibl gemalt hat, trägt den Titel »Drei Frauen in der Kirche«, es hängt in der Hamburger Kunsthalle. Es entstand ungefähr 1879 bis 1881. Sein Verkauf entwickelte sich für Leibl, ebenso wie der Verkauf anderer Bilder, zu einer Tragödie. Leibl verlangte 100 000,– Mark, da er mit diesem Betrag auch die drei Modelle, die ihm drei Jahre gesessen hatten, zu bezahlen trachtete. Ein Sammler bot ihm 60 000,– Mark, zog sein Angebot später zurück und erwarb das Bild später für 43 000,– Mark, nachdem es in Paris vor einem begeisterten Publikum ausgestellt worden war. Überhaupt hatte Leibl zu seiner Lebenszeit in Frankreich größeren Erfolg und höheres Ansehen als in Deutschland.

Er schrieb während des Malens an dem genannten Bilde an seine Mutter: »Wenn ich male, so denke ich weder an Ausstellungen noch Zeitungsartikel oder Glanz und Ruhm, sondern bin so vertieft in den Gegenstand, den ich male, daß ich sogar alles andere um mich her vergesse. Das Bild soll auf diejenigen, die im Stande sind, etwas zu fühlen, den Eindruck machen, wie ich ihn in meiner Jugend hatte, als ich im Dom, wenn der selige Vater dirigierte, dem Hochamt beiwohnte und die feierlichen Töne der Kirchenmusik von alten Musikmeistern in diesen ehrwürdigen Räumen mich seltsam durchschauerten und ein Gefühl der Andacht hervorriefen, daß man nicht beschreiben kann.«

Wilhelm erlernte das Zeichnen und Malen 1861 bis 1864 bei H. Becker in Köln und studierte von 1864 bis 1869 an der Münchner Akademie unter Anschütz, von Ramberg und Piloty. 1869 lernt er Gustave Courbet aus Anlaß der Internationalen Kunstausstellung in München kennen. Courbet folgt er nach Paris, wo er für seine dort ausgestellten Bilder die Goldene Medaille erhält. Infolge des deutsch-französischen Krieges muß er zurück nach München, wo er bis 1873 lebt und arbeitet. In der Folgezeit wechselt er alle paar Jahre seinen Aufenthaltsort, bleibt aber immer in Oberbayern.

In dieser Zeit entstehen zahlreiche Bilder aus dem Leben der bäuerlichen Bevölkerung, die Leibl die Bezeichnung des »Bauernmalers«

eintragen. Sein Malstil wechselt zwischen Realismus und Impressionismus. Es bestehen Ähnlichkeiten zu seinem Freund Courbet, weswegen die Stadt Köln im Jahre 1950 aus Anlaß ihrer Feier »Köln 1900 Jahre Stadt« eine Gemeinschaftsausstellung mit Bildern von Courbet und Leibl veranstaltete.
Leibl wird als malender Tyrann geschildert, der seinen Modellen das Äußerste an Geduld abverlangte. Er malte ungemein konzentriert und mit größter Genauigkeit. Meistens malte er direkt auf die Leinwand ohne Grundierung und weitere Vorarbeiten, was das Malen letztlich sehr aufwendig machte. Zudem malte er nicht im Atelier, sondern an der freien Luft und direkt in den Bauernstuben. Seine Bauern malte er nie bei der Arbeit, wie es zum Beispiel der Franzose Millet tat, sondern nur bei der Ruhe. Er war sicherlich ein schwieriger und eigenwilliger Mann.
Bekannt sind das Portrait seiner Nichte Lina Kirchdorffer, das in München hängt, seine von ihm mehrfach zerteilten »Wildschützen« und das Portrait des Kölner Kaufmanns Johann Heinrich Pallenberg, das im Kölner Wallraf-Richartz-Museum hängt. Dieses Kölner Museum hatte das Glück, aus der Sammlung Seeger 1911 zahlreiche Bilder Leibls zu erwerben. Geheimrat Seeger war sein Sammlerfreund der letzten Lebensjahre. Zwar errang Leibl 1895 auf der Wiener Kunstausstellung die »Große Goldene Medaille« und den Professorentitel, kam sich aber als lebendig begraben vor. Leibl starb am 4. Dezember 1900.
Bis kurz vor seinem Tode hatte er in Kutterling mit seinem Freund und Malerkollegen Johann Sperl gewohnt, und zwar zur Miete. Nach Leibls Tod, er war inzwischen weltberühmt, kam eine Kommission aus Köln, um der Familie Kolb, der dieses Haus gehörte, die Leibl-Stube abzukaufen. Sie sollte im Wallraf-Richartz-Museum, dessen Leibl-Sammlung mehr als 1 Million Mark gekostet hatte, ausgestellt werden, während eine Nachbildung in Kutterling verbleiben sollte. Der Kauf kam zustande, allerdings wurde die Leibl-Stube aus Platzgründen nicht aufgestellt, sondern vielmehr 1937 dem Heimatmuseum Bad Aibling zum Geschenk gemacht, wo sie heute noch zu besichtigen ist. Als der Wortführer der Kommission an der Wand einen schönen, alten Rosenkranz hängen sah, den er unbedingt auch noch haben wollte, wunderte sich der Maurerbauer Georg Kolb: »Ja, jetzt muß ich doch schon ganz dumm fragen: Was tun denn Sie mit einem Rosenkranz? Sie sind doch a Jud, net, sonst täten's doch keine so alte Bauernstuben net kaufen?« Aber da zog der Herr seinen eigenen Rosenkranz aus der Tasche, und sein Name war Konrad Adenauer, damaliger Oberbürgermeister von Köln und später deutscher Bundeskanzler (vergleiche »Am Adenauerweiher).

Leichtensternstraße

Anfang: Zülpicher Straße
Ende: Kerpener Straße
Lage: D 5/6

Dr. med. Otto Leichtenstern (geboren in Ingolstadt am 24. Oktober 1844, gestorben am 23. Februar 1900 in Köln) war Professor und Geheimer Sanitätsrat. Er studierte in München, Würzburg und Paris, wurde 1875 Dozent in Tübingen, 1877 außerordentlicher Professor und war vom 1. Juli 1879 bis zu seinem Tode Oberarzt des Bürger- beziehungsweise Augusta-Hospitals in Köln. Nach Leichtenstern wurde ein in den Jahren 1897/99 durch den Architekten Carl Moritz errichteter Neubau auf dem Gelände des Augusta-Hospitals in Sülz Pavillon Leichtenstern genannt.
Leichtenstern verfaßte in der »Festschrift für die Mitglieder und Theilnehmer der 61. Versammlung deutscher Naturforscher und Aerzte«, herausgegeben von Sanitätsrath Dr. Lent, Köln 1888, zahlreiche Artikel über die Kölner Krankenanstalten. Sein Grab auf dem Friedhof Melaten ist geschmückt mit seinem Medaillonbildnis.

Abb. 90 Das Grab von Otto Leichtenstern

Liliencronstraße

Anfang: Universitätsstraße, Stichstraße zwischen der Dürener und der Bachemer Straße
Lage: B 6

Abb. 91 Detlev von Liliencron

Detlev von Liliencron, geboren am 3. Juni 1844 in Kiel, war bereits mit 19 Jahren preußischer Offizier. Er nahm an den Kriegen 1866 und 1870/71 teil. Er verließ als Hauptmann 1875 die Armee wegen übergroßer Spielschulden. 1882 lebte er als Hardesvogt auf der Insel Pellworm und von 1884 bis 1887 als Kirchspielvogt in Kellinghusen. Abermals mußte er schuldenhalber das Amt aufgeben. Anschließend lebte er als freier Schriftsteller in München, Berlin, Altona und ab 1901 in Alt-Rahlstedt, wo er 1909 starb. Liliencron schrieb vor allem Erlebnislyrik aus den Kriegen. Mit »Adjutantenritte und andere Gedichte« trat er in die Literatur des Naturalismus ein. Im Gegensatz zur Heyse-Geibelschen Richtung wendet Liliencron in seiner Wortwahl jedoch eine betont saloppe Form an. Mit, wie es in einem Lexikon aus der Kaiserzeit um die Jahrhundertwende heißt, soldatisch kräftigen und koloristisch fesselnden Gedichten fand er als starkes Talent von individuellem Gepräge begeistere Aufnahme. Heutzutage liest man in Abrissen der Literaturgeschichte über Liliencrons Werk: »naiv-sinnliche Liebeslyrik und Balladen«, »politisch reaktionäre Inhalte«, »naturalistischer Sekundenstil«. Weitere Werke sind der Roman »Breide Hummelsbüttel« (1887), die Novellensammlung »Eine Sommerschlacht« (1886), die Dramen »Knut, der Herr« (1885), »Der Trifels und Palemo« (1886) und »Arbeit adelt« (1886), die Trauerspiele »Die Merowinger« (1888) und »Pokahuntas« (1905), die Erzählungen »Unter flatternden Fahnen« (1888), »Krieg und Frieden« (1891) und »Kriegsnovellen« (1893) sowie die Gedichtesammlungen »Gedichte« (1889), »Der Haidegänger und andere Gedichte« (1890), »Neue Gedichte« (1893), »Kämpfe und Ziele« (1897) und »Bunte Beute« (1903).

Lindauer Straße

Anfang: Freiligrathstraße
Ende: Decksteiner Straße
Lage: D 4–E 4

Der heute rund 25 000 Einwohner zählende Ort Lindau am und im Bodensee blickt auf eine über zweitausendjährige Siedlungsgeschichte zurück. Die erste Ansiedlung von Fischern, der Bau einer winzigen Kapelle für die ersten Christen und die Gründung eines Benediktinerinnenklosters um 810 sind zwar überliefert, aber doch nicht zweifelsfrei belegt. 882 findet dann aber der Name »Lindau« seine erste urkundliche Erwähnung.

Abb. 92 Blick auf Lindau

Wie im ersten Lindenthal-Buch (S. 28) bei der Herkunftsableitung der Namen »Linderhöhe« und »Hohenlind« bereits dargestellt, nehmen Wissenschaftler auch beim Namen »Lindau« an, daß er – obwohl das Wappen der Stadt einzig eine Linde ziert – von dem keltischen Wort »Lint« = »trockenes, aus einer Feuchtfläche herausragendes Land« abstammt.

Hohenstaufen-Kaiser schenkten der aufstrebenden Stadt nach und nach Privilegien wie das Marktrecht, das Recht zur Befestigung des Ortes und vor allem die Reichsunmittelbarkeit. Alles das waren Voraussetzungen dafür, daß Lindau im Mittelalter zu einem der wichtigsten Knoten im Handelsnetz der großen Kaufleute aus Brügge, Köln, Lyon, Augsburg und Venedig heranwachsen konnte. Aber nicht nur Handel und Wohlstand prägten die Inselstadt im Bodensee, sonder auch die Kämpfe der Patrizier mit den Zünften, die Kriege gegen den Adel des Festlandes und der Jahrhunderte währende Streit der Bürger mit der ebenfalls reichsunmittelbaren Fürstabtei, zumal sich die Einwohnerschaft Lindaus bereits 1528 zu Luther bekannte. Was aber auch geschah, der »Lindauer Bote« ritt weiterhin den Weg nach

Mailand und zurück, um Güter zu befördern oder Personen zu begleiten.
Erst 1802, als es zur Mediatisierung der Stadt und zur Säkularisierung des Stiftes durch die Franzosen kam, ging die Freiheit verloren, erhielt zuerst ein Fürst Bretzenheim das Lindauer Gebiet, dann 1804 Österreich und 1805 endgültig Bayern, das damit auch einen Zugang zum Bodensee erhielt. Nach einem kurzen Aufblühen des Handels in der ersten Hälfte des 19. Jahrhunderts als Folge der aufkommenden Dampfschiffahrt auf dem Bodensee und der Eisenbahn, die sogar über einen Damm zur Insel geführt wurde, welkte mit der Errichtung der Eisenbahnfernstrekken – vor allem in die Schweiz – dieser Wirtschaftszweig rasch dahin. Im gleichen Maß jedoch wuchs der Touristenstrom in die von beiden Weltkriegen verschont gebliebene Stadt. 1922 und 1976 dehnte sich durch Eingemeindungen zweier Dörfer und dreier Gemeinden Lindau auf das Festland aus.

Lindenburger Allee

Anfang: Dürener Straße
Ende: Leiblplatz
Lage: C 5

Kaum eine andere Straße in Lindenthal weist so viele prächtige Giebelgeschoßvillen in einer baulichen Vielfalt aus Putz-, Backstein- und Fachwerkfassaden sowie mit Stuck- und Keramikgliederungen aus der Jugendstilzeit auf, wie die mit alten Linden bestandene Lindenburger Allee. Hier wurde am 16. Oktober 1905 auch die vom Stadtbaumeister Busse im Geschmack der Jahrhundertwende in rotem Backstein mit Türmchen und Zinnen und im Innern mit dunklen Marmorsäulen, 60 Quadratmeter großen Klassenräumen mit riesigen Fenstern, einer einzigartigen Schulküche und sogar einem Brausebad mit 28 Zellen errichtete neue Volksschule eingeweiht.

Abb. 93 Neues Bettenhaus und alte Bauten der Uni-Klinik (1982)

Mit dem Namen Lindenburg bezeichnete der Volksmund ein von Linden umgebenes, burgähnliches Landhaus, zu dem diese Straße führte. Das Anwesen gehörte mit den umliegenden Ländereien den Antonitermönchen in Köln. Das auch Tönneshäuschen (Anton = Tönnes/Tünnes) genannte Haus wurde 1802 nach der Säkularisierung von der französischen Domänenverwaltung an eine Familie Engels veräußert. 1848 erwarb der ehemalige Alexianermönch Peter Josef Lennartz das Grundstück und das Gebäude, um dort 1855 eine private Krankenheil- und Irrenverpflegungsanstalt zu eröffnen. Daraus gingen letztlich die heutigen Universitätskliniken hervor. (Näheres hierzu kann im ersten Lindenthalbuch ab Seite 152ff nachgelesen werden.)

Lindenhof

Lage: Der Lindenhof ist als Verlängerung der Laudahnstraße eine an der Joseph-Stelzmann-Straße beginnende, nach westsüdwest gerichtete Sackgasse, D 6

Von der Kerpener und der Zülpicher Straße her verkehrsumflutet, macht sich der Lindenhof, wohnumfeldmäßig betrachtet, wie ein Paradies aus. Von der Joseph-Stelzmann-Straße aus mündet das fünfzig Meter kurze Sträßchen in ein mit vier mächtigen, alten Linden bewachsenes Rondell. Um dieses herum sind strahlenförmig fünf villenartige Gebäude gruppiert, die zu der Zeit, als die Universitätsklinik nach dem Ersten Weltkrieg ihre Arbeit aufnahm, für dort forschende und lehrende Professoren errichtet wurden.

Abb. 94 Blick in den Lindenhof (Sept. 1991)

Lindenthalgürtel

Anfang: Zülpicher Straße, Verlängerung des Sülzgürtels

Ende: Dürener Straße, Verlängerung ist der Stadtwaldgürtel

Lage: C 4–D 5

Zu Anfang des 20. Jahrhunderts wurde der Gürtel als zweite peripherisch verlaufende Ringstraße zur Verbindung der linksrheinischen Vororte Bayenthal, Marienburg, Raderberg, Raderthal, Zollstock, Klettenberg, Sülz, Lindenthal, Braunsfeld (Melatengürtel), Ehrenfeld, Bilderstöckchen (Parkgürtel), Mauenheim, Nippes, Niehl und Riehl angelegt. Die erste und die dritte peripherische Ringstraße sorgen – wie es die Namen Innere beziehungsweise Äußere Kanalstraße deutlich verraten – zur Entwässerung der Vororte. Die Gürtelabschnitte tragen mit drei Ausnahmen immer den Namen des Ortes, den sie durchqueren; zwei sind oben bereits durch die Klammern kenntlich gemacht, der dritte ist der Stadtwaldgürtel (siehe dort) in Lindenthal.

Der Lindenthalgürtel weist also auf den Stadtteil gleichen Namens hin, der bezüglich seiner Gründung auf das Jahr 1843 zurückgeht. In dem Jahr entwarfen nämlich die Kölner Bürger Fühling und Thelen einen Plan zur Gründung einer Wohnkolonie an der nach Düren führenden Landstraße zwischen Köln und dem alten Dorf Lind/Hohenlind. Die Entwicklung dieses Stadtteils kann im ersten Lindenthalbuch ab Seite 23 ff nachgelesen werden.

Abb. 95 Der Lindenthalgürtel um 1910

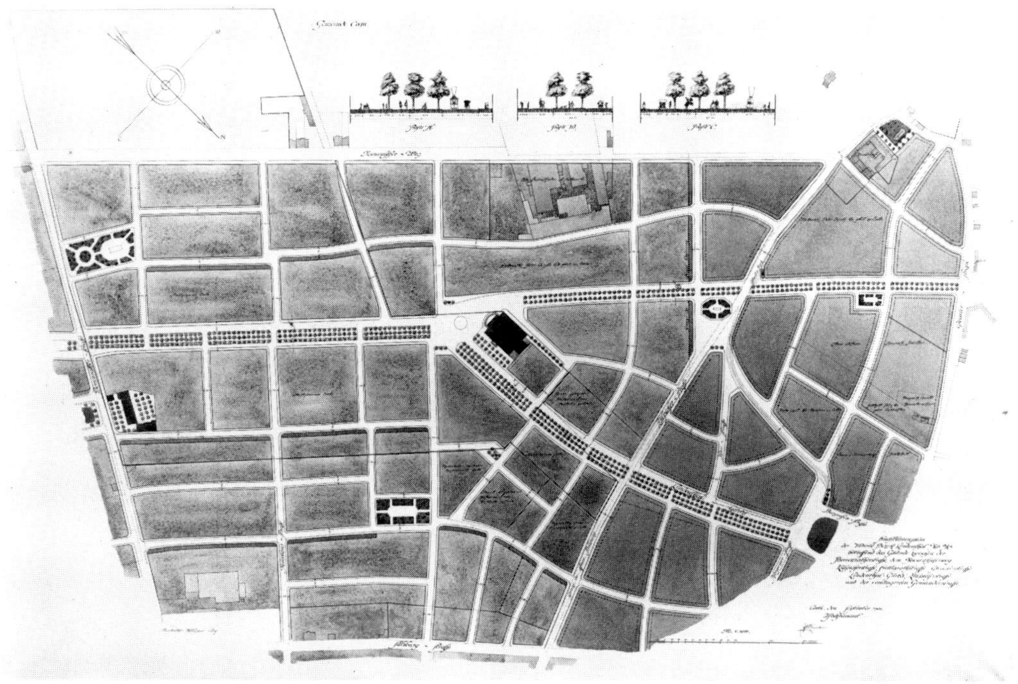

Abb. 96 Der Fluchtlinienplan von Lindenthal (1906)

Lortzingplatz

Lage: Der Lortzingplatz liegt am Südende der Lortzingstraße. Im Osten wird er von der Theresienstraße, im Norden von der Wüllnerstraße begrenzt.
Lage: C 5

Lortzingstraße

Anfang: Wüllnerstraße/Lortzingplatz
Ende: Aachener Straße
Lage: B 5

Was verband den Berliner Albert Lortzing mit Köln?
Er wurde hier am 30. Januar 1824 durch das Band der Ehe mit Rosina Regina Ahles verbunden.
Aber nicht nur das, er spielte auch vier Jahre lang in Köln und Aachen als Mitglied des Ensembles von Friedrich Sebald Ringelhardt. Doch gehen wir chronologisch vor.
Am 23. Oktober 1801 wurde Albert Lortzing in Berlin geboren. Die durch Napoleon ausgelösten politischen und wirtschaftlichen Wirren in Berlin führten zur Schließung des elterlichen Ledergeschäfts. Die Familie verließ 1811 die preußische Hauptstadt und versuchte sich in der professionellen Schauspielerei. »Wie Carl Maria von Weber, der mit dem Thespiskarren durch die Lande zog und zwischen Kulissen und Requisiten seine Kindheit verbrachte, wuchs auch Albert Lortzing im Zauberkreis des Theaters auf.« (H. C. Worbs) Über Breslau, Coburg, Bamberg und Straßburg gelangte die Familie nach Freiburg im Breisgau, wo Albert in Kinderrollen auftrat und auch die ersten bescheidenen Kompositionsversuche unternahm. 1822 traten die Lortzings dem oben bereits erwähnten Ringelhardt-Ensemble bei, das die Theater von Aachen und Köln bespielte. Albert spielte von nun an im Theater

Abb. 97 Gustav Albert Lortzing

den jugendlichen Liebhaber und in der Oper Tenor- oder Baritonrollen. 1826 trennten sich die jungen Lortzings von den Eltern und dem Ensemble, um in Detmold ein einträglicheres Engagement anzunehmen. In sieben Jahren stand er dort und in den im Sommer mitbetreuten Städten Münster, Osnabrück und Bad Pyrmont in nahezu 300 Schauspielen, Opern und Singspielen auf der Bühne. Und trotzdem fand er Zeit, mit eigenen Werken zur Meisterschaft zu finden. Am 15. November 1828 erfolgte die Uraufführung des Oratoriums »Die Himmelfahrt Jesu Christi« in Münster, und am 20. November 1830 das Singspiel »Die Jagd« in Osnabrück. 1832 ging es mit vier Singspielen gleich Schlag auf Schlag: »Der Pole und sein Kind«, »Der Weihnachtsabend«, »Szenen aus Mozarts Leben« und »Andreas Hofer«. Lortzing und seine Familie waren schon bald des Wanderlebens zwischen den vier Städten überdrüssig. Er suchte eine feste Anstellung und ein Leben in Ruhe. Als der oben schon genannte F. S. Ringelhardt die Leitung des Leipziger Stadttheaters übernommen hatte, holte er die Familie Lortzing dort hin, und hier gelangen auch die großen Würfe, Lortzings Opern: 20. Februar 1837 »Die beiden Schützen«, 22. Dezember 1837 »Zar und Zimmermann«, 20. September 1839 »Caramo«, 23. Januar 1840 »Hans Sachs«, 31. Dezember 1841 »Casanova« und am 31. Dezember 1842 »Der Wildschütz«. Zweieinhalb Jahre, bedeutend länger als an allen anderen Opern, arbeitete Albert Lortzing an »Undine«; am 21. April 1845 konnte sie endlich in Magdeburg uraufgeführt werden. Im gleichen Monat kündigte ihm der Leipziger Magistrat aus Finanzgründen die Kapellmeisterstellung. Der Wiener Uraufführung der Oper »Der Waffenschmied« am 30. Mai 1845 folgte ein für Lortzing enttäuschendes zweijähriges Engagement in der österreichischen Hauptstadt. Wirtschaftlich war es für seine Familie eine knappe Zeit, musikalisch hatte er sich mit dem schauderhaften Geschmack des Wiener Publikums auseinanderzusetzen. »Nur Dudelei und immer Dudelei, Trillerei! und das in einer Stadt, wo Mozart, Beethoven, Gluck und andere gelebt und gewirkt haben.« So ärgerte sich Lortzing über den dortigen Kult der italienischen Opern. Die Uraufführung seiner Oper »Zum Großadmiral« findet deshalb in Leipzig statt, und seine damals politisch brisante Oper »Regina« gelangt gar nicht zur Aufführung. Bis zur Verpflichtung als Kapellmeister an das Friedrich Wilhelmstädtische Theater in Berlin (1850) gibt er Gastspiele als Schauspieler, Sänger und Dirigent.

Am Morgen des 21. Januar 1851 erliegt Albert Lortzing, einer der bedeutendsten Meister der romantischen Oper, noch nicht einmal 50 Jahre alt, einem Schlaganfall.

Der Lortzingplatz wurde in den Jahren 1907/08 nach Plänen des königlichen Gartenbaudirektors Fritz Encke (1861–1931) angelegt (siehe auch Enckestraße).

Mariawaldstraße

Anfang: Rurstraße
Ende: Birresborner Straße
Lage: D 5–E 5

Genau zwischen dem Kermeter-Höhenzug (siehe Kermeterstraße) und dem Luftkurort Heimbach (siehe Heimbacher Straße) in der Nordeifel liegt die Abtei Mariawald. Das Anwesen wurde 1480 als Zisterzienserkloster gegründet, 1802 im Zuge der Säkularisierung aufgelöst und 1860 von den reformierten Zisterziensern, den Trappisten, neu besetzt und bewirtschaftet. Seit 1909 ist Mariawald eine Abtei – die einzige der »Mönche des ewigen Schweigens« in Deutschland. Teilweise sind heute noch Klostergebäude aus dem 15. Jahrhundert erhalten. Besonders eindrucksvoll ist der Kapitelsaal im Westen des Kreuzganges und das 1538 errichtete Hoftor am Wirtschaftstrakt.
Gerühmt und viel besucht wird die Abtei heutzutage wegen des von den »Söhnen des heiligen Bernhard von Clairvaux« selbstgemachten Trappistenkäses, des aus vierzig verschiedenen Kräutern hergestellten Marienwalder Abteilikörs und der täglich frisch zubereiteten Erbsensuppe.
Oberhalb des Klosters befindet sich am Waldrand ein sehr gut gepflegter Soldatenfriedhof.

Max-Bruch-Straße

Anfang: Dürener Straße
Ende: Haydnstraße
Lage: C 3

Wird der Name Max Bruch genannt, fällt jedem Musikfreund sogleich dessen 1. Violinkonzert g-moll ein. Was aber noch? Großes Schweigen. Oft auch bei Musikwissenschaftlern. Bereits Max Bruch selbst, zu seiner Zeit einer der meistgeschätzten Komponisten und Dirigenten, seufzte am 26. November 1887 in einem Brief an seinen Verleger Fritz Simrock: »Ich kann dieses Concert nicht mehr hören – habe ich vielleicht bloß dieses

Abb. 98 Die Abtei Mariawald (Okt. 1991)

eine Concert geschrieben?« Nein, Bruch schuf nahezu einhundert Werke: drei Opern, drei Sinfonien, Suiten, Serenaden, Werke für Soloinstrumente und Orchester, Kammermusiken, Klavierwerke, Chorwerke und Lieder. Dennoch, das geniale Violinkonzert überragt alles andere dermaßen, daß die übrigen Werke als mittelmäßig abgestempelt werden und kaum noch auf Spielplänen erscheinen. Ein weiterer Grund kann auch darin liegen, daß die meist akademisch korrekten, gefälligen, sehr melodiösen und leicht verständlichen Kompositionen zu konservativ angelegt waren; sie hielten am Stil der Romantik, an Mendelssohn und Schumann fest, obwohl gerade in seine Lebenszeit gewaltige Umbrüche fielen. Sie reichten politisch von der 1848er Revolution bis zur Abdankung des Kaisers nach dem Ersten Weltkrieg. Musikalische Umbrüche schufen Liszt, Wagner, Pfitzner, Reger, Strauss, Wolf und Mahler. Diese »musikalischen Sozialdemokraten«, »Neudeutschen«, »Kunstverderber« bekämpfte und verdammte Max Bruch unsachlich, hitzköpfig und mit grimmigem Haß. Sich selbst überschätzend sah er als letzte Bastion der guten Musik. So isolierte er sich zunehmend und verbitterte.

Abb. 99 Max Bruch im Jahre 1908

In einem der bekanntesten und traditionsreichsten Kölner Häuser, dem Richmodishaus am Neumarkt, kam Max Christian Friedrich Bruch am Dreikönigstag (6. Januar) 1838 zur Welt. Von klein auf wurde ihm die Förderung seiner beiden Talente auf dem Gebiet der Malerei und der Musik intensiv zuteil. Verwandte und Freunde des Hauses nannten den 7- bis 10jährigen Max bereits einen »zweiten Raffael«. Mit neun schrieb er seine erste Komposition, dann folgten in einem plötzlichen kreativen Ausbruch zahlreiche Motetten, Psalmenvertonungen, Klavierstücke, Violinsonaten, ein Streichquartett und sogar ganze Orchesterwerke. Max Bruch wird zum »Wunderknaben von Köln«. Das Streichquartett brachte ihm 1852 sogar ein Vierjahresstipendium der Mozartgemeinde Frankfurt ein.

Schulunterricht erhält er nur privat von Lehrern des Friedrich-Wilhelm-Gymnasiums. Aber auch ohne Schulabschluß gestattete man dem jungen, wohlgebildeten Max ein Studium an der Bonner Universität. Anschließend arbeitete er als Musiklehrer in Köln. Als sein Vater 1861 starb, ermöglichten seine Cousine Bertha Krupp und ihr Mann ihm über Jahre hinaus ein freies Arbeiten und Reisen nach Berlin, Dresden, Wien und München. 1862 bis 1864 lebte er in Mannheim, wo seine erste Oper »Die Loreley« entstand und uraufgeführt wurde. Sie wie auch die beiden anderen Opern »Hermione« (1872) und »Scherz, List und Rache« (1858) erwiesen sich aber nicht als »lebensfähig«. Das Erste Violinkonzert schuf er als Musikdirektor in Koblenz (1865–67). Sehr erfolgreich war aus dieser Zeit auch die große Chorkomposition »Frithjof«; sie machte einen Siegeszug durch zahlreiche Städte. 1880 nahm Bruch für 400 Pfund Jahresgehalt die kombinierten Ämter des Dirigenten und Chorleiters der Liverpool Philharmonic Society an.

Am 3. Januar 1881 heiratete er Clara Tuczek. Ein Jahr später wurde Tochter Margarethe geboren.
Im März und April 1883 führte ihn eine Tournée mit 20 umjubelten Konzerten durch die USA. Anschließend nahm er bis 1891 in Breslau die Stelle eines Kapellmeisters an, wo seine drei Söhne Max Felix, Hans und Ewald geboren wurden. Konzertreisen brachten ihn unter anderem nach Moskau und Paris. Seine letzte Stellung war eine Professur an der Berliner Hochschule für Musik.
Max Bruchs Verhältnis zu seiner Vaterstadt Köln war gespalten. Einerseits ärgerte es ihn sehr, seinen eigenen Vorstellungen nach nicht genügend geehrt worden zu sein, geschweige denn, die Ehrenbürgerschaft Kölns erhalten zu haben, andererseits freute er sich, führte man dort seine Werke auf. In so manchen Briefen ist nachzulesen, daß er »dat ahle Kölle« gleichermaßen liebte und haßte.
Am 2. Oktober 1920 starb Max Bruch in Berlin-Friedenau und wurde auf dem Mathäi-Friedhof in Berlin beigesetzt.
Bereits 1908, zu seinem 70. Geburtstag – also noch zu seinen Lebzeiten –, wurde die Max-Bruch-Straße nach ihm benannt. In den nächsten Jahren wird ihm eine weitere Ehre zuteil: Er wird im Kreise verdienter Persönlichkeiten als Steinfigur im dritten Obergeschoß des Kölner Rathausturmes Platz finden.

Max-Reger-Straße

Anfang: Aachener Straße, zwischen Kloster- und Brucknerstraße
Ende: Clarenbachstraße
Lage: B 5

Paul Hindemith äußerte: »Max Reger war der letzte Riese in der Musik. Ich bin ohne ihn gar nicht zu denken.« Igor Strawinsky hingegen schrieb: »Ich fand ihn ebenso abstoßend wie seine Musik.« So gegensätzlich wird auch heute Regers Musik angenommen

Abb. 100 Max Reger auf einem Ersttagsbrief vom 2. 5. 1991

oder abgelehnt. An Musikhochschulen und bei internationalen Wettbewerben gehören dessen Solosonaten für Violine beziehungsweise Viola und diverse Orgelstücke zum Pflichtrepertoire, in den Konzerthäusern gelangen Regers Werke jedoch nur selten zur Aufführung.
Johann Baptist Joseph Maximilian Reger erblickte in der Frühe des 19. März 1873 im Dorf Brand in der Oberpfalz das Licht der Welt. Von seiner Mutter Philomena erlernte er das Klavierspiel, sein Vater Joseph, ein Volks- und Realschullehrer, führte ihn in das Spiel von Orgel, Violine und Violoncello ein. Eine systematische Ausbildung erhielt der völlig normal als Junge aufwachsende und nichts von einem Wunderkind an sich habende Max erst bei dem Organisten Albert Lindner. Für Max Reger schien die Laufbahn eines Lehrers selbstverständlich zu sein – er war bereits auf der Präparandie, der Lehrerbildungsanstalt –, da erlebte er im nahen Bayreuth eine Wagner-Aufführung ... Fortan stand sein Entschluß fest, Musiker zu werden. Reger studierte bei Hugo Riemann erst

in Sondershausen, dann, von 1890 bis 1898, in Wiesbaden. Obwohl hier seine ersten wichtigen Kompositionen nur so hervorsprudelten, gefährdete er in Wiesbaden mit seinem ausschweifenden Leben und dem übermäßigen Tabak- und Weingenuß seine Gesundheit. Die Jahre dort nannte er selber »seine Sturm- und Trankzeit«. Nach einer kurzen Erholungsphase im Elternhaus führte ihn sein Weg über Meiningen, Jena und München nach Leipzig, wo er als Musikdirektor an der Universität beschäftigt war.
Regers Musik ist in der Klassik und der Romantik verwurzelt; in der Orgelmusik sind auch barocke Stilelemente zu finden und in den zahlreichen Chorwerken volksliedhafte Züge von schlichter Einfachheit. Von der Oper abgesehen, umfaßte sein kompositorisches Schaffen alle Gebiete und weist in bezug auf die kurze Lebenszeit von nur 43 Jahren ein gigantisches Pensum auf. In der Nacht vom 10. auf den 11. Mai 1916 starb der Komponist in Leipzig an akuter Herzlähmung. Man nimmt an, daß sich Max Reger ganz einfach zu Tode gearbeitet hatte. Am 14. Mai fand in Jena die von Reger gewünschte Einäscherung statt, und 1930 stellte man die Aschenurne in ein Ehrengrab auf einem Münchener Friedhof zur letzten Ruhestätte.

Max-Scheler-Straße

Anfang: Am Gleueler Bach
Ende: An der Decksteiner Mühle
Lage: E 3

Dr. phil. Max Scheler (geboren am 22. August 1874 in München, gestorben am 19. Mai 1928 in Frankfurt/Main) war von 1919 bis 1928 ordentlicher Professor der Philosophie an der Universität in Köln.
Scheler hatte Medizin und Philosophie studiert, wurde Mitbegründer der Wissenssoziologie und Begründer der philosophischen Anthropologie. Im Jahre 1919 gehörte er der Zentrumsfraktion des Kölner Stadtrats an. Scheler war einer der bedeutendsten Lehrer der neuen Kölner Universität. Als Schüler Rudolf Euckens, unter dessen Anleitung er 1897 in Jena promoviert wurde, habilitierte er sich dort zwei Jahre später. Er wurde geprägt von der Phänomenologischen Methode Edmund Husserls (1859–1938) (vergleiche Husserl-Archiv an der Kölner Universität).
Scheler ging 1907 nach München, arbeitete ab 1910 als Privatschriftsteller in Berlin und weilte im Auftrage des Auswärtigen Amtes 1917/18 in Genf und Den Haag. Schelers erstes Hauptwerk hieß »Der Formalismus in der Ethik und die materiale Wertethik« (I, 1913, II, 1916). Seit 1913 war er neben Husserl einer der Mitherausgeber des »Jahrbuchs der Philosophie und phänomenologischen Forschung«.
Als Grundzug des Schelerschen Denkens kann man eine stark lebensphilosophisch

Abb. 101 Max Scheler nach einem Gemälde von Otto Dix

geprägte, vom elitären Anthropologismus Friedrich Nietzsches (1844–1900) (vergleiche Nietzschestraße) getragene, katholisch gefärbte Phänomenologie nennen. Scheler sprach dem Geist den Primat über die Welt zu, er deutete den Geist nicht im Sinne der Vernunft. Das Geistige wird irrational. In seiner philosophischen Anthropologie, einer »Methaphysik des Menschen«, findet Scheler im Menschen das All. Die Stellung des Menschen wird durch Selbstbespiegelung des jeweiligen Subjekts im eigenen geistigen Horizont geklärt. Das Wesen des Menschen sei Geist, der »der Wirklichkeit sein Nein« entgegenschleudern könne. Die Person sei ein Zentrum »geistiger Akte«. Scheler forderte eine neue deutsche Elite, vermißte ein »einheitliches Bild vom Menschen« und stellte die Zeit nach dem Ersten Weltkrieg als »Weltalter des Ausgleichs« dar.
Für seine Wahl auf einen philosophischen Lehrstuhl an der neuen Kölner Universität war maßgeblich, daß er um 1918 als einer der führenden Denker des Katholizismus in Deutschland galt. Er vertrat allerdings auch die Auffassung, daß die Grundsätze der christlichen Philosophie mit dem Sozialismus neu zu verknüpfen seien. Scheler zog die Direktorenstelle in dem geplanten Forschungsinstitut für Sozialwissenschaften in Köln einer Honorarprofessur in Berlin vor. Er wurde von Adenauer immer mehr in die Verhandlungen in Berlin, die schließlich im Sommer 1919 zur Wiederbegründung der Kölner Universität führten, einbezogen, so daß ihm neben Adenauer und dem Gründungsrektor Christian Eckert (siehe Eckertstraße) und Friedrich Moritz (siehe Friedrich-Moritz-Straße) große Verdienste um das Zustandekommen dieses langgehegten Kölner Planes zukommen. Scheler genoß internationalen Ruf. Bekannt wurde sein Porträt von Otto Dix (1891–1964) in der Kölner Universität. Kurz nach seiner Berufung an die Frankfurter Universität im Jahre 1928 starb er.

Mechternstraße

Anfang: Vogelsanger Straße, auf Lindenthaler Gebiet ab Weinsbergstraße

Ende: Nordseite des Friedhofs Melaten; Grenze zwischen diesem und dem Ehrenfelder Friedhof

Lage: A 5

Die einstige Siedlung Mechtern – heute ist sie von Ehrenfeld überdeckt – taucht einige Male im frühen und hohen Mittelalter in der Geschichtsschreibung auf. Sie wird nachweislich seit dem 11. Jahrhundert »ad martyres« genannt. Bis zur Jahrtausendwende befand sich dort eine Kapelle zum Gedächtnis an das Martyrium, das Gereon mit seinen 318 christlichen Soldaten der Thebäischen Legion um 305 erlitten hatte. Ein Kirchenbau löste im Verlauf der Jahrhunderte den anderen ab – der sechste steht heute auf dem Platz –, und so erhielt sich die Erinnerung an den Ort des Grauens wach. Gemäß dem rohen, antiken Brauch, den Leichnam des Gegners an den eigenen Wagen oder das Pferd zu binden und hinter sich herzuschleifen, zogen die Römer die getöteten Christen vom Truppenübungsplatz über 1,8 Kilometer weit bis zum Tempel der Isis, die durch ihre Verbindungen mit den Göttern Osiris und Serapis als »Königin der Toten« galt. Dort warf man die enthaupteten Körper in einen Brunnen. So ruhten die Gebeine zwar nicht in den üblichen Gräbern, aber doch immerhin in der Nähe des Tempels und des Grabfeldes. Über dem Brunnen errichteten Christen um 370 eine Kirche, den Urbau der späteren Basilika Sankt Gereon.
Am 10. Januar 1268 flüchteten Patrizier vom Geschlecht der Overstolzen vor Mitgliedern des Geschlechts der Weisen in das Kloster Mechtern vor dem Gereonstor. Die angreifenden Weisen brannten das Kloster nieder, verloren aber die sich anschließende blutige Schlacht, bei der auch Kölns Bürgermeister Ludwig Weise vom Mühlenbach sein Leben ließ.

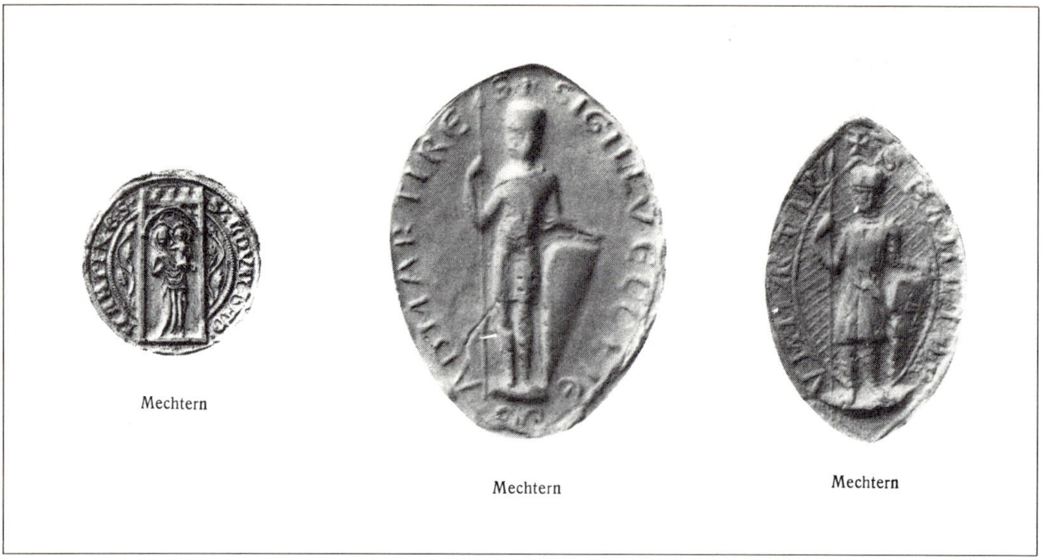

Abb. 102 Drei Siegel des Augustinerklosters Mechtern

Der Kölner Erzbischof Siegfried von Westerburg führte am 9. April 1277 dreizehn Zisterzienserinnen mit ihrer Äbtissin in das wiedererrichtete Kloster Mechtern. »Wegen der Thebäischen Märtyrer, die mit ihrem Blut das Atrium der Kirche geweiht haben«, reaktivierte er so mit dem Einsetzen der Nonnen das Kloster. Im Neußer Krieg 1474 wurde es aus militärischen Gründen niedergelegt und die Insassen dem Sankt Apernkloster in der Stadt überwiesen.
1840, kurz vor der Gründung Ehrenfelds, zählte man auf dem Gebiet der späteren Kölner Vorstadt drei Häusergruppen: Mechtern, Subbelrath und Ziegelfeld.

Meersburger Straße

Anfang: Lindauer Straße
Ende: Bregenzer Straße
Lage: D 4–E 4

1988 feierte die 5000 Einwohner zählende Wein- und Burgenstadt Meersburg am Bodensee ein großes 1000-Jahre-Stadtjubiläum. König Otto III. stellte auf dem Weg nach Konstanz als Neunjähriger – im sechsten Jahr seiner Regentschaft – in Meersburg eine Urkunde aus, die heute den ältesten Hinweis auf den Ort ausmacht. Hier gibt es übrigens eine Beziehung zu Köln: Die Mutter Ottos III., die den kleinen Jungen in Regierungsgeschäften vertrat, war Theophano; sie liegt in St. Pantaleon begraben. 1991 widmete ihr die Stadt Köln eine vielbeachtete Ausstellung und ein großes Fest zum Gedenken ihres 1000. Todesjahrs. 1299 erhält der Ort das Stadtrecht, und wie auch in Köln, setzen bald die Erhebungen der Bürgerschaft gegen den Bischofsstuhl ein. Hier jedoch behält der Klerus die Oberhand; sogar das Bürgermeisteramt wird bis 1575 abgeschafft.
1801 wird der Verlag Herder gegründet, der allerdings bereits sieben Jahre später – Meersburg fiel im Zuge der Säkularisierung an Baden – nach Freiburg im Breisgau übersiedelte.

Seit 1919 wird Meersburg kontinuierlich zum Fremdenverkehrsort ausgebaut. Dazu gehört auch der Ausbau der Motor- und Seglerhäfen und seit 1985 die Altstadtsanierung sowie die Einrichtung eines Sommertheaters. Auf kulturellem Sektor sei vermerkt, daß der Maler der »Muttergottes in der Ro-

Abb. 103 Das alte Schloß zu Meersburg

Abb. 104 Das Barockschloß Meersburg

senlaube« (im Wallraf-Richartz-Museum), Stefan Lochner (um 1400–1451), in Meersburg seine Heimat hatte, daß der Erfinder der modernen Psychotherapie, Franz Anton Mesmer (1734–1815), sowie die westfälische Dichterin, Freifräulein Annette von Droste-Hülshoff (1797–1848), die ab 1841 mehrfach auf dem Schloß bei ihrer Schwester wohnte, dort ihre letzte Ruhestätte fanden.

Meister-Ekkehart-Straße

Lage: Die Meister-Ekkehart-Straße liegt winkelartig um ein südlich neben dem Universitäts-Hauptgebäude stehendes Haus. Sie ist von der Universitätsstraße aus erreichbar und mündet in die Zülpicher Straße, C 7

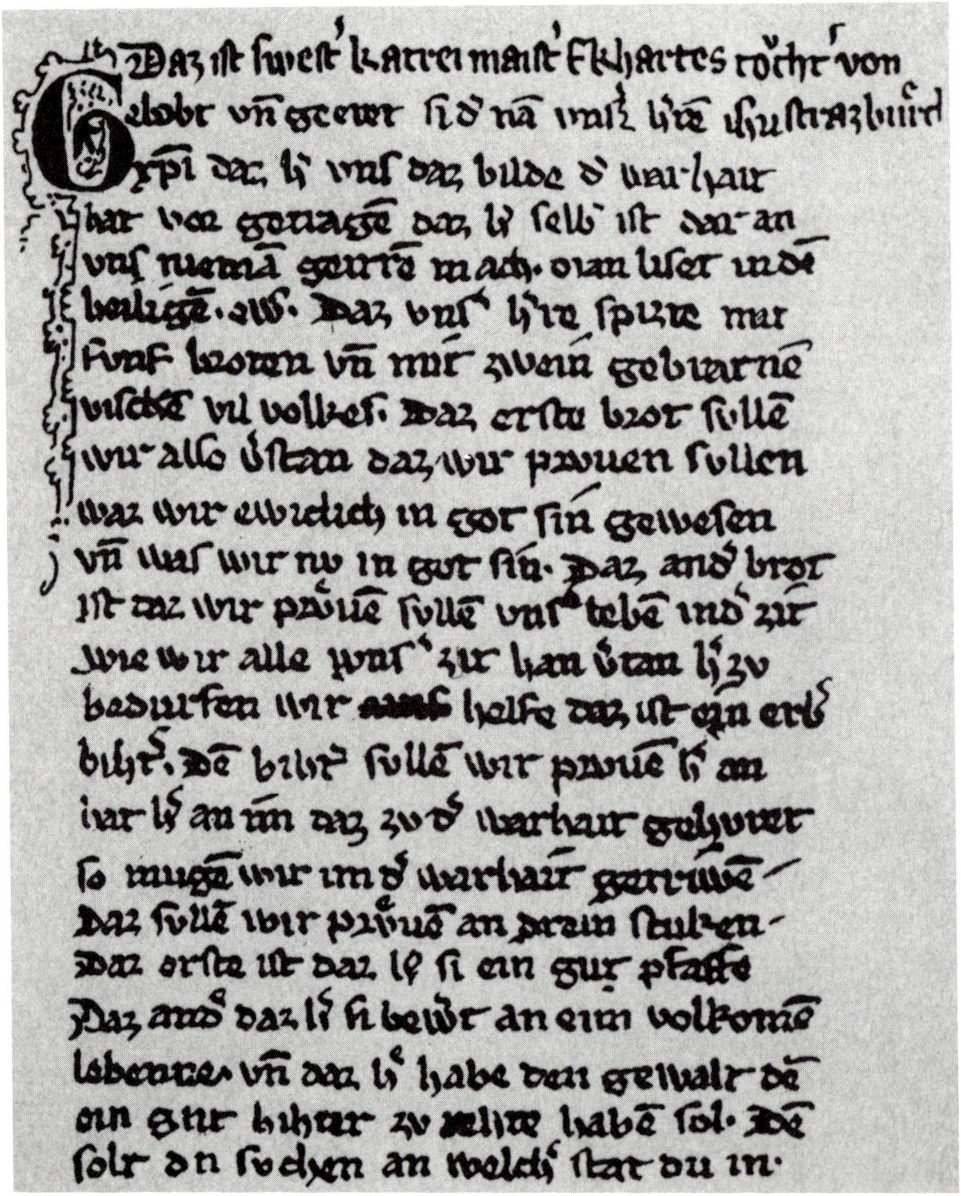

Abb. 105 Ein Bild von Ekkehart ist nicht bekannt; hier aber eine Handschrift aus dem 14. Jahrhundert

Der Dominikaner Meister Ekkehart (Eckart, Eckehart, Eckhard, Eckhart, Ekart, Ekhardus) gilt als Haupt der deutschen Mystik, als normsetzende Autorität eines Lebens aus dem Geiste; er war Denker und Lehrer, Prediger und Schriftsteller.

Seine Lebensdaten basieren vielfach auf Mutmaßungen und Schlußfolgerungen; nur wenige Daten sind gesichert. Unter diesem Aspekt ist die folgende Kurzvita zu betrachten. Ekkehart wurde um 1260 in Hochheim bei Gotha geboren. 1277 weilte er in Paris, um ein philosophisches Grundstudium zu absolvieren. 1280 begann er in Köln das Theologiestudium. Während des zweiten Paris-Aufenthaltes erwarb er den akademischen Grad eines »lector sententiarum«. Anschließend kehrte er in sein Heimatkloster nach Erfurt zurück. Dort wurde er Prior und Vikar der Dominikaner in Thüringen. 1302 bis 1303 promovierte er in Paris zum Magister der Theologie. Von da an bis 1311 ernannte man ihn zum Provinzial seines Ordens für Sachsen. 1314 bis 1322 wirkte er in Straßburg als Generalvikar und betreute die oberdeutschen Dominikanerinnenklöster. Ekkehart führte ab 1323 das Generalstudium der Dominikaner in Köln. Der Erzbischof Heinrich II. von Virneburg leitete 1326 das Inquisitionsverfahren gegen Ekkehart wegen dessen angeblich pantheistischen Mystik ein. In der Tat bewegten sich die mit paradoxer Kühnheit ausgedrückten Gedanken in einer Richtung, die sie als denen der häretischen Mystiker verwandt erscheinen lassen. Ekkehart appellierte am 24. Januar 1327 öffentlich an Papst Johannes XXII. und war bereit, sich in Avignon vor ihm zu verantworten. In Köln, auf dem Weg nach Avignon oder auch dort starb Ekkehart vor dem Ende des Monats April 1328. Der Papst verwarf in der Bulle »in agro dominico« 17 von 28 Thesen Ekkeharts, der trotz der besonders in seinen lateinischen Schriften deutlichen Anlehnung an Thomas von Aquin als der selbständigste und geisteskräftigste unter den deutschen Mystikern gilt.

Seine in Stein gehauene Figur wird künftig als um die Stadt verdiente Persönlichkeit im ersten Obergeschoß des Rathausturmes zu sehen sein.

Melatengürtel

Anfang: Aachener Straße, Fortsetzung des Stadtwaldgürtels

Ende: Vogelsanger Straße, auf Lindenthaler Gebiet Oskar-Jäger-Straße

Lage: A 4/5

Seit dem frühen Mittelalter bestatteten die Christen ihre Toten in der Nähe der Heiligenreliquien, also in oder an der Kirche wie auch in dem sie umgebenden Kirchhof. Aus der Gemeinschaft Ausgestoßene, Fremde und Andersgläubige wie Juden und – nach der Reformation – Protestanten wurden jedoch außerhalb der Stadtmauern beerdigt (siehe »Geusenfriedhof« im ersten Lindenthalbuch auf den Seiten 161 ff). Das war die Situation, wie sie die französischen Revolutionstruppen bei ihrem Einzug in die Stadt Köln vorfanden. Vor allem aufgrund hygienischer Belange erließ die Besatzung 1804 Verordnungen, die besagten, daß innerhalb der Stadtmauern keine Toten mehr bestattet werden dürften. Als günstigsten Standort für einen großen Zentralfriedhof machte die französische Obrigkeit die Ländereien des zu einem seit 1180 bestehen Leprosenhauses gehörenden Hofes Melaten aus (vergleiche auch »Adenauer/Gröbe, Lindenthal. Die Entwicklung eines Kölner Vorortes«. S. 38 f). Dafür, den Friedhof dort zu errichten, sprach die günstige Lage vor dem Hahnentor und die Möglichkeit eventueller Erweiterungen. Kölner Bürger stellten dem historische Hypotheken entgegen: Jahrhunderte lang war Melaten (malade = krank, aussätzig) Wohn- und Sterbeort unheilbar Kranker und Hinrichtungsstätte zum Tode Verurteilter. Gegen alle Widerstände entschloß sich der Rat

Abb. 106 Fünf Siegel des Leprosenhauses

der Stadt Köln schließlich, »op Malote« den Zentralfriedhof anzulegen. Am 29. Juni 1810 fand die Einweihung durch den Dompfarrer Michael Dumont statt und elf Tage später die erste Beerdigung (vergleiche auch »Adenauer/Gröbe, Lindenthal. Die Entwicklung eines Kölner Vorortes«. S. 162 ff).

Militärringstraße

Anfang: Oberländer Ufer (Marienburg), auf Lindenthaler Gebiet ab Gleueler Straße

Ende: Neußer Straße (Longerich), auf Lindenthaler Gebiet bis Junkersdorfer Straße/Friedrich-Schmidt-Straße

Lage: A 1–E 3

Um 1908 wurden die Festungswerke des inneren Gürtels in einen Ring »detachierter Forts« (das heißt keine geschlossene Festungsanlage sondern einzeln stehende Forts) verlegt, der sich in einem Radius von etwa fünf Kilometern um die Kölner Innenstadt schließt. Von den bereits nach dem Ersten Weltkrieg wieder geschleiften Forts sind heute noch Reste in Marienburg vor der Rodenkirchener Brücke (Fort VIII), in Zollstock am Bahndamm/Höninger Weg (Fort VII) und in Lindenthal in der Nähe des Decksteiner Weihers/Gleueler Straße (Fort VI) zu besichtigen. Die Verbindungsstraße aller Fortanlagen war eben die Militärringstraße. Heute führt sie – leider sehr stark befahren – durch den äußeren Grüngürtel.

Mommsenstraße

Anfang: Sülzgürtel
Ende: Dürener Straße
Lage: D 4–E 5

Der Historiker Theodor Mommsen wurde in Garding/Schleswig am 30.11.1817 geboren und verstarb in Charlottenburg (heute zu Berlin) am 1. November 1903. Mommsen, ein Pfarrerssohn, studierte in Kiel Jura und Philologie und hielt sich 1844 bis 1847 in Italien auf. Als Redakteur in Rendsburg nahm er an der Märzrevolution des Jahres 1848 teil. In demselben Jahr wurde er Professor für Römisches Recht in Leipzig, aber schon 1850 wegen seiner Kritik an der sächsischen Regierung entlassen. 1852 berief man ihn als Professor des Römischen Rechts nach Zürich, 1854 nach Breslau, bis er 1858 Professor der Alten Geschichte in Berlin wurde, in welcher Funktion er verblieb.
Seine vierbändige Römische Geschichte (Band 1–3: 1854–55, Band 5: 1885) war von solcher Qualität, daß er als erster Deutscher 1902 den Nobelpreis für Literatur erhielt, und zwar als Meister der Kritik und der Darstellung. In seiner römischen Geschichte verherrlicht Mommsen Cäsar und die römische Militärmonarchie. Mommsen rief die Sammlung der lateinischen Inschriften unter dem Namen »Corpus Inscriptionum Latinarum« ins Leben und betreute sie bis zu seinem Tode, er veranlaßte zahlreiche Untersuchungen und weitere Editionen. Als seine größte Leistung betrachtete er selbst sein Römisches Staatsrecht (1871–1888), ferner sein Römisches Strafrecht (1899).
Mommsen fühlte sich als bürgerlicher Linker und war ein Gegner der Konservativen, hielt sich aber gegenüber allzu radikaldemokratischen Strömungen zurück. 1863–1866 war er für die deutsche Forschungspartei und 1873–1879 als Nationalliberaler Mitglied des Preußischen Landtages, 1881–1884 (als Sezessionist) auch des Deutschen Reichstages. So konnte es nicht ausbleiben,

Abb. 107 Theodor Mommsen

daß er ein scharfer Gegner Bismarcks und des Antisemitismus seines Historikerkollegen Treitschke wurde.
Mommsens Enkel Wilhelm und dessen Zwillingssöhne Hans und Wolfgang wurden ebenfalls Historiker.

Morsdorfer Straße

Anfang: Dürener Straße
Ende: Am Stadtwald
Lage: C 3–D 3

Sie ist benannt nach dem Morsdorfer Hof im heutigen Braunsfeld. Der Hof lag seinerzeit zwischen der dortigen Straße Am Morsdorfer Hof und der Aachener Straße. Erst in den 20er Jahren dieses Jahrhunderts wurden die Hofgebäude abgerissen und begann die Villenbebauung. Der Hof hatte 1802 eine Größe von 119,3 ha, Pächter waren Vater und Sohn Contzen. Der Hof gehörte dem Stift St. Ge-

Köln – St. Gereon

Köln - St. Gereon

Köln — St. Gereon

Köln — St. Gereon

Abb. 108 Vier Siegel der Stiftskirche St. Gereon

reon und besaß damals einen Wert von 21 860 Franken. Am 2.9.1822 kaufte ihn Kommerzienrat Koch aus Köln für 91 580 Franken, 1830 ein P. Tillmanns aus Hönningen für 93 100 Franken.

Nidegger Straße

Anfang: Sülzburgstraße
Ende: Lindenthalgürtel
Lage: D 5

1177 begann mit der Errichtung einer Burg auf steilem Buntsandsteinfelsen durch den Jülicher Grafen Wilhelm III. die Historie Nideggens. Der erste Siedlungskern, die Burgfreiheit, schloß sich im 13. Jahrhundert an. Allmählich entwickelte sich ein Straßendorf, dem 1313 Graf Gerhard sogar Stadtrechte verlieh. Aus der Feste gegen Kurköln wurde eine Residenz der Herzöge von Jülich. Das Herzogsgeschlecht starb 1423 aus, Nideggens Bedeutung verblaßte, und mit der Zerstörung der Burg im 16. Jahrhundert verlor Nideggen jegliche Anziehungskraft.
Mit der Burg ist auch Kölns Geschichte verknüpft. Konrad von Hochstaden, »Königsmacher« und mächtiger Kölner Erzbischof,

Abb. 109 Blick auf Nideggen

wurde in einer Fehde 1242 vom Grafen von Jülich bei Lechenich geschlagen und verwundet nach Nideggen geschleppt, wo er einige Monate im Bergfried einsaß. Länger noch, nämlich von 1267 bis 1270, hielt man hier den Kölner Erzbischof Engelbert II. von Falkenburg gefangen.
1542 äscherten brabantische Soldaten die Burg ein; teilweise wieder aufgerichtet, plünderten sie französische Einheiten. Um 1800 erfolgte der übliche Privatverkauf und die Nutzung als Steinbruch, so daß 1901 nur noch wenige Reste gesichert werden konnten; und das Wenige beschädigte der letzte Krieg nochmals erheblich.
Aus heimischem, rotem Buntsandstein errichtete man die dreischiffige Emporenbasilika mit vorgesetztem, gedrungenem Westturm. 1219 ist die Kirche im Besitz des Deutschen Ordens, fünfzig Jahre später nennt sie der Johanniterorden sein eigen. Nach starken Kriegszerstörungen konnte St. Johann Baptist bis 1959 wieder hergerichtet werden. Das romanische Triumphkreuz (Anfang 13. Jahrhundert) stammt aus Köln.

Nietzschestraße

Anfang: Bachemer Straße
Ende: Repgowstraße
Lage: C 6

Nietzsche, ein Dichterphilosoph oder ein Lebensphilosoph? – Fest steht, daß Nietzsche nicht zu den Philosophen gehörte, die nur abstrakte, vom Leben abgezogene und schattenhafte Sachen ausdachten. Aber diese Frage läßt Martin Heidegger offen, würde eine klare Antwort doch nur heißen können: »Die

Philosophie sei sonst nur für die Toten und damit entbehrlich.« Das hält Heidegger natürlich für irrig und sagt, der Irrtum könne erst dann erkannt werden, wenn einmal eine Auseinandersetzung mit Nietzsche zugleich mit einer Auseinandersetzung der Grundfrage der Philosophie in Gang käme. Hier aber wollen und können wir uns nicht mit Nietzsches Philosophie auseinandersetzen, hier bleibt gerade der Raum für eine kurze Vita des Straßennamengebers.

Friedrich Wilhelm Nietzsche wurde am 15. Oktober 1844 in Röcken bei Lützen in Sachsen geboren. Schon mit fünf Jahren verlor er den Vater, einen evangelischen Pfarrer. So verfügte die Großmutter einen Umzug nach Naumburg an der Saale. Fritz wurde nun von seiner jungen Mutter, vor allem aber von zwei Tanten und der Großmutter, erzogen. Er besuchte die hochangesehene Landesschule Pforta und studierte dann von 1864 bis 1867 in Bonn und Leipzig Theologie und klassische Philologie. Als bevorzugter Schüler Friedrich Wilhelm Ritschels sowohl in Bonn als auch danach in Leipzig erhielt er 1869 noch vor seiner Promotion einen Ruf als außerordentlicher Professor der klassischen Philologie an die Universität Basel. Ein Jahr später war er bereits – auch ohne Habilitation – ordentlicher Professor. 1879 führten ein Augenleiden und schwere Überreizungen des Gehirns zur Aufgabe des Lehramtes. Von da an führte er, trotz allem äußerst intensiv schriftstellerisch tätig, ein Wanderleben. Venedig, Genua, Sils-Maria, wieder Genua, Rapallo, Nizza, Leipzig und Naumburg waren die Stationen, bis er in Turin in den ersten Januartagen des Jahres 1889 nach übermäßigen geistigen Anstrengungen und zu starkem Gebrauch von Schlafmitteln vollkommen zusammenbrach. Der Aufenthalt in einer Jenaer Heilanstalt brachte keine Besserung. Er zog zu seiner Mutter nach Naumburg, die ihn bis zu ihrem Tode 1897 pflegte, dann sorgte sich Nietzsches Schwester in Weimar um ihn, bis er am 25. August 1900 starb.

Abb. 110 Friedrich Nietzsche im Alter von 38 Jahren

Ein Abriß von Nietzsches Leben könnte man grob in vier Dekaden gliedern: Zwischen dem Unterrichtsbeginn in Schulpforta und dem letzten Studiensemester in Leipzig liegen gerade zehn Jahre der Ausbildung. Zehn Jahre lang war er Professor in Basel. Ein knappes Jahrzehnt blieb ihm ein helles Bewußtsein für sein Schaffen, dann brachen zehn Jahre geistiger Umnachtung über ihn herein.

Mit dem 31 Jahre älteren Richard Wagner war Nietzsche längere Zeit befreundet, brach aber den Verkehr 1878 hauptsächlich wegen dessen religiösen Ansichten ab. Seine schriftstellerische Laufbahn begann er mit philologischen Arbeiten über Theognis und Diogenes Laertius. Aber schon in seiner ersten größeren Schrift »Die Geburt der Tragödie aus dem Geiste der Musik« (1872) wandte er sich von der philologischen Methode ab, indem er sich von allgemeinen philosophischen und künstlerischen Anschauungen Schopenhauers und Wagners leiten ließ. In seinen aphoristischen Werken »Menschliches Allzumenschliches« (1878–80), »Morgenröte. Gedanken über moralische Vorurteile« (1881) und »Die fröhliche Wissenschaft« (1882) verläßt er die vorher eingeschlagene Richtung, ein deutsches Kulturideal anzustreben. Vielmehr postuliert er jetzt die Aufgabe des Glaubens an Ideale, betrachtet er den Menschen als reines Naturprodukt, sieht er die Sittlichkeit mit ihren Gesetzen nicht von der allgemeinen Vernunft oder von höheren Mächten hergeleitet, sondern aus den natürlichen Trieben der Menschen. Nach Nietzsche muß der Mensch seine Instinkte befriedigen, sich selbst zum Zweck seines Daseins setzen. Er muß sich selbst leben und den Willen zur Macht, den er hat, möglichst zur Erfüllung bringen, keine Tugenden über sich stellen, sondern sie vielmehr als sein Machwerk betrachten. Nietzsche zeichnet die Gestalt eines Übermenschen, der nur sich selbst will und niederwirft, was sich ihm entgegenstellt, der nichts von Ergebung weiß und nichts von Mitleid, was nur die Tugend eines Schwachen ist. Und weil nicht alle die gleiche Macht und den gleichen Genuß haben können, sondern jeder nur gemäß seiner Stärke, so gibt es auch keine gleichen Rechte für alle Menschen, und schließlich hat der Schwächere auch dem Stärkeren zum Erreichen seiner Ziele zu dienen. Ausgeführt sind diese Gedanken in »Also sprach Zarathustra« (1883–84, 4. Teil 1891), »Jenseits von Gut und Böse. Vorspiel zu einer Philosophie der Zukunft« (1886), »Zur Genealogie der Moral« (1887), »Der Fall Wagner« (1888) und »Götzendämmerung oder Wie man mit dem Hammer philosophiert« (1889).

Mit solchen Schriften brach Nietzsche mit allen religiösen und sittlichen Traditionen. Das mußte er auch, schließlich wollte er der Prophet einer kommenden kleinen Elite sein, die als herrschende Klasse privilegiert ist.

Oskar-Jäger-Straße

Anfang: Aachener Straße
Ende: Vogelsanger Straße
Lage: A 5

Dr. phil. Oskar Jäger (auch Jaeger) wurde geboren in Stuttgart am 26. 10. 1830 und starb am 2. März 1910 in Bonn. 1862 wurde er Rektor des Progymnasiums zu Moers und von 1865 bis 1901 Direktor des Friedrich-Wilhelm-Gymnasiums in Köln. Ab 1900 lehrte er als Honorarprofessor an der Universität in Bonn.
Jäger war Geheimer Regierungsrat, Historiker und Führer der Kölner Nationalliberalen Partei. Der Geschichtsprofessor Jäger verfaßte folgende seinerzeit weitverbreitete und wiederholt aufgelegte Werke: Weltge-

Abb. 111 Oskar Jäger

schichte in vier Bänden, Bielefeld und Leipzig, 3. A. 1899; Geschichte der neuesten Zeit vom Wiener Kongreß zur Gegenwart, 5. A., Stuttgart und Leipzig, o.J., nach 1900; Geschichte der Römer, 6. A., Gütersloh 1889. Für das Friedrich-Wilhelm-Gymnasium verfaßte er zu dessen 50jährigen Bestehen im Jahre 1875 eine Festschrift.
In dem kleinen Werk »Rheinische Juristenklänge«, Köln o.J. (nach 1911), von Ferdinand Schroeder, befindet sich ein Jäger gewidmetes Lied auf das »FWG«, dessen letzte Strophe lautet:

»Ein Schulmann ohne Gleichen
So schreibt ihn Klio ein,
Mit untilgbaren Zeichen,
Bei uns in Köln am Rhein.
Und die zu seinen Füßen
Wir saßen oft und gern,
Wir kommen, ihn zu grüßen,
Als unsrer Jugend Stern.
Sei lang noch, hehre Lehrgestalt,
Ein Stolz im deutschen Männerwald.«

Abb. 112 August von Othegraven

Othegravenstraße

Anfang: Am Gleueler Bach
Ende: Schmittmannstraße
Lage: E 3

Der Komponist Prof. Dr. phil. h.c. August von Othegraven (geboren in Köln am 2. Juni 1864, gestorben am 11. März 1946 in Wermelskirchen) absolvierte in Köln Gymnasium und Konservatorium (u.a. unter Hiller, vergleiche Hillerstraße) und studierte aufgrund eines Stipendiums der Frankfurter Mozartstiftung 1884 bis 1889 bei Rheinberger in München. Othegraven wurde 1889 Lehrer am Kölner Konservatorium, der späteren Musikhochschule, für die Fächer Klavier, Chor, Opernensemble, Theorie, Partiturspiel und Improvisation. Er wurde bekannt als Komponist vieler eigener Lieder, insbesondere für Männerchöre sowie durch Volksliederbearbeitungen, zum Beispiel des »Jägers von Kurpfalz«. Erfolgreich waren seinerzeit seine Oratorien »Advent« und »Marienleben«. Seit 1925 Kompositionslehrer an der Hochschule schied er aus Altersgründen 1931 aus.
Othegravens Vater Ludwig war Kaufmann und entstammte einem limburgischen uradeligen Geschlecht, das allerdings erst 1827 in die rheinische Adelsmatrikel eingetragen worden war. Ludwig von Othegraven war von 1879 bis 1881 und von 1892 bis 1914, als er mit 88 Jahren zurücktrat, Präsident des Kölner Männergesangvereins, einer der tüchtigsten in der langen Geschichte dieses Traditionsvereins.
Wie sein Vater Ludwig (1908) wurde August von Othegraven (1925) Ehrenmitglied des KMGV, außerdem Mitglied der Akademie

der Künste in Berlin (1925) und Ehrendoktor der philosophischen Fakultät der Universität Bonn (1925). Nach August von Othegraven ist eine Plakette benannt, die in bestimmten Abständen an Gesangvereine verliehen wird. Der Polizei-Gesang-Verein Köln von 1902, dessen Ehrenmitglied Konrad Adenauer (vergleiche Am Adenauerweiher) ebenso wie des KMGV war und der ihm jedes Jahr zu seinem Todestag ein Konzert widmet, ist Träger der August-von-Othegraven-Plakette.

Peter-Berchem-Straße

Anfang: Viktor-Schnitzler-Straße
Ende: Bachemer Straße
Lage: E 3

Johann Peter Berchem, der erste Kölner Mundart-Lyriker von Rang, wurde am 23. März 1866 in Köln, Großer Griechenmarkt, geboren. Gemeinsam mit Wilhelm Räderscheidt (siehe Räderscheidtstraße) besuchte er die Volksschule Im Martinsfeld, die Präparandie An der Wollküche und das Lehrerseminar in Brühl. Er war dann nacheinander Lehrer an den Volksschulen Bayenthal, Sankt Severin und Loreleystraße.
Berchem wurde von seinen Zeitgenossen als einfacher, herzensguter Mann von zurückhaltender Bescheidenheit und tiefer katholischer Gläubigkeit beschrieben, der sich im Geiste christlicher Nächstenliebe als Vinzenzbruder der Armen- und Waisenpflege widmete und als Präfekt der Männerkongregation St. Paul großer Beliebtheit erfreuen durfte. Erst mit 47 Jahren trug Berchem eigene Gedichte im Heimatverein Alt-Köln vor; und das auch nur nach intensivem Zureden seines alten Freundes Räderscheidt. Von da an wurden Berchems Gedichte, Erzählungen und Aphorismen in den Programmheften des Heimatvereins, in den Kölner Zeitungen

Abb. 113 Peter Berchem

und den beiden Zeitschriften Alt-Köln und Jung-Köln abgedruckt.
Zu Weihnachten 1916 erschien die erste Gedichtesammlung unter dem Titel »Gespinks un spintiseet«. Eine zweite, vermehrte Ausgabe wurde genau an seinem Todestag, dem 30. Dezember 1922 veröffentlicht. Unter dem Titel »Spien« folgte 1923 noch die Sammlung seiner Aphorismen. Die Bücher waren rasch vergriffen, so daß eine neue Gesamtausgabe erforderlich wurde; dafür sorgte 1964 der Heimatverein Alt-Köln.

Peter-Kintgen-Straße

Anfang: Viktor-Schnitzler-Straße
Ende: Bachemer Straße
Lage: E 3

Am 8. September 1884 wurde Peter Kintgen in Lindenthal geboren und im gleichen Monat im Krieler Dömchen getauft. Seine Eltern hatten sich gerade wenige Jahre zuvor aus der Kölner Innenstadt kommend hier niedergelassen. Wenn es auch hieß, daß sich das dicht vor den Toren gelegene träumerisch-vornehme »Ling« noch lange ein ur-

Abb. 114 Peter Kintgen

kölsches Gepräge bewahrte, so stellte der im ganzen Rheinland bekannte Kaufmann, Rundfunkredakteur, Verleger und Mundart-Schriftsteller Franz-Peter Kürten (1891–1957) in einer Heimatbeilage der Kölnischen Rundschau aus dem Jahre 1949 doch eine »randkölsch klingende Sprache« an Peter Kintgen fest. Im übrigen schreibt Kürten noch: »... Peter Kintgen hat uns lebenswahre, gemütvolle Skizzen und farbechte Schilderungen gegeben, darunter von solchen Dingen, Personen und Eigenleben aus dem alten Lindenthal ... In seiner Lyrik finden wir nur wenig vollkommen Gelungenes. Das kölsche Herz ist wohl weich, aber tiefinnerst unsentimental.«
Peter Kintgen besuchte nach der Volksschulentlassung die Präparandie in Köln und dann das Lehrerseminar in Siegburg. Die ersten Anstellungen hatte er – wie damals üblich – auf dem Lande. Nach der Absolvierung des Militärdienstes war es ihm möglich geworden, eine Anstellung in der Stadt Köln zu bekommen. Er konnte seinen gewählten Lehrerberuf nur wenige Jahre ausüben, dann zwang ihn eine Krankheit zum Ausscheiden aus dem Dienst. Als man ihm 1912 im Rahmen der »Kölsche Blomespillcher« einen Preis für die beste Erzählung in Kölner Mundart zuerkannte, widmete er sich ganz der schriftstellerischen Tätigkeit. In einer Fülle von Veröffentlichungen finden sich seine Erinnerungen aus Kindertagen und Familie sowie die Prosa und die Lyrik in Mundart und auf Hochdeutsch über zahlreiche Winkel des wachsenden Köln. Im Balduin Pick Verlag Köln erschien 1935 die Textsammlung »Uns Levvensleed en Dur un Moll«.
Am 15. Dezember 1957 starb Peter Kintgen.

Pfarriusstraße

Anfang: Stadtwaldgürtel
Ende: Fürst-Pückler-Straße
Lage: C 4

Dr. phil. Gustav Pfarrius wurde am 31. Dezember 1800 in Heddesheim an der Nahe als Sohn eines Pfarrers geboren und starb am 15. August 1884 in Köln. Vom 1. April 1834 bis zum 1. September 1863 war Pfarrius Professor an dem Friedrich-Wilhelm-Gymnasium in Köln. Er lehrte Lateinisch, Griechisch und Geschichte. Im Gefolge von Ernst Moritz Arndt, Wolfgang Müller-von Königswinter, Gottfried Kinkel (siehe Kinkelstraße) und Karl Simrock wurde er ein gefeierter rheinischer Dichter und Sänger. Ferdinand Freiligrath (siehe Freiligrathstraße) hielt ihm treue Freundschaft. Pfarrius galt als »Herold der Waldesschönheit«, weswegen man wohl eine auf den Stadtwald zuführende Straße nach ihm benannt hat. Pfarrius verkehrte in Köln mit den bekanntesten Persönlichkeiten und wurde Hausdichter der Gesellschaft »Namenlose«. Immermann (siehe Immermannstraße) hatte in Düsseldorf die »Gesetzlose Gesellschaft« gegründet.

Pfarrius' Waldlieder wurden von Ferdinand Hiller (siehe Hillerstraße), Max Bruch (siehe Max-Bruch-Straße), Marschner und Robert Schumann (siehe Schumannstraße) vertont. Während in Köln die Erinnerung an Pfarrius verblaßt ist, hat Bad Kreuznach ihm als dem Dichter des Nahetals, seiner Burgen, Berge, Täler und Wässerlein, ein Denkmal errichtet. Allerdings hat Pfarrius sich mit seinem Dombaulied, gesungen zu Händels Triumphmelodie, in Köln ein geistiges Denkmal gesetzt. Außer Gedichten hinterließ Pfarrius Novellen und romantische Heimaterzählungen. Seine Schüler erinnerten sich mit Begeisterung an den deutschen Unterricht, »über dem ein Abglanz der Poesie lag, der nur von einem Poeten ausgehen konnte.«

Abb. 115 Hans Pfitzner im Alter von 60 Jahren

Pfitznerstraße

Anfang: Aachener Straße
Ende: Clarenbachstraße
Lage: B 5

In der Zeit zwischen den beiden Weltkriegen galt Hans Pfitzner in Deutschland neben Richard Strauss als der bedeutendste Komponist seiner Generation. Dennoch konnte sein Werk – von einzelnen Ausnahmen abgesehen – keinen dauerhaften Platz im Repertoire der Orchester einnehmen. Das liegt aber nicht nur in der Musik, in die man sich erst einhören muß, um sie in ihrer vergrübelten Dichte erschließen zu können, das liegt auch in der Person Pfitzner begründet. Er rieb sich als galliger Idealist an aller Welt. Mit beißendem Sarkasmus und in bitterböser Schärfe teilte er in Kunststreitereien Rundumschläge aus, die ihm über den Tod hinaus weit mehr Feinde als Freunde einbrachten. Am 5. Mai 1869 wurde Hans Pfitzner in Moskau geboren. Sein Vater war Geiger und ab 1872 Musikdirektor am Stadttheater in Frankfurt am Main. 1886 trat Hans mit dem Schulabschluß der Mittleren Reife in das Hochsche Konservatorium ein. 1895 erfolgte die seinerzeit sensationelle Uraufführung der Oper »Der arme Heinrich« und machte Pfitzner schlagartig bekannt. Unter Gustav Mahler kam 1905 die romantische Oper »Rose vom Liebesgarten« an der Wiener Hofoper ebenfalls sehr erfolgreich zur Aufführung. Von 1909 bis 1917 arbeitete Pfitzner dann an seinem Hauptwerk, der musikalischen Legende »Palestrina«, zu der er selbst das Libretto schrieb. (Hierzu eine Äußerung des weltbekannten Dirigenten Otto Klemperer, der von 1917 bis 1924 in Köln wirkte, aus dem Jahre 1969: »Der Text von ›Palestrina‹ ist wundervoll. Da gibt es Teile, die man mit Goethe vergleichen kann. Die Musik finde ich nicht so wichtig, ich meine, sie ist gut, zum Teil sogar wirkungsvoll.«) Bruno Walter leitete an der Münchner Hofoper die Uraufführung des »Palestrina« wie auch die folgenden Aufführungen in Basel, Zürich und Bern.

Nach mehreren Lehr- und Dirigententätigkeiten wurde er 1916 Operndirektor in Straßburg und später als Leiter des Münchner Konzertvereins Bayerischer Generalmusikdirektor. In Berlin übernahm er eine Meisterklasse für Komposition, bis er 1930 wieder nach München übersiedelte und eine Lehrtätigkeit an der dortigen Akademie der Tonkunst übernahm. 1936 wurde Pfitzner zum »Reichskultursenator« berufen. An seinem 70. Geburtstag wurde sein kompositorisches Werk mit der »Beethoven-Medaille« der Stadt Bonn und sein schriftstellerisches mit der »Goethe-Medaille« der Stadt Frankfurt ausgezeichnet. Als sein Münchner Wohnhaus 1943 durch Bomben zerstört wurde, zog er nach Wien, wo er auch den »Ehrenring« der Stadt erhielt. Nach dem Krieg verboten ihm die Amerikaner jegliche Auftritte; erst 1948 durfte er nach der Entnazifizierung wieder dirigieren. Am 22. Mai 1949 starb er nach einem zweiten Schlaganfall in Salzburg. Auf dem Wiener Centralfriedhof wurde er in einem Ehrengrab beigesetzt.

Piusstraße

Anfang: Venloer Straße (in Ehrenfeld), auf Lindenthaler Gebiet ab Weinsbergstraße
Ende: Aachener Straße
Lage: A 6

Die den Friedhof Melaten nach Osten hin abgrenzende Straße ist nach Pius IX, dem 256. Papst, benannt. Auf Lindenthaler Gebiet sind ihr die Hausnummern 117 bis 135 zugeteilt.
Graf Giovanni Maria Mastai-Ferretti wurde am 13. Mai 1792 in Sinigaglia geboren. 1819 weihte man den bereits an Epilepsie Leidenden zum Priester und verlieh ihm 1827 die Würde eines Erzbischofs von Spoleto und – eigentlich seltsam – 1832 die eines Bischofs von Imola. Als Sympathisant der italienischen Nationalbewegung und sich um die Notleidenden seiner Gemeinde sorgender Hirte erlangte er beim Volk eine große Beliebtheit. Gregor XVI. ernannte ihn zum Kardinal, und bereits am 16. Juni 1846 erhob das Konklave ihn zum Papst.
Kurz erreichte Pius IX. eine enorme Popularität aufgrund des Amnestiedekrets für politische Vergehen. Doch als er sich weigerte, den Kirchenstaat in einen modernen, konstitutionellen Staat umzuwandeln und den Unabhängigkeitskrieg gegen Österreich zu unterstützen, vertrieb man ihn am 24. November 1848 nach Gaeta und rief in Rom die Republik aus. Französische Truppen verhalfen Pius IX. am 12. April 1850 wieder zur Rückkehr nach Rom, wo er sofort eine reaktionäre Restauration durchdrückte, die den Bürgern Roms jegliche politische Freiheit nahm. Gegen seine Gegner ging er gnadenlos vor und ließ sie hinrichten.
Als er spürte, daß seine weltliche Macht dahinschwand, versuchte er, wenigstens die geistliche Vorherrschaft zu retten, indem er am 18. Juli 1870 auf dem 1. Vatikanischen Konzil das Unfehlbarkeitsdogma verkündete. Viele Bischöfe protestierten, verließen bei der Entscheidungsfindung allerdings die Versammlung. Einem verbliebenen unierten griechisch-orthodoxen Patriarchen, der erklärter Gegner des Dogmas war, drückte Pius IX. nach dem Beschluß triumphierend das Haupt mit seinem Fuß gewaltsam nieder, als dieser zögerte, bei der Huldigung des Papstes dessen Pantoffel zu küssen.
Mit der Enzyklika »Quanta cura« und »Syllabus« verurteilte Pius IX. die modernen demokratischen Freiheiten.
Am 20. September 1870 besetzten italienische Truppen Rom, um die Papstherrschaft zu brechen. Nach dieser Befreiung Roms fühlte sich Pius IX. nur noch als Gefangener im Vatikan und starb am 7. Februar 1878.
Papst Pius XII. bemühte sich energisch um eine Seligsprechung des Papstes Pius IX., denn schließlich erblühte unter jenem – besonders nach dem 1854 verkündeten Dogma von der Unbefleckten Empfängnis Mariens – die Volksfrömmigkeit. Die Bemühungen blie-

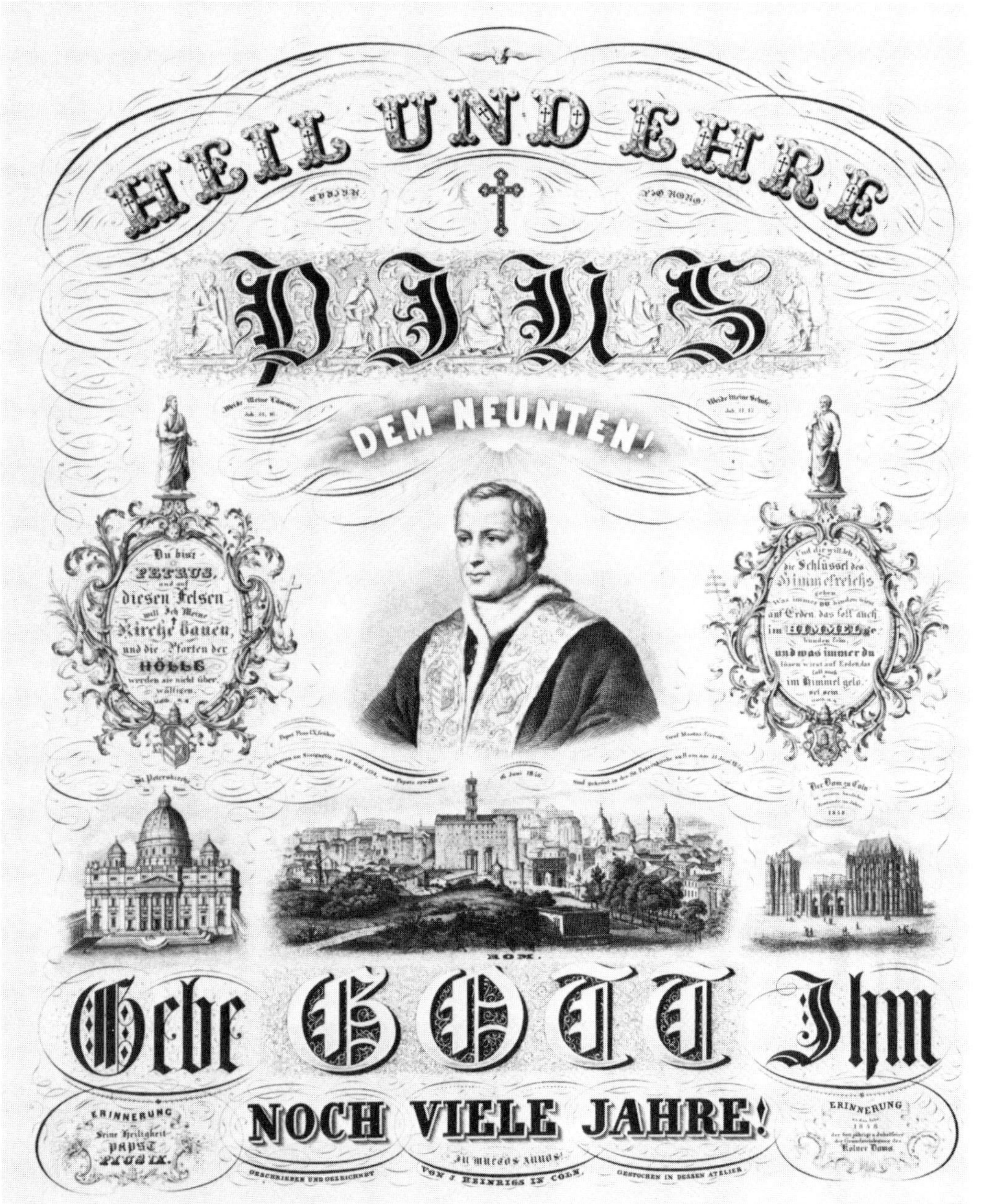

Abb. 116 Das von J. Heinrigs und A. Engels 1848 erstellte Gedenkblatt auf Papst Pius IX.

ben damals erfolglos. Heute erst hat die päpstliche Kongregation für die Heiligsprechungen den vom Kirchengesetz vorgeschriebenen Prozeß beendet, so daß zumindest einer Seligsprechung nichts im Wege stünde. Johannes Paul II., selbst ein strengkonservativer Papst, läßt sich aber trotz allem Verführerischen solch einer Tat noch nicht dazu verleiten, dem in aller Welt äußerst umstrittenen Pius IX. diese Ehre zuteil werden zu lassen.

So wird über Pius IX. in den meisten Publikationen berichtet. Für Köln und den in seiner Tradition haftenden Kölner ergibt sich allerdings ein anderes Bild, immerhin bezeichnet sich Köln dank der Heiligen und Märtyrer, der zahlreichen Kirchen und Klöster als Heilige Stadt, als Roms getreue Tochter und als deutsches Rom. Als ein Zeugnis tief empfundener Frömmigkeit und Papstverehrung gilt die Kölner Papstadresse von 1848, auch wenn in ihrem Inhalt mitschwingt, daß die Verbundenheit mit dem Papst für die katholische Kirche Kölns nicht einzig ein Gebot religiöser Besinnung war, sondern auch eine politische Notwendigkeit, um sich gegen das protestantische Preußen behaupten zu können. Schließlich bestand die Gefahr, daß sich der Preußenkönig aufgrund seiner finanziellen Unterstützung für die Fertigstellung des Domes auch als dessen Eigentümer auffaßte und den Kölner Dom in eine Simultankirche umwandelte, wie es 1854 mit dem Bergischen Dom in Altenberg geschah.

Den Papst hat die prachtvolle Adresse höchst erfreut. Im Dankesschreiben vom 14. August 1848 heißt es unter anderem: »Ganz besonders aber hat es Unserem Herzen wohlgethan, aus dem Schreiben zu ersehen, wie die dortigen Gläubigen mit der größten Ehrfurcht gegen den Stuhl Petri, den Lehrstuhl der katholischen Wahrheit und Mittelpunkt der Einheit erfüllt sind, und wie sie eine so große Ehrfurcht gegen Unsere Person hegen, ... Mit der größten Freudigkeit des Gemüthes haben Wir ein herrliches Zeugnis dieser ausgezeichneten Verehrung der dortigen Gläubigen gegen Uns in jenem Prachtbande erblickt, ...«
Als Gegengabe erhielt Erzbischof Johannes von Geissel eine wertvolle Monstranz. Außerdem ernannte Pius IX. nach der Rückkehr aus Gaeta in seinem ersten Consistorium am 30. September 1850 den Erzbischof Johannes Geissel zum ersten Kölner Kardinal.
Je mehr der Papst politisch bedrängt wurde, desto fester fügten sich in Köln die Reihen der Gläubigen. Ein Hirtenbrief des Kardinals von Geissel vom Juni 1857 verdeutlicht diese Haltung: »Der Papst hat bittere Prüfungen erlebt, sein großmütiges Vertrauen ist schmerzlich getäuscht worden, seine eigenen Söhne haben seine Liebe verraten. Er hat, um seinen verblendeten Kindern ein Sacrilegium zu ersparen, sich gezwungen gesehen, sich von Rom zu entfernen. Sein vom Heiligen Geist erleuchtetes Hirtenauge wacht über die Kirche und ihre Kinder in allen Ländern der Erde, sein Vaterherz umfaßt sie alle, seine Hand segnet sie alle mit unerschöpflicher Liebe.«

Prälat-van-Acken-Straße

Anfang: Dürener Straße
Ende: Werthmannstraße
Lage: D 3

Prälat Johannes van Acken, geboren am 19. Dezember 1879 in Goch, war von 1930 bis zu seinem Tode am 17. Mai 1937 in Berlin, Direktor des Caritaskrankenhauses St. Elisabeth in Hohenlind und geistlicher Direktor des Caritasinstituts (siehe »Adenauer/Gröbe, Lindenthal. Die Entwicklung eines Kölner Vorortes«. S. 119ff.). Van Acken betrieb im Auftrage des Deutschen Caritasverbandes in Freiburg den Krankenhausbau, der am 29. Oktober 1932 eingeweiht wurde. Er selbst fand seine letzte Ruhe in einem Umgang hinter der Krypta der Krankenhauskapelle. Diese Grabstelle ist von Ewald Mataré (1887 bis

Abb. 117 Johannes van Acken

1965) künstlerisch gestaltet worden. Mataré hat während des Krieges in Hohenlind verschiedene Ausstattungsgegenstände für die Krypta geschaffen.
Die Prälat-van-Acken-Straße führt geradewegs auf den Haupteingang des Krankenhauses zu. Dieses ist gebaut worden nach Entwürfen der Architekten Haake und Tietmann, während die Krankenhauskapelle von Prof. Dominikus Böhm gestaltet wurde. Das große Apsisgemälde darin stammt von Peter Hecker, der ebenso in St. Albertus Magnus ein solches geschaffen hat. Auf dem Gelände des Krankenhauses wurde zur Erinnerung an den Gründer das am 16. Januar 1976 eingeweihte »Haus van Acken« errichtet. Van Acken gab im Jahre 1936 das Büchlein »Gebete von Hohenlind. Feiern für die Zeiten und Feste des Kinderjahres (Gemeinschaftsandachten)« heraus. Bereits 1922 hatte er eine Schrift über den christozentrischen Kirchenbau verfaßt.

Räderscheidtstraße

Anfang: Viktor-Schnitzler-Straße
Ende: Bachemer Straße
Lage: E 3

Wilhelm Räderscheidt erblickte am 8. August 1865 in Köln am Mauritiussteinweg das Licht der Welt. Ebenso wie sein Freund Johann Peter Berchem (siehe Peter-Berchem-Straße) besuchte er die Volksschule Im Martinsfeld, anschließend die Präparandie An der Wollküche und das Lehrerseminar in Brühl. Er wurde Volks- und Mittelschullehrer und schließlich Handelsschuldirektor, Universitätsdozent und, während des ersten Weltkrieges, Stadtverordneter sowie später auch Theaterdirektor der Kölner Puppenspiele und Herausgeber der Schulzeitschrift »Jung Köln«.
Allein diese Kurzvita läßt die innige Verbundenheit Räderscheidts mit dem Kölner Geschehen erkennen, die einerseits seine eifrigen Bemühungen um die Erhaltung des kölnischen Volkstums motivierte, andererseits seiner Mundartdichtung große Resonanz verschaffte.
Franz-Peter Kürten (siehe Peter-Kintgen-Straße) schrieb 1949 über Räderscheidt: »Man kannte diesen Mundartdichter in weitesten Kreisen als ›Der Ohm Will‹; unter diesem Titel erschienen auch seine Gedichte. Überaus gewandt in der Handhabung der sprachlichen Mittel, begabt mit einer tüchtigen Dosis kölnischen Mutterwitzes, ..., kleidete er eine Menge lustiger Geschichten, die man sich im Volke erzählte, und Erlebnisse, die er mit den Augen der echten ›Grieläächers‹ betrachtete, in Verse. Wie richtig er den Volkston traf, das beweist die Tatsache, daß viele seiner Gedichte in aller Munde umgingen, ... Aber er vermochte auch andere Töne anzuschlagen. Laurenz Kiesgen nannte ihn einmal einen Dichter, der mit hellem Gesang an die Dinge rührt, daß sie klingen und in Heiterkeit aufglänzen. ... Vier Bändchen füllten seine Plaudereien ›Köllen en Kreegs-

Abb 118 Wilhelm Räderscheidt

zigge‹. Für die Puppenspiele schrieb er eine ganze Reihe von Spielen und Faxen. Und darüber hinaus schenkte er der Jugend das Mundart- und Heimatbuch ›Jet för et Hätz‹.« Bereits als 60jähriger verstarb Wilhelm Räderscheidt am Abend des 6. Juli 1926. Seine Werke – von einzelnen Gedichten wie »Der Justizirrtum«, »De Geis wollt 'ne lange Stätz han« oder »Müsger fange« abgesehen – wurden seit den zwanziger Jahren nicht mehr aufgelegt, und das Strahlen verblaßte allmählich. Der Heimatverein Alt-Köln, dessen Ehrenmitglied Räderscheidt war, wirkte dem jedoch entgegen, als er 1988 durch seinen Vorsitzenden, Dr. Heribert A. Hilgers, die Gedichtesammlung »Der Ohm Will« neu herausgab.
Ein Sohn Wilhelm Räderscheidts war der berühmte Kölner Maler Anton Räderscheidt (geb. 11.10.1892).

Rautenstrauchstraße

Anfang: Klosterstraße
Ende: Fürst-Pückler-Straße
Lage: B 4/5

Sie erinnert an Eugen von Rautenstrauch, in Köln am 5. Juli 1842 geboren und ebendort am 18. Mai 1900 verstorben. Rautenstrauch war Kaufmann, Kommerzienrat, Stadtverordneter (1884–1900) und Konsul von Belgien. Er gehörte zu den Mitbegründern des Rautenstrauch-Joest-Museums, das heißt, so stellt es Greven's Adreßbuch 1955 dar.
Nach Robert Steimel, Kölner Köpfe, 1957, ist aber sein Sohn Eugen Adolf Wilhelm von Rautenstrauch, geboren in Köln am 14.9.1879 und ebenda gestorben am 2.2.1956, Stifter des Museums. Dieser Rautenstrauch war Teilhaber des Bankhauses Delbrück, von der Heydt & Co in Köln und Aufsichtsratsvorsitzender der Agrippina Versicherungsgruppe von 1934 bis 1956.

Abb. 119 Eugen von Rautenstrauch

Rautenstrauch betätigte sich führend in vielen Gremien für Kunst und Kultur der Stadt Köln, unter anderem in der Concertgesellschaft, dem Musikkonservatorium und dem Zoologischen Garten (seit 1910 Aufsichtsratsmitglied, 1934–1938 Aufsichtsratsvorsitzender).

In Wahrheit ist es so, daß die Kinder des erstgenannten Eugen von Rautenstrauch und seine Ehefrau Adele geborene Joest als seine Erben (also auch Eugen Adolf von Rautenstrauch) das Rautenstrauch-Joest-Museum gestiftet haben (vergleiche Joeststraße). Das Vermögen der Familie Rautenstrauch stammte aus dem Import von Wildhäuten. Rautenstrauchs Grab befindet sich auf dem Friedhof Melaten unter Nr. 80, MA, zwischen lit. P. und HWG.

Repgowstraße

Anfang: Universitätsstraße
Ende: Weyertal
Lage: C 6/7

Offensichtlich im Hinblick auf die nahegelegene Universität ist diese Straße nach dem Rechtskundigen Eike von Repgow (Repgau beziehungsweise Repegouw) benannt. Der anhaltische Ritter Eike wurde in Reppichau (bei Dessau), daher sein Name, um 1180 geboren und starb nach 1233. Eike war kein Rechtswissenschaftler, sondern erwarb sich seine Rechtskenntnisse durch praktische Tätigkeit als Schöffe bei Gericht und als Ratgeber und Lehnsmann des Stiftsvogts von Quedlinburg, Hoyer von Falkenstein. Eike ist urkundlich nachweisbar zwischen 1209 bis 1233. Aus den Erfahrungen und Kenntnissen seiner Tätigkeit in Nieder- und Obersachsen, Thüringen und Anhalt schrieb er um 1225 den berühmten Sachsenspiegel. Nach wie vor umstritten ist, ob er auch die ihm zugeschriebene Sächsische Weltchronik verfaßt hat.

Die rechtshistorische und allgemeingeschichtliche Bedeutung Eikes beruht auf dem Sachsenspiegel. Es ist das bedeutendste und auch ungefähr älteste deutsche Rechtsbuch. Offensichtlich hat Eike es zuerst in Latein abgefaßt und dann ins Niederdeutsche übertragen. In seiner Reimvorrede äußerte sich Eike so: »Spiegel der Sachsen soll dieses Buch sein genannt; denn Sachsenrecht ist hierin bekannt, wie in einem Spiegel die Frauen ihr Antlitz schauen.«

Der Sachsenspiegel ist zugleich das erste große Prosawerk in deutscher Sprache. Mit ihm beginnt die eigentliche Geschichte des deutschen Rechts und der deutschen Rechtswissenschaft. Diese Sammlung des seinerzeit in Sachsen geltenden Rechts erlangte größte Verbreitung in Nord-, Mittel- und Ostdeutschland sowie in dem weiteren osteuropäischen Raum und wurde als geltendes Recht angesehen, als wenn ein Gesetzgeber es erlassen hätte. Es ist auch nicht wie eine Entscheidungssammlung, sondern wie ein Gesetz formuliert. Der Sachsenspiegel stand in Sachsen bis zur Einführung des damaligen Sächsischen Bürgerlichen Gesetzbuches im Jahre 1865 und in Thüringen bis zum Inkrafttreten unseres heutigen BGB am 1. Januar 1900 noch als subsidiäres »Gemeines Sachsenrecht« in Kraft und Anwendung. Der Sachsenspiegel besteht aus dem »Landrechtsbuch« und dem »Lehnrechtsbuch«.

Das naturgemäß handschriftlich abgefaßte Werk wurde in Hunderten bis Tausenden Exemplaren abgeschrieben, weiter bearbeitet und übersetzt in viele europäische Sprachen. Nach Erfindung der Buchdruckerkunst erschien in Basel 1474 die erste datierte Ausgabe, ihr folgte vor einer Reihe von weiteren Ausgaben 1480 ein erster Kölner Druck (bei Bartholomäus Unkel), aus dem die beigegebene Abbildung stammt (aus: Vom Sachsenspiegel zum Code Napoléon, Wienand-Verlag, Köln, 3. Aufl. 1972).

DEs hilligen
geistes myn
ne dei sterke
myne synne
dat ik recht
vn̄ vnrecht
der sassen bescheyde na godes
huldē vnde der werlde vromē
Des en kan yck allene nicht
vullēbrēgē Dar vm̄e so bid-
de ick to hulpe alle gude lude
de r̄chtes begert Off eymant
de rede bey egēde·de myne dū-
me syne v̄mdede dat dit bock
nicht aff enspreke·dat sei dat
beschedē woldē na orē synnen
so se dat r̄chtes wettē·wente
r̄cht en sal neymant wisen na
leyff noch leit to hebbē·noch
torn noch giffte·wēte got ys
suluē dat r̄cht·dar vm̄e is em
dat r̄cht leiff Hir vm̄e sey̅ sey
to deme ger̄chte dē dat vā go
des wegen beuolen is·dat sey
also richtē dat godes ger̄chte
vn̄ torn ouer se genetlikē gaē
mote·:· Articul? ·pm?
GOt de dar is ey̅ begy̅
vnde ende aller gudē
dige de dar ersten ma
kede hēmel vn̄ erdē·dē mīschē
in ertrike vn̄ satte ene in dat
padijs·welker brak dē horsā
vn̄ allen to schaden dar vm̄e

Abb. 120 Der Beginn des Sachsenspiegels

Richard-Strauss-Straße

Anfang: Aachener Straße
Ende: Clarenbachstraße
Lage: B 6

1864, im Jahr der Thronbesteigung Ludwigs II. von Bayern, kommt in München am 11. Juni Richard Georg Strauss als Sohn des Hofmusikers Franz Joseph Strauss und seiner Frau Josephine, geb. Pschorr, zur Welt. Mit vier Jahren erhielt er seinen ersten Klavierunterricht. Erste Kompositionsversuche während der Grundschulzeit weisen bereits Erfindungsgabe und Formgefühl auf. Sein Vetter Benno Walter erteilt ihm Violinunterricht, und neben weiteren Klavierstudien wird Richard von 1875 an neben dem Besuch am Kgl. Ludwigs-Gymnasium auch in Theorie, Komposition und Instrumentation unterwiesen. Erste Ergebnisse sind der das op. 1 des Gesamtwerkes bildende »Festmarsch für großes Orchester« des Zwölfjährigen und die 1881 von Hermann Levi in München aufgeführte Sinfonie in d-moll des noch nicht Siebzehnjährigen. 1882 begann das Universitätsstudium in den Fächern Philosophie, Ästhetik und Kunstgeschichte. Als Hans von Bülow 1884 ihm die Chance gab, die Münchner Erstaufführung einer eigenen Bläsersuite selbst zu dirigieren, war der weitere Berufsweg beschlossene Sache. Ein Jahr später wurde Richard Strauss bereits Musikdirektor in Meiningen und an der Münchner Hofoper dritter Kapellmeister. In den folgenden zehn Jahren reifte sein persönlicher Kompositionsstil heran. Mehrfache Erkrankungen ließen ihn nach Italien reisen, um dort Genesung zu finden.

Zwischen 1888 und 1898 entstanden die bekanntesten seiner sinfonischen Tondichtungen »Don Juan«, »Tod und Verklärung«, »Till Eulenspiegels lustige Streiche« – übrigens in Köln (1895) uraufgeführt – »Also sprach Zarathustra«, »Don Quixote« – ebenfalls in Köln (1898) uraufgeführt – und »Ein Heldenleben« sowie die erste Oper »Guntram«,

Abb. 121 Richard Strauss

in der seine Verlobte Pauline de Ahna die »Freihild« darstellte.

1894 heiratet Richard Strauss Pauline; drei Jahre später wird der Sohn Franz geboren. Als zweite Oper folgte 1901 »Feuersnot«; sie wird in Dresden uraufgeführt. 1904 bereiste Strauss Nordamerika. Dort dirigierte er 35 Konzerte, an denen teilweise auch seine Frau mitwirkte. Ein Durchbruch von epochaler Wirkung gelang ihm mit den beiden Einaktern »Salome« (nach Oscar Wilde) und »Elektra« (nach Hugo von Hofmannsthal) in den Jahren 1905 beziehungsweise 1909. Mit diesen Werken führte Strauss eine völlig neue Tonsprache, eine Harmonik, die bis an die Grenze der Tonalität heranreicht, in die Oper ein. Zu dieser schwierigen Werkgruppe zählen auch »Guntram«, »Die Ägyptische Helena«, »Daphne« und »Friedenstag«. Eine zweite Gruppe bilden die leichteren, komödienhaften Opern »Der Rosenkavalier«, »Ariadne auf Naxos«, »Arabella«, »Die schweigsame Frau« und »Capriccio«. Weitere Opern, die sich aber nicht den beiden Werkgruppen zuordnen lassen, sind neben der bereits genannten »Feuersnot«, das

selbstironisierend-autobiographische »Intermezzo«, die oft als moderne Zauberflöte benannte »Frau ohne Schatten« und »Die Liebe der Dame«.
Richard Strauss wurde Dirigent, Generalmusikdirektor, Leiter oder Ehrenmitglied vieler bedeutender Orchester, unternahm zahlreiche Reisen nach Holland, Spanien, Belgien, England, Frankreich, Ägypten, Griechenland, der Schweiz, ein zweites Mal in die Vereinigten Staaten von Nordamerika und mit dem Orchester der Wiener Philharmoniker gar nach Südamerika. Die Universitäten Heidelberg und Oxford verliehen ihm die Ehrendoktorwürde; die Häufigkeit der Ehrungen vom französischen Ritter der Ehrenlegion über die Goldmedaille der Royal Philharmonic Society bis zum Maximilian-Orden ist unüberschaubar. Zwei Jahre lang war Strauss Präsident der Reichsmusikkammer. 1936 erklang zur Eröffnung der XI. Olympischen Spiele in Berlin seine Olympische Hymne und 1940 seine »Japanische Festmusik« zum 2600jährigen Bestehen des japanischen Kaiserreiches in Tokio.
Besondere Verdienste erwarb sich Richard Strauss mit seinen erfolgreichen Bemühungen um den Schutz der Schöpfungen von Komponisten und Textern. Kraft seiner Persönlichkeit wurde 1898 die »Genossenschaft Deutscher Tonsetzer« gegründet, aus der die »GEMA« hervorging.
Am 8. September 1949 starb Richard kurz nach 14 Uhr in seinem Landhaus in Garmisch; acht Monate später starb auch seine Frau am gleichen Ort.
Romain Rolland tat den Ausspruch: »Das Werk von Richard Strauss war das letzte europäische Ereignis in der Musik.«
Richard Strauss war mit dem Kölner Musikmäzen Victor Schnitzler (siehe auch gleichnamige Straße) befreundet und besuchte ihn mit seiner Familie in den zwanziger Jahren in Köln.

Robert-Blum-Straße

Anfang: Bachemer Straße
Ende: Virchowstraße
Lage: D 4

Dieser Märtyrer der Freiheit wurde am 10. November 1807 im Haus Nummer 1490 (Mauthgasse 5) bei Groß St. Martin in der Kölner Innenstadt geboren. Sein gleichnamiger Vater war Faßbinder und hatte 1784 die Bauerntochter Maria Catharina Brabänder aus Unkel geheiratet. Der Vater stirbt schon 1815, noch in demselben Jahre heiratet Robert Blums Mutter den Schifferknecht Caspar Georg Schilder. Robert geht 1818 zur Erstkommunion, wird Meßdiener An St. Martin und erlebt erste Konflikte mit Geistlichen. 1819 tritt er von der Pfarrschule St. Martin in das Jesuitengymnasium (Marzellengymnasium. Diese Schule besuchten auch Adolph Kolping und Karl Schurz; siehe Karl-Schurz-Straße) ein und wird nach dem 1. Schuljahr mit dem sogenannten Goldenen Buch ausgezeichnet.
Leider konnte er wegen eines ausbleibenden Stipendiums dieses Gymnasium nicht weiter besuchen. Er versuchte nunmehr auf eigene Faust sich weiterzubilden, nutzte fleißig Bibliotheken und stopfte seine Wissenslücken, wo er konnte. Blum arbeitete als Lehrling bei einem Gold- und Silberarbeiter, einem Gürtler, betätigte sich als Markt- und Handlanger und ging auf die Walze. Seine Lehrherren bemerkten, daß er mehr zum »Federfuchser« tauge.
Es folgte eine Tätigkeit als Reisender für einen zunächst in Köln, später in Elberfeld ansässigen Straßenbeleuchtungsfabrikanten. Es handelte sich um Rüböllaternen. Blums Laufbahn erhielt eine wesentliche Änderung, als er am 1. Oktober 1830 als Faktotum bei dem langjährigen Kölner Schauspieldirektor Friedrich Sebald Ringelhardt eingestellt wurde, der ihn 1832 nach Leipzig mitnahm.
Ab dieser Wendung betätigt sich Robert Blum als Schriftsteller und Herausgeber. So

erscheint ab 1838 eine Enzyklopädie aller Wissenschaften für Bühnenkünstler, Dilettanten und Theaterfreunde unter Mitwirkung der sachkundigsten Schriftsteller Deutschlands. Es folgten neben Theaterstükken ein erstes deutsches Theaterlexikon, in dem es unter anderem heißt, daß Köln die schlechteste Theaterunternehmung unter allen Städten dieses Ranges sei. In Köln spielten die besten, bewährtesten und beliebtesten Künstler vor leeren Bänken. Gleichzeitig erscheinen Zeitungsartikel, vor allen Dingen Rezensionen. Blum setzt sich für den Herausgeber von Georg Büchners »Hessischem Landboten« ein und ergreift, wo er kann, Partei für politisch Verfolgte. Der mit ihm noch von Köln her befreundete Komponist Albert Lortzing (siehe gleichnamige Straße) komponierte die Musik zu seinem Stück »Die Schatzkammer des Ynka«, das nie aufgeführt wurde.

Am Leipziger Theater stieg Blum weiter in der Verwaltung auf. Die Ausstellung des Hl. Rockes im Jahr 1844 in Trier führte bei Blum dazu, daß er in eine neue Religionsgemeinschaft, die Deutsch-katholische Kirche, eintrat. Diese hatte ein bedeutendes Zentrum in Leipzig. Für sie schrieb er ein Gebet- und Gesangbuch.

Nicht nur für die sogenannten Göttinger Sieben setzte sich Blum ein, sondern auch für die Freiheit Polens und die von ihm initiierten Schillerfeste. Im Sommer 1847 gründete er mit einem Partner die Verlagsbuchhandlung Robert Blum & Co. in Leipzig. Er wurde Freimaurer, betätigte sich in der politischen »Kegelgesellschaft«, dem sogenannten Hallgarten-Kreis. Blum liebte öffentliche Auftritte, was ihm durch sein offensichtliches Redetalent erleichtert wurde.

Nachdem Blums erste Frau Adelheide im Jahre 1838 nach einer Fehlgeburt gestorben war, heiratete er 1840 Louise Eugenie Günter. Aus dieser Ehe stammen vier überlebende Kinder.

Nach mehreren Konflikten mit der Zensur und der Justiz wegen einiger Artikel wandte sich Blum mit Beginn der 1848er Revolution

Abb. 122 Robert Blum (1848)

ganz der Politik zu. Er wird am 31. März 1848 Vizepräsident des Frankfurter Vorparlamentes und dritter Präsident im 50er Ausschuß, für den er im Herbst nach Köln geht. Die Kölner bringen ihm Mitte April 1848 einen Fackelzug dar.

Blum wird Mitglied des Ersten Deutschen Parlamentes in der Frankfurter Paulskirche und nimmt als Abgeordneter Mitte August 1848 am Dombaufest in Köln teil, wo ihn König Friedrich Wilhelm IV. empfängt. Eine Reise als Delegierter mit weiteren Abgeordneten der äußersten Linken der Frankfurter Nationalversammlung nach Wien am 13. Oktober wird ihm zum Verhängnis. Dort läßt er sich zu Barrikadenkämpfen gegen die Wiener Obrigkeit hinreißen, obwohl darauf die Todesstrafe ausgesetzt war. Am 4. November wird er verhaftet und am 8. November zum Tode durch den Strang verurteilt. Seine Hinrichtung erfolgt allerdings durch

Erschießung, und zwar beim Jägerhaus in der Brigittenau bei Wien am 9. November 1848 (»erschossen wie Robert Blum«). Seine Leiche gerät in die Anatomie.
Am 16. November 1848 werden für ihn feierliche Exequien in der Kölner Minoritenkirche abgehalten, die Kölner Bürger veranstalten eine Trauerkundgebung. Gewaltige Ausmaße nehmen die Trauerfeierlichkeiten in Leipzig an, am 26. November sollen dort 16000 bis 18000 Menschen teilgenommen haben. Sein Tod löst im demokratischen Deutschland eine Welle von Erschütterungen aus, sein Andenken wird hochgeehrt. Am 27. November 1902 beschließen die Kölner Stadtverordneten, eine Straße in Lindenthal nach Robert Blum zu benennen. Auch in Wien gibt es eine Robert-Blum-Gasse und einen Gebäudekomplex Robert-Blum-Hof. In Köln erinnert ferner ein Gedenkrelief an der Mauer in der Straße Am Bollwerk unterhalb von Groß St. Martin an diesen aus Köln hervorgegangenen deutschen Politiker. Auch als Rathausturmfigur wird Blum bald zu sehen sein.

Robert-Koch-Straße

Anfang: Zülpicher Straße
Ende: Kringsweg
Lage: C 6–D 6

Der weltbekannte Mediziner Dr. Robert Koch wurde am 11. Dezember 1843 in Clausthal (heute zu Clausthal-Zellerfeld) geboren und starb am 27. Mai 1910 in Baden-Baden. Der Bakteriologe Koch schuf als Kreisarzt in Wollstein in der damaligen Provinz Posen die wichtigsten methodischen Grundlagen der bakteriologischen Forschung, nämlich die Züchtung und Färbung der Bakterien, und wies im Jahre 1876 mit dem Milzbrandbazillus zum ersten Mal einen lebenden Mikroorganismus als Ursache einer Infektionskrankheit nach.
Von 1880 bis 1904 war er in Berlin als ordentliches Mitglied des kaiserlichen Gesundheitsamtes, als Direktor des Hygienischen Instituts der Universität und des neugegrün-

Abb. 123 Vergrößerung eines Robert-Koch-Gedenkblocks

deten Instituts für Infektionskrankheiten, dem nachmaligen Robert-Koch-Institut, tätig. Als seine wichtigste Tat gilt die 1882 erfolgte Entdeckung des Tuberkulose-Bakteriums (des Koch'schen Bazillus). 1883 entdeckte er den Choleraerreger. Außerdem erforschte Koch die Schlafkrankheit und die Malaria und untersuchte die Möglichkeiten zur Verhütung und Bekämpfung dieser Krankheiten und der Tuberkulose. Für seine Forschungen auf dem Gebiet der Tuberkulose erhielt der Hauptbegründer der modernen Bakteriologie und Wegbereiter der modernen Medizin überhaupt den Nobelpreis für Physiologie oder Medizin des Jahres 1905. Neben ihm wurden auch die weltberühmten Mediziner Virchow und Behring in Lindenthal durch Straßenbenennungen geehrt, offensichtlich im Hinblick auf die dort ansässigen Universitätskliniken.

Abb. 124 Friedrich Romberg

Rombergstraße

Anfang: Am Gleueler Bach
Ende: hinter der Gleueler Straße
Lage: E 6

Friedrich Romberg (1846 bis 1919) war der Gründer der technischen Lehranstalten Kölns. Geheimrat Romberg wurde am 1. April 1880 Direktor der Gewerblichen Fachschule der Stadt Köln im Schulhaus Kolumbakirchhof, die nach Umwandlung der Provinzialgewerbeschule auf Betreiben des Gewerbevereins entstand. Diese Schule umfaßte eine mechanisch-technische, eine bautechnische und eine kunstgewerbliche Abteilung. Am 1. Mai desselben Jahres wurde die Gewerbliche Fortbildungsschule neu eröffnet und der Gewerblichen Fachschule angegliedert. Aus diesen Wurzeln erwuchs das spätere gesamte berufliche Schulwesen der Stadt Köln, so alle Berufsschulen, Handels- und Höheren Handelsschulen (vergleiche Denkschrift zur Eröffnung der Berufsschule Ulrepforte, herausgegeben vom Schulamt der Stadt Köln, Abteilung für berufswissenschaftliche Fachschulen 1928 mit dem Titel »Die Berufsschulen/die kaufmännischen Fachschulen und technischen Lehranstalten in Köln«). Direktor der neuen Städtischen Handelsschule für Knaben und der neuen Höheren Handelsschule für Knaben war von 1920 bis 1926 Wilhelm Räderscheidt (vergleiche Räderscheidtstraße).

Rückertstraße

Anfang: Gleueler Straße
Ende: Scheffelstraße
Lage: D 4/5

Der Dichter Friedrich Rückert (Pseudonym: Freimund Raimar) wurde in Schweinfurt am 16. Mai 1788 geboren und starb in Neuses bei Coburg am 31. Januar 1866.
Nachdem Rückert in bescheidenen Verhältnissen aufgewachsen war, studierte er Jura

und Philologie und habilitierte sich 1811 in Jena. Unter dem Einfluß der romantischen Philologie von Jakob Grimm und anderen begeisterte er sich für morgenländische Kultur. Vergeblich versuchte Rückert 1809 im österreichischen Heer gegen Napoleon zu kämpfen, wurde aber weder seinerzeit noch 1814 wegen seiner schwachen Gesundheit angenommen. Über Napoleon verfaßte er eine zweibändige politische Komödie (1815 bis 1818). Mit 74 »geharnischten Sonetten« trug er zur patriotisch-politischen Befreiungslyrik bei. 1815 wurde er Redakteur am »Morgenblatt für gebildete Stände« und lernte 1818 in Wien J. von Hammer-Purgstall kennen und vertiefte bei ihm seine Kenntnisse der arabischen, türkischen und persischen Sprache und Literatur. Nun begann er Lyrik aus diesen Sprachen ins Deutsche zu übersetzen und deren Formen auch für seine eigenen Gedichte zu übernehmen.

1826 wurde Rückert Professor für orientalische Philologie in Erlangen, ab 1841 in Berlin. Als Wissenschaftler war er nicht ebenso erfolgreich wie als Übersetzer. Ab 1848 lebte auf dem Landsitz seiner Frau in Neuses, wo er auch gestorben ist. Rückert pries den Freiheitskampf der Griechen gegen die Türken, erhoffte sich eine deutsche Einigung unter Preußens Führung und verfaßte Kampflieder für Schleswig-Holstein. Mit dem »Jungen Deutschland« hatte er nichts zu tun, ihn berührten die liberalen und sozialen Strömungen seiner Zeit nicht, so daß seine Lyrik nach 1848 zunehmend aus dem öffentlichen Bewußtsein schwand.

Außer seinen zahlreichen Gedichten und Übersetzungen schrieb er auch Kindergedichte und Märchen, ein Versepos »Leben Jesu« (1839); »Saul und David« (1843); »Kaiser Heinrich IV.« (zwei Bände, 1844); »Herodes der Große« (1844) und »Christofero Colombo ...« (1845). Wichtige Gedichtsammlungen sind »Amaryllis« (1825) und »Liebesfrühling« (1844). Neben den bereits genannten Sprachen übersetzte er auch aus dem Hebräischen, Indischen und Chinesischen. Bekannt wurden die beiden Bände »Makamen

Abb. 125 Friedrich Rückert nach einer Zeichnung von Jul. Schnorr von Carolsfeld (1818)

des Hariri« (1837). Diese Übersetzungen führten bei Rückert zu eigenen Werken nach Art der übersetzten, vor allen Dingen zu Fabeln, Sprüchen und Erzählungen in klassischen Alexandrinern, so in dem sechsbändigen Werk »Die Weisheit des Brahmanen« (1836–1839).

Schon 1839 klagte Rückert darüber, »daß von allen Seiten die kritischen Hunde über mich herfallen, um mir den dürftigen Lorbeer, der die erbleichten Haare schlecht verhüllt, vom Kopf zu reißen«. Erst nach seinem Tode erschienen die von Gustav Mahler zum Teil vertonten Kindertodtenlieder, die er 1833/34 während der tödlich verlaufenden Scharlacherkrankung seiner dreijährigen Tochter Louise und seines fünfjährigen Sohnes Ernst verfaßt hatte. Diese auch heute noch nahegehenden Verse werden bleiben. Oskar Loerke, der 1911 eine Gedichtausgabe Rückerts besorgte, mußte feststellen: »Die geschmackvollsten und willigsten unter den Kunstliebhabern übergehen ihn. Sein Name erweckt die Vorstellung mittelmäßiger Kalenderverse, die fade Erinnerung an leere Liebeslieder, den peinlichen Nachgeschmack eines blinden Patriotismus und endloser Reimereien über Alles und Nichts.«

Abb. 126 Am Rursee

Rurstraße

Anfang: Kerpener Straße/Sülzburgstraße
Ende: Zülpicher Straße
Lage: D 5–E 5

Die Rur ist ein rechter Nebenfluß der Maas. Sie entspringt in 692 m Höhe bei Boutrange im Hohen Venn. In der Nordeifel fließt sie in den Rur-Stausee. Die in einer herrlichen Mittelgebirgslandschaft eingebettete Talsperre besteht aus dem Rur-, dem Ober- und dem Urftsee. Mit einer Wasseroberfläche von fast acht Quadratkilometern ist sie flächenmäßig die größte Talsperre Deutschlands. Bereits 1900 begann man mit dem Bau der Urft-Staumauer; 1905 war sie fertiggestellt. Der 72 m hohe und 480 m lange Damm des Rursees, erbaut in den Jahren 1934–1938, ist der höchste Sperrdamm der drei; den vom Obersee errichtete man in den Jahren 1955 bis 1959.
Vorbei an Heimbach, Nideggen, Düren, Jülich und Hückelhoven fließt die Rur in nordwestliche Richtung, um schließlich nach 208 Kilometern bei Roermond in die Maas zu münden.

Säckinger Straße

Lage: Die Säckinger Straße ist eine mehrfach verzweigte Sackgasse, die zwischen der Krieler und der Bachemer Straße von der Mommsenstraße aus zu erreichen ist. D 4

»Der Trompeter von Säckingen« – Diese poetische Romanze von Josef Victor von

Abb. 127 Illustration zu Scheffels »Trompeter von Säckingen«. Zeichnung von Anton von Werner (1871)

Scheffel (siehe auch Scheffelstraße) kommt wohl jedem in den Sinn, wenn der Ortsname genannt wird. Wer aber kennt schon sonst das kleine Thermalbad am Hochrhein?
522 richtete sich der aus Irland stammende heilige Fridolin auf einer ihn schützenden Rheininsel wohnlich ein, um von dort aus als erster Missionar den Alemannen die Heilsbotschaft Christi zu verkünden. Zu Ehren des heiligen Hilarius erbaute er hier als Zentrum der Christianisierung des alemannisch besiedelten Raumes eine Kirche und ein Doppelkloster. Bereits 878 wird an diesem Ort ein aus dem Doppelkloster hervorgegangenes Frauenstift genannt, dem Damen des höheren Adels angehörten und deren Äbtissinnen seit 1307 sogar in den Reichsfürstenstand erhoben wurden. Mit der ständigen Vergrößerung ihres Klosterstaates bis weit in die Schweiz hinein festigten sie auch ihre wichtige Position im Rahmen der mittelalterlichen Reichspolitik. (1806 wurde das Stift im Zuge der Säkularisierung aufgehoben.) Die sich um das Kloster entwickelnde Siedlung erhielt bald Stadtrechte. 1173 kam sie jedoch an die Vogtei der Habsburger und blieb dort bis 1803 in der vorderösterreichischen Exklave Breisgau. Im Reichsdeputationshauptschluß vom 25. Februar 1803 verlor Österreich das Herzogtum Breisgau mit Säckingen an das Großherzogtum Baden.
Der 14 200 Einwohner zählende Ort ist heute berühmt wegen seiner, in einigen Teilen noch original ins 16. Jahrhundert zurückreichenden, zweihundert Meter langen, auf steinernen Pfeilern ruhenden, überdachten Holzbrücke, wegen des im 8. und 9. Jahrhundert entstandenen und 1751 barockisierten Fridolinmünsters und durch das Schloß Schönau – auch »Trompeterschlößle« genannt –, in dem das Hochrheinmuseum eingerichtet ist.

Schaffhausener Straße

Anfang: Bachemer Straße
Ende: Lindauer Straße
Lage: D 3–E 3

Das aufgrund seines zum Teil noch rein mittelalterlich erhaltenen Stadtinneren sehenswerte Schaffhausen liegt oberhalb des Rheinfalls. Seit der Nutzung der Wasserkraft des Rheins ist es zu einem bedeutenden Industriezentrum der Nordschweiz herangewachsen. 35 000 Menschen wohnen in der Hauptstadt des gleichamigen Schweizer Kantons.
Schaffhausens Funktion als Umschlagplatz der auf dem Wasserweg transportierten Handelsgüter – um den Rheinfall zu überwinden – förderte die Entwicklung zu einer bedeutenden Wirtschaftsmetropole und führte im 11. Jahrhundert zur Verleihung der Stadtrechte. Die freie Bürgerschaft wurde jedoch bald vom Klerus, den Äbten des Klosters Allerheiligen, beherrscht und von 1330 bis 1415 sogar an Österreich verpfändet. Zur freien Reichsstadt erhoben, schloß Schaffhausen 1454 gemeinsam mit St. Gallen ein Bündnis mit der Eidgenossenschaft, dem 1501 der endgültige Beitritt folgte. Wirtschaftlich war das über Jahrhunderte hinweg ein schmerzhafter Fehler, liegt das Schaffhausener Gebiet doch nördlich des Rheins, ragt damit nach Deutschland hinein,

Abb. 128 Die Wappen von Schaffhausen

Abb. 129 Die überdachte Rheinbrücke und das Fridolinsmünster in Säckingen

und von Anfang an waren die ökonomischen Verflechtungen nach Norden und Nordosten auf den schwäbischen Raum gerichtet. Die in napoleonischer Zeit erfolgte Neuschaffung des Herzogtums Baden und besonders die Gründung des Deutschen Zollvereins bedeuteten den Totalverlust der traditionellen Märkte und den wirtschaftlichen Zusammenbruch Schaffhausens. Erst im ausgehenden 19. Jahrhundert, als es gelang, die Wasserkraft der Stromschnellen und des Rheinfalls nutzbar zu machen, konnte mit der Ansiedlung einer Aluminiumhütte, einiger Maschinenbau- und Stahlunternehmen und dem Uhren- und Apparatebau ein bedeutender Industriestandort geschaffen werden.

Schallstraße

Anfang: Bachemer Straße
Ende: Dürener Straße
Lage: C 6

Johann Adam Schall von Bell, geboren am 1. Mai 1592 in Köln und gestorben 1666 in China, war ebendort seit 1622 als Jesuitenmissionar tätig. Die Familie Schall nannte sich seit dem 14. Jahrhundert nach ihrem Besitz in Horbell (bei Marsdorf) »von Bell«. Adam besuchte nach 1600 das Dreikronengymnasium der Jesuiten in der Marzellenstraße, um 1607 entschloß er sich Priester zu werden. Er studierte in Rom Theologie, betrieb aber auch mathematische Studien.
Über Macao gelangte er am 25. Januar 1623 nach Peking. Er betätigte sich zunächst als Mathematiker und Astronom, berechnete Mondfinsternisse und korrigierte den chinesischen Kalender. 1644 wurde er Direktor des astronomischen Amtes. 1651 errichtete er in Peking eine barocke Kirche. 1646 wurde er Vizepräsident des »Amtes der kaiserlichen Opfer«, 1651 »Hohes Ratsmitglied« und »Oberaufseher des kaiserlichen Marstalls« sowie »Präsident des Amtes der kaiserlichen Opfer«. 1653 erhielt er die Auszeichnung »Die Geheimnisse des Himmels ergründender Lehrer«. 1657 ließ sein Freund, der Kaiser, eine Ehrensäule für ihn und seine Religion aufstellen. 1658 wurde er Mandarin der ersten Klasse und »Hoher Würdenträger der kaiserlichen Bankette«.
Nachdem gegen ihn von seinem eigenen Orden intrigiert worden war, wurde ihm der Prozeß gemacht und Schall zum Tode verurteilt, allerdings nach Erscheinen eines Kometen aus der Haft entlassen. Gefangenschaft und Gerichtsverhandlungen erschütterten Schalls Gesundheit, so daß er am 15. August 1666 starb. Er wurde später rehabilitiert.
Während des Boxeraufstandes im Jahre 1900 verwüstete man in Peking sein Grab, welches 1982 wiederhergestellt wurde. Schon 1894 wurde er in Lindenthal durch die Straßenbenennung geehrt. Am Hause Neumarkt 47 gab es früher eine Gedenkplatte, heute ist eine Nachfolgeplatte im Kirchhof der Elendskirche in der Kölner Innenstadt aufgestellt. (Literatur: H. Doepgen [1982] und Helmut Fussbroich, Köln 1985 bei J. P. Bachem: Gedenktafeln in Köln.)

Scheffelstraße

Anfang: Lindenthalgürtel
Ende: Krieler Straße
Lage: D 4/5

Joseph Victor Scheffel (seit 1876 von Scheffel) wurde am 16. Februar 1826 in Karlsruhe geboren, wo er am 9. April 1886 auch verstarb. Zunächst widmete er sich dem Jurastudium und wurde 1850 Rechtspraktikant in Heidelberg, später in Säckingen, wo er auch sein volkstümliches Versepos »Der Trompeter von Säckingen«, erschienen 1854, begann, und in Bruchsal. Nachdem er 1852 als Malerpoet nach Italien gereist war, trat er aus dem Badischen Staatsdienst aus und hielt sich am Bodensee und in St. Gallen zu Eckart-Studien auf. Sein Roman »Ekkehard«

Abb. 130 Adam Schall von Bell (Kupferstich von Wenzel Hollar)

Abb. 131 Joseph Victor von Scheffel

(1855) wurde zum erfolgreichsten deutschen Roman des 19. Jahrhunderts.
Das Jahr 1856 sah Scheffel in München im dortigen Dichterkreis, 1857 wurde er Archivar und Bibliothekar auf Schloß Donaueschingen, 1853 Gast beim Freiherrn von Laßberg auf Schloß Meersburg, dann beim Großherzog von Sachsen-Weimar, der ihn 1865 zum Hofrat ernannte. Die letzten Lebensjahre, körperlich und seelisch krank, verbrachte er bei Radolfzell am Bodensee.
Scheffel war ein volkstümlicher, humorvoller, oft trivialer, aber stets epigonaler Epiker und Lyriker der sogenannten Butzenscheibenlyrik. Bekannt geblieben sind seine Kneip- und Kommerslieder, zum Beispiel »Alt-Heidelberg, Du feine …«, »Als die Römer frech geworden«, »Wohlauf, die Luft geht frisch und rein«. Wie auch andere Dichter, nach denen Straßen in Lindenthal benannt sind, wird Scheffel Epigonentum vorgeworfen, eine floskel- und maskenhafte Sprechweise, seine Vorliebe für das Gemütliche und Schnippisch-Neckische. Sein süßlich-humoriger Ton ging über in den deutschen Kitschroman und ist auch bei Karl May wiederzufinden.
Ekkehard, eine Geschichte aus dem 10. Jahrhundert, ist ein Roman, dessen Titelgestalt dem Verfasser des Walthari-Liedes, das in der Klosterbibliothek von St. Gallen verwahrt wird, nachgebildet ist. Das von Scheffel aus dem Lateinischen übersetzte Walthari-Lied ist in dieses Werk eingearbeitet. Es handelt von dem Mönch Ekkehard (nicht zu verwechseln mit Meister Ekkehart, siehe gleichnamige Straße), seiner Beziehung zu der auf dem Hohentwiel (siehe Hohentwielstraße) lebenden verwitweten Herzogin Hadwig von Schwaben, seiner Flucht in die Schweiz und der Dichtung des Walthari-Liedes.
Der Trompeter von Säckingen, ein Sang vom Oberrhein, erzählt die Geschichte des Trompeters Werner Kirchhof im Jahre 1674, seinen Kampf für seinen freiherrlichen Arbeitgeber gegen aufrührerische Bauern und seine Liebesbeziehung zu dessen Tochter Margaretha, die nach fünf Jahren zu einer Heirat in Rom führt, die vom Papst selbst vollzogen wird. Die Kritiker werfen Scheffel hier eine starke Abhängigkeit von Heines (siehe Heinestraße) Versepos Atta Troll vor. Immerhin stammen daraus die geflügelten Worte: »Behüt Dich Gott, es wär zu schön gewesen, Behüt Dich Gott, es hat nicht sollen sein.«

Schlegelstraße

Anfang: Mommsenstraße
Ende: Freiligrathstraße
Lage: D 4

Diese Straße ist nach Friedrich Schlegel (seit 1815 von Schlegel) benannt, welcher am 10. März 1772 in Hannover als Sohn eines Generalsuperintendenten geboren wurde. Was den Grad der Berühmtheit angeht, hätte sie auch benannt sein können nach seiner Ehefrau Dorothea von Schlegel (1763–1839), einer Tochter Moses Mendelssohns, die er nach ihrer Ehe mit dem Bankier S. Veit 1804 heiratete und mit der er 1808 zum Katholizismus übertrat. Beide bildeten in Wien den Mittelpunkt eines literarischen Kreises.
Namensgeber hätte aber auch Friedrichs Bruder August Wilhelm (ebenfalls seit 1815 von Schlegel) sein können (1767–1845). August Wilhelm studierte Theologie und Philosophie, wurde Schriftsteller, Sprach- und Literaturwissenschaftler. Seine ebenfalls berühmte Ehefrau Karoline Schlegel (1763–1809) war zunächst mit einem Arzt verheiratet, ab 1790 mit Georg Forster befreundet und hatte Verbindung zu dem jakobinischen Mainzer Club, weswegen sie 1793 in Königstein i.T. inhaftiert wurde. Trotz freundschaftlicher Beziehung zu Friedrich Schlegel heiratete sie 1796 seinen Bruder August Wilhelm, mit dem sie in Jena zum Mittelpunkt des früh-romantischen Kreises wurde. Nach Scheidung von August Wilhelm heiratete sie 1803 den Philosophen F. W. J. von Schelling, mit dem sie nach Würzburg übersiedelte. Sie gilt als bedeutendste Frau der deutschen Romantik und hat am Schaffen ihres Ehemannes August Wilhelm von Schlegel großen Anteil, vor allen Dingen an dessen erster Shakespeare-Übersetzung.
Was nun Friedrich von Schlegel selbst angeht, diesen deutschen Ästhetiker und Dichter, so studierte dieser nach einer Kaufmannslehre in Leipzig, ab 1790 in Göttingen Jura, ab 1791 Philosophie, Alt-Philologie und

Abb. 132 August Wilhelm Schlegel

Abb. 133 Friedrich Schlegel

Kunstgeschichte in Leipzig. Er lebte anschließend in Berlin, wo er mit Friedrich Schleyermacher verkehrte. Sein Leben verlief unruhig und finanziell ungesichert. In Berlin und Jena hatte er Kontakte zu Fichte, Schelling, Novalis und Ludwig Tieck. Nach seiner Kritik am »Musenalmanach« brach er mit Friedrich von Schiller und wurde Mitarbeiter an Wielands Zeitschrift »Der Teutsche Merkur« und an der »Berliner Monatsschrift« mit seinem Bruder A. W. von Schlegel.

Mit seiner späteren Frau Dorothea lebte und arbeitete Schlegel 1802–1804 in Paris, wo er Sanskrit und orientalische Sprachen studierte. In der Folgezeit reiste er mit seiner Frau vielfach durch Deutschland, Holland, Frankreich und die Schweiz. Ab 1809 war er im diplomatischen Dienst der österreichischen Regierung und hielt Vorlesungen in Wien über Geschichte und Literatur. Von 1815–1819 war er Delegationsrat bei der österreichischen Gesandtschaft am Frankfurter Bundestag, zugleich Teilnehmer an den Beratungen des Wiener Kongresses. Zuletzt lebte er in Dresden, wo er Herausgeber der konservativen Zeitschrift »Concordia« wurde.

Schlegel gilt als geistiger Anreger und Mittelpunkt der Frühromantik, welche er als »progressive Universalpoesie«, das heißt als die Erschließung der transzendental-poetischen Struktur der Schöpfungswirklichkeit verstand. Seine subjektive Lebens- und Kunstphilosophie ist getragen von einer Hellhörigkeit für die psychologische, religiöse und weltanschauliche Problematik der Moderne. Schlegel überwand die Verbindlichkeit des Vorbildes der Antike und begann eine wissenschaftliche Literaturgeschichtsschreibung. Er zielte ab auf eine Vereinheitlichung von Dichtung, Philosophie und Religion.

Friedrichs autobiographischer, kaum verschlüsselter fragmentarischer Roman »Lucinde« (1799) erregte durch das Lob des Müßiggangs und besonders durch eine offene Darstellung der romantischen freien Liebe einen Skandal. Seine Gedichte und dramatischen Werke erlangten keine bleibende Bedeutung, wohl aber seine kulturphilosophischen Schriften und Aphorismen. Von seinen Werken seien genannt: »Die Griechen und die Römer« (1797); »Geschichte der Poesie der Griechen und Römer« (1798); »Über die Sprache und Weisheit der Indier« (1808); »Philosophie des Lebens« (Vorlesung, 1828); »Philosophie der Geschichte« (Vorlesung, zwei Bände, 1829).

Den Kölnern ist Friedrich Schlegel besonders ans Herz gewachsen, weil er von 1804 bis 1806 mit seiner Frau im ehemaligen Äbtissinnenhause des Stiftes St. Maria im Capitol in der heutigen Kasinostraße 3 wohnte, wovon eine Gedenktafel zeugt. Das Ehepaar Schlegel kam auf Einladung der Kölner Kaufleute und Brüder Melchior und Sulpiz Boisserée und deren Freund Johann Bertram nach Köln. Sie hatte er in Paris kennengelernt. Die drei Kölner wollten Schlegel Kenntnisse über die gotische Architektur verschaffen. So wurde Schlegels 1806 erschienener Aufsatz mit zum auslösenden Moment für die Vollendung des Kölner Domes. In Köln hielt Schlegel Vorlesungen vor den vornehmsten und gebildetsten Männern und regte die Brüder Boisserée offensichtlich zu ihrer bedeutenden Sammlung mittelalterlicher Tafelmalerei an. Diese Bilder befinden sich leider nicht mehr in Köln, sondern in der Münchner Alten Pinakothek.

Dorothea Schlegel schenkte nach dem Tode ihres Mannes der Dompfarre einen Kelch und schrieb davon, daß Köln ihre und ihres Mannes echte und rechte Heimat sei. Edward von Steinle hat Friedrich von Schlegel in den Mittelpunkt eines seiner Fresken für das 1861 eingeweihte Wallraf-Richartz-Museum in Köln gestellt. Zwar sind diese Fresken durch den Zweiten Weltkrieg zerstört, im Kölnischen Stadtmuseum wird aber der Aquarell-Entwurf dazu aus dem Jahre 1859 verwahrt. Auch die Brüder Boisserée und Bertram sind darauf dargestellt.

Schmittmannstraße

Anfang: Keussenstraße
Ende: Fußweg in Verlängerung der Peter-Berchem-Straße
Lage: E 3

Prof. Dr. jur. Benedikt Schmittmann wurde am 4. August 1872 in Düsseldorf geboren und starb am 13. September 1939 im Konzentrationslager Sachsenhausen. Er wurde 1906 Landesrat und Leiter des Wohlfahrtswesens bei der Rheinischen Provinzialverwaltung in Düsseldorf, von 1919 bis 1933 war er ordentlicher Professor für Sozialwissenschaften an der neugegründeten Kölner Universität, nachdem er schon seit 1913 Dozent für Sozialpolitik an der Hochschule für Kommunale und Soziale Verwaltung geworden war (vergleiche Universitätsstraße).
Schmittmann bekleidete von 1919 bis 1922 das Ehrenamt eines Mitglieds der Verfassungsgebenden preußischen Landesversammlung, verfaßte einen Führer durch die deutsche Sozialversicherung, wurde Herausgeber der Wochenschrift »Heimat und Volk«, der Schriftenreihen »Reich und Heimat« und »Die Grundlagen der Wohlfahrtspflege« sowie Verfasser der »Wirtschafts- und Sozialordnung als Aufgabe«.
Die Nationalsozialisten erteilten ihm 1933 Lehrverbot. Schmittmann erlitt Haft- und Zwangsaufenthalte. Am 13. September 1939, kurz nach Beginn des Zweiten Weltkrieges, trat man ihm im KZ Sachsenhausen den Brustkorb ein. Der engagierte Katholik und Sozialwissenschaftler war in kinderloser Ehe verheiratet mit Helene – genannt Ella – Wahlen, einer Cousine der ersten Frau Konrad Adenauers, Emma Weyer (vergleiche Am Adenauerweiher).
Schmittmann ist neben Goswin Frenken der einzige Professor der Kölner Universität, der durch das Dritte Reich den Tod gefunden hat. Seine Witwe hat beider Vermögen eingebracht in die Benedikt-Schmittmann – und Helene-Schmittmann-Wahlen-Stiftung

Abb. 134 Benedikt Schmittmann

das sogenannte Kreuzkolleg, am Kölner Sachsenring 26.
Schmittmann entstammte einer Kornbrennerfamilie in Düsseldorf-Oberkassel. Das Kölner Ratsmitglied Dipl.-Hdl. Alfred Kuhlmann schrieb 1968 an der Wiso-Fakultät der Kölner Universität seine Dissertation über das »Das Lebenswerk Benedikt Schmittmanns«. Im Eingang zur Marienkapelle der Pfarrkirche St. Severin in der Kölner Südstadt ist eine Gedenkplatte für Benedikt Schmittmann angebracht (vergleiche auch Fussbroich, Gedenktafeln in Köln, S. 152 f.). Schmittmann gehört auch zu denjenigen Kölnern, die durch eine Rathausturmfigur geehrt werden.
Von dem erwähnten Goswin Frenken stammt die Untersuchung »Der Stüttgenhof bei Köln« im Jahrbuch des Kölnischen Geschichtsvereins e.V., Bd. 18, Köln 1936, S. 304 ff. (vergleiche Stüttgenweg).

Schumannstraße

Anfang: Dürener Straße
Ende: Flotowstraße
Lage: C 5

Robert Schumann wurde am 8. Juni 1810 im sächsischen Zwickau geboren. Sein Vater war ein schriftstellernder Buchhändler, der das Interesse seines Sohnes an Dichtung und Musik förderte; leider starb er 1826 viel zu früh. Roberts Vormund und die Mutter beschlossen nämlich, daß der Junge in Leipzig die Rechte zu studieren habe. 1830 gab er jedoch das Studium auf und nahm Klavierunterricht bei Friedrich Wieck. Ein verunglücktes Experiment zur schnelleren Förderung der technischen Fertigkeiten führte zu einer Lähmung der rechten Hand. So zog er sich vom Klavierspiel zurück und konzentrierte sich auf das Studium der Komposition: 1831 bis 1832 unter Heinrich Dorn, dann, als dieser Leipzig verließ, nur noch autodidaktisch. Bald traten erste Erfolge sowohl als Komponist von Klaviermusik als auch als Musikjournalist ein. Mit Gleichgesinnten gründete Schumann die »Neue Zeitschrift für Musik«; damit machte er sich zum Wortführer der musikalischen Romantik im Kampf gegen den geistlosen Formalismus und das inhaltlose Virtuosentum. Trotz aller Erfolge Schumanns sträubte sich der ehemalige Klavierlehrer Wieck gegen eine Verbindung mit seiner Tochter Clara. Erst als Wieck wegen Verleumdung eine Gefängnisstrafe abzusitzen hatte, konnte das Paar im September 1840 heiraten. Nun trat ein Wendepunkt in Schumanns Tätigkeit ein. Hatte er bisher ausschließlich für das Klavier geschrieben, so komponierte er nun auch Lieder (ab 1840), Orchesterwerke (ab 1841, erste Sinfonie), Kammermusik (ab 1842) und große Formen der Vokalmusik (ab 1843). Bei der Einrichtung des Leipziger Konservatoriums (1843) übernahm er neben Mendelssohn einen Teil des Kompositionsunterrichts; ein Jahr später gab er diese Tätigkeit

Abb. 135 Robert Schumann

bereits auf und begleitete seine Frau auf deren Konzertreise durch Rußland. Auch die Redaktion seiner Zeitung gab er 1844 auf. Schumann versank immer häufiger in Schwermut, hegte Selbstmordgedanken und wechselte, von innerer Unrast getrieben, häufig seinen Wohnort. Er zog nach der Rußlandtour von Leipzig nach Dresden, von dort nach Wien und weiter nach Berlin, um schließlich wieder in Dresden zu landen. 1850 übernahm er in Düsseldorf die Stelle des städtischen Musikdirektors. Im gleichen Jahr wurde in Leipzig seine Oper »Genoveva« uraufgeführt. Das Nervenleiden, das ihn seit 1833 immer wieder plagte und schon mehrmals zur Unterbrechung seiner Kompositionstätigkeit führte, entwickelte sich so stark, daß er 1853 von seiner Stellung zurücktreten mußte. Ein Trost in dieser Zeit war ihm die Freundschaft mit dem jungen Brahms (siehe auch Brahmsstraße). Ihn feierte Schumann begeistert in vielen Artikeln, und Brahms war ihm und dessen Frau Clara verehrungsvoll zugetan. Ihr war Brahms noch 40 Jahre nach Schumanns Tod Freund und Vertrauter. Am 27. Februar 1854 stürzte sich Robert Schumann in völliger geistiger Umnachtung in den Rhein. Er wurde zwar von Fischern gerettet und in die Heilanstalt Endenich bei Bonn eingeliefert, nach zwei Jahren, die er dort verbrachte, starb er aber am 29. Juli 1856. Er hinterließ uns vier

Sinfonien, vier Ouvertüren, drei Streichquartette, ein Klavierquintett, ein -quartett und drei -trios, zwei Violinsonaten, zahlreiche, vielfach in Gruppen zusammenhängende Klavierstücke und viele lyrische Lieder, die zu den kostbarsten Schätzen dieses Genres gehören.

Sielsdorfer Straße

Anfang: Gleueler Straße
Ende: Frechener Straße
Lage: E 4

Partnerstädte sind eigentlich Sache einer Stadt. Die Einwohnergemeinschaft der Sielsdorfer Straße aber hat den Ort Sielsdorf zwischen dem Decksteiner Weiher und Gleuel als »Partnerstadt« auserkoren. Und daß dies nicht nur ein mit großen Schildern dokumentierter Geck ist, bezeugen die Straßenfeste mit Sielsdorfer Beteiligung.
Sielsdorf findet 898 in einer Urkunde über Gleuel eine erste Erwähnung. Der Ort nannte sich damals »Selstena« und war vom König Zwentebold einem Stift in Essen zugeeignet. In einer Urkunde vom 11. August 922 bestätigt der Kölner Erzbischof Hermann I. Sigeldestorp mit seinen Gütern und Einkünften als Besitz des Klosters zu den elftausend Jungfrauen, also St. Ursula. Eine adelige Familie, die sich nach dem Ort benannte, führte die Gehöfte und die Ländereien als Lehen, bis sie Arnold von Sielsdorf am 7. Oktober 1413 für 100 rheinische Gulden an den Pastor von St. Peter in Köln, Heidenreich von Odendorf, verkaufte. 1802, zur Säkularisation, bestanden in Sielsdorf zwei Güter und eine Mühle; der Reuschhalfenshof gehörte mit 170 Morgen Ackerland zum Kölner Domkapitel, der Huppertshof mit 200 Morgen zum St. Apostelstift und die Sielsdorfer

Abb. 136 Sielsdorfer Straße (1989)

Mühle mit 19 Morgen zum St. Pantaleonstift. Die Güter wurden aufgeteilt und kamen in private Hände. Bereits 1815 zählte man in Sielsdorf 17 Häuser und 87 Einwohner; siebzig Jahre später bereits 24 Häuser mit 139 Einwohnern. Vor der letzten Jahrhundertwende stand in Sielsdorf ein Fabrikgebäude, in dem zunächst Wollwaren produziert wurden, dann stellte man dort Papier her und letztlich Knöpfe. Schließlich wurde der Betrieb eingestellt. Heute ist Sielsdorf mit seinen rund 450 Einwohnern überwiegend eine Schlafstätte nach Köln pendelnder Berufstätiger. Die beiden noch aktiven landwirtschaftlichen Betriebe haben sich ganz auf die Bedürfnisse der aus der Stadt kommenden Kunden eingerichtet: Direktverkauf von Martins- und Weihnachtsgänsen, Eier freilaufender Hühner, beim »deutschen Bauern« gezogenes Gemüse und geerntetes Obst und Kartoffeln, Wurst und Fleisch sowie das Angebot eines umfassenden Partyservices.

Sigmaringer Straße

Lage: Die Sigmaringer Straße geht in nordwestlicher Richtung als Stichstraße von der Hohentwielstraße ab; sie endet kurz vor der Bachemer Straße, D 4

In der Schwäbischen Alb Baden-Württembergs liegt Sigmaringen als das Tor zum romantischen oberen Donautal.
Erste Erwähnung fand der Ort im Jahre 1077 in der Chronik des Klosters Petershausen bei Konstanz, denn folgendes war geschehen: König Rudolf von Schwaben belagerte die Burg Sigimaringin. Als er aber erfuhr, daß Heinrich IV. auf dem Rückweg von seinem »Gang nach Canossa« über die Alpenpässe herannahte, um die Festung zu entsetzen, zog er ab und wandte sich Sachsen zu.
Die Burg wurde zum großen Schloß mit berühmten Prunkräumen umgestaltet. Seit 1535 ist das Schloß im Besitz der katholischen schwäbischen Linie der Hohenzollern.

Abb. 137 Sigmaringen

Überhaupt war das Fürstentum Hohenzollern nach der Vereinigung mit Preußen von 1850 bis 1945 der südlichste preußische Regierungsbezirk und Sigmaringen Sitz des preußischen Regierungspräsidenten.
Das gemütliche und heimelige Städtchen hat heute 15000 Einwohner.

Stadtwaldgürtel

Anfang: Dürener Straße, Verlängerung des Lindenthalgürtels

Ende: Aachener Straße, Verlängerung ist der Melatengürtel

Lage: B 4–C 4

Am Beginn des Stadtwaldgürtels an der Dürener Straße befindet sich der südöstliche Haupteingang des Stadtwaldes. Hier ist auch der älteste Teil des Stadtwaldes, nämlich der Park der alten Kitschburg zu finden (siehe Kitschburger Straße). 1895 wurde er vom Gartenbaudirektor Adolf Kowallek in die Planung eines Stadtwaldes einbezogen. Bis 1898 konnte der Plan realisiert werden. Einzelheiten über den weiteren Ausbau des Stadtwaldes, auch über die Militärringstraße hinaus, siehe Adenauer/Gröbe, Lindenthal. Die Entwicklung eines Kölner Vororts. S. 93ff.
Eines soll hier aber noch Erwähnung finden. Auch wenn es so manchem Kölner nicht schmecken mag, so behaupten doch Historiker von Rang und Namen, wie zum Beispiel Golo Mann, in der Villa des Bankiers Schröder am Stadtwaldgürtel 35 in Köln-Lindenthal habe am 4. Januar 1933 die Geburtsstunde des Dritten Reiches geschlagen. Der Bankier Kurt Freiherr von Schröder stellte sein Haus dem damaligen Reichskanzler Franz von Papen für ein Geheimtreffen mit Adolf Hitler zu Verfügung. Wollen und Absicht des deutschnationalen von Papen und des streberischen von Schröder mal auf Seite gelegt – aus den geheimen Verhandlungen mit

Abb. 138 Im Stadtwald

Abb. 139 Die Villa Schröder, Stadtwaldgürtel 35 (1990)

einem angeschlagenen Nationalsozialisten ging ein gestärkter Adolf Hitler hervor, der als künftiger Reichskanzler (Den widerstrebenden Hindenburg umzustimmen, versprach von Papen) ohne Rücksicht auf irgendwelche Mehrheitsverhältnisse aufgrund der Notverordnung des Reichspräsidenten seine Interessen (Ermächtigungsgesetz) durchzusetzen geradezu eingeladen wurde, zumal man ihm mit dem Innenministerium und der Oberhoheit über die Polizei notwendige Schlüsselpositionen überließ. Außerdem wußte Hitler nun auch große Teile der deutschen Finanzwirtschaft und Konzerne wohlwollend hinter sich.

Abb. 140 Der Stadtwaldgürtel um 1904

Stüttgenweg

Anfang: Dürener Straße
Ende: Gleueler Straße
Lage: links von C 1–D 1

Der Stüttgenweg begrenzt Lindenthal wie auch den äußeren Grüngürtel im Westen. Er ist nach dem Stüttgenhof benannt (siehe Adenauer/Gröbe, Lindenthal. Die Entwicklung eines Kölner Vororts, S. 39 f.). Die Autoren ließen es jedoch damit nicht auf sich beruhen, forschten weiter und fanden folgendes noch heraus: Der Stüttgenhof zählt wahrscheinlich zu den ältesten Anlagen dieser Art auf dem Kölner Gebiet, denn – wie Funde bezeugen – ließen reiche Römer in dieser Gegend große Gutshöfe errichten. Erste urkundliche Erwähnungen bezeichnen 1271 eine zur Deutschordenskommende Sankt Katharina zu Köln gehörende »Villa

Abb. 141 Der Hof Stüttgen

Stute«. 1336 machten der Ritter Göbel Jude und dessen Frau Elisabeth Hardefust den Stüttgenhof ihrer Tochter Imagina Jude zum Brautgeschenk zur Hochzeit mit Johann von Spiegel. In der Folge wechselten rasch die Besitzer des Hofes, bis er wieder in den Besitz der von Hardefust gelangte. Ein Teil der Ländereien wurde als Lehnssitz der Abtei Brauweiler verkauft, die ihn bis zur Säkularisation im Jahre 1802 hielt. Den anderen Teil erwarben die Ritter von Fischenich. Bis ins 15. Jahrhundert hinein bewirtschafteten sie den Hof. 1485 zwangen aber die Unterhaltungskosten zum Verkauf an das Stift Sankt Gereon. Ordentliches Ritterlehen blieb der Stüttgenhof bis 1688, dann verpachtete das Stift den Hof an bürgerliche Halfen, bis er 1803 dem Stift durch die Franzosen entzogen wurde. Er hatte 1802 eine Größe von 95,2 ha und einen Wert von 31 780 Franken. Pächter war damals ein Mathias Otten. Adam Ploog erwarb den Hof am 31. 1. 1821 für 95 000 Franken.

Abb. 142 Suitbert Heimbach

Suitbert-Heimbach-Platz

Lage: Am Anfang der Freiligrathstraße vor dem »Krieler Dömchen« und Sankt Albertus Magnus, E 4

Am 10. November 1894 wurde Suitbert Heimbach in der Schlegelstraße (siehe dort) geboren. Acht Jahre lang besuchte er unter dem damaligen Rektor Gosewisch die Krieler Volksschule an der Gleueler Straße. Nach der entsprechenden Ausbildung an der Kölner Präparandie und dem Lehrerseminar in Brühl wirkte Heimbach dort selber zwanzig Jahre lang als Lehrer, bis er das Rektorat der Schule Friesenstraße übernahm. Er galt als einer der volkstümlichsten Lehrer Kölns. Besonders als Mundartdichter und Förderer des Schulkarnevals sowie der Schull- un Veedelszöch erwarb er sich große Verdienste.

Bereits als Zehnjähriger schrieb Heimbach in kölscher Mundart über den Krieler Dom folgendes Gedicht, von dem noch die erste und die letzte Strophe überliefert sind:

Nit wick vun Kölle, bei Lindendal,
En oralt Kirchge steit,
Un Sonndagsmorge en große Zahl
Vun Lück do bedde geit.

Op dem Altar, an jeder Sick,
Steit mänchmol och en Blom,
Dat Kirchge heisch sit langer Zick,
»Dä ahle Krieler Dom«.

Suitbert Heimbach starb am 27. Mai 1969. Der Nachwelt hinterließ er das im Balduin Pick Verlag 1961 erschienene Buch »Et wor ens ... Verzällcher un Gedechte« sowie eine 33seitige Plauderei »Rund um den Krieler Dom in der Jahrhundertwende« in der vom Pfarramt St. Albertus Magnus 1963 herausgegebenen Jubiläumsschrift »Die alte Pfarre und Herrlichkeit Kriel«.

Sülzburgstraße

Anfang: Luxemburger Straße, auf Lindenthaler Gebiet ab Zülpicher Straße
Ende: Kerpener Straße
Lage: D 4/5

Noch vor 1892 wurde die damalige Kaiserstraße in Sülzburgstraße umbenannt. Abgesehen von der Kurznotiz »Ehem. Burg der Herren von Sülz« in Greven's Adreßbuch vermochten wir in der Köln-Literatur keine weiteren Hinweise zu finden; selbst in den Stadtteil-Biographien »Die alte Pfarre und Herrlichkeit Kriel«, 1963 vom Pfarramt St. Albertus Magnus herausgegeben, und »Äbte, Kies und Duffesbach – zur Geschichte der Kölner Vororte Sülz und Klettenberg« von Hans-Michel Becker (1987, Bachem Verlag Köln) ist die Sülzburg mit keinem Wort erwähnt. Auf Seite 417 der 1887 von dem Definitor und Pfarrer in Fischenich, Robert Wilhelm Rosellen, verfaßten »Geschichte der Pfarreien des Dekanates Brühl« sichteten wir einen kleinen Hinweis, der hier zitiert werden soll: »Zwischen den Gütern Klettenberg und Neuenhof findet man noch die Reste einer alten Burg, Sülzburg. Nach dieser nannte sich eine adelige Familie, von der erzählt wird, daß ihr letztes Glied in die Benedictiner-Abtei zum h. Pantaleon eingetreten sei und alle seine Güter mit eingebracht habe. 1307 am 15. März wird Philipp von Sülz als Zeuge genannt in einer Urkunde Gottfried's von Heinsberg für Arnold von Randerath. 1310 am 7. März wird derselbe Bürger der Stadt Köln und verpflichtet sich zu Kriegshülfe mit einem bewaffneten Genossen. Neben der Sülzburg stand der Frohnhof der Abtei St. Pantaleon, dem die meisten umliegenden Güter zinspflichtig waren.«

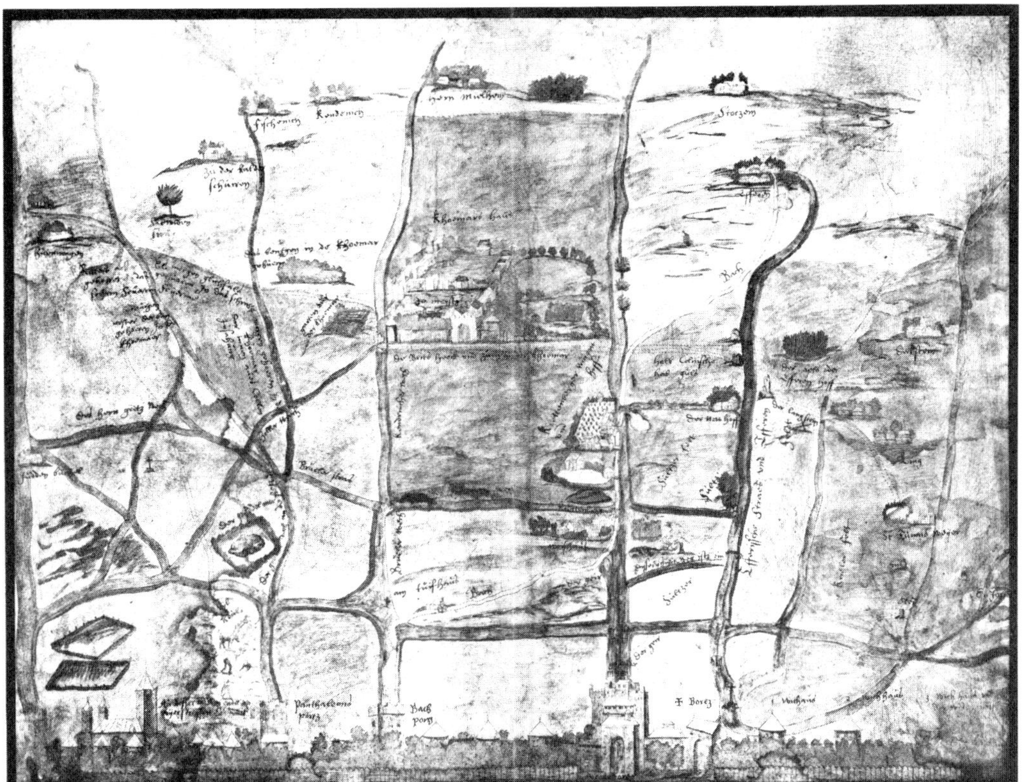

Abb. 143 Der Sülzer Schweid um 1507

Theresienstraße

Anfang: Gleueler Straße
Ende: Wüllnerstraße
Lage: C 5

Nach Greven's Adreßbuch 1955 ist die Straße benannt nach Maria Theresia von Wittgenstein, deren Familie das gesamte Gelände in der Umgebung gehört habe. Gemeint ist wohl die im Artikel zur Wittgensteinstraße genannte Ehefrau des Kölner Regierungspräsidenten Heinrich von Wittgenstein, welche von 1809 bis 1885 lebte. Von ihrem Vater Abraham Schaaffhausen hat sie wohl die Lindenthaler Ländereien geerbt, so daß beider Sohn Friedrich (vergleiche auch Gronewaldstraße) der Lindenthaler Katholischen Kirchengemeinde das Gelände zum Bau der St. Stephanskirche im Jahre 1887 verkaufen konnte.
Die Theresienstraße könnte aber auch benannt sein nach der Ehefrau von Abraham Schaaffhausen, nämlich Theresia Schaaff-

Abb. 145 Theresia von Wittgenstein, geb. Schaaffhausen (1809–1885)

Abb. 144 Theresia von Wittgenstein, geb. Haes (1758–1835)

Abb. 146 Theresia Schaaffhausen, geb. de Maes (1777–1867)

hausen geborene de Maes, welche von 1777 bis 1867 lebte. Schließlich ist auch Heinrich von Wittgensteins Mutter als Namensgeberin nicht auszuschließen, sie hieß Theresia von Wittgenstein geborene Haes und lebte von 1758 bis 1835. Es stehen also drei Theresien zur Auswahl. Vielleicht hat man bewußt keinen Nachnamen hinzugesetzt, um keiner auf die Füße zu treten. Vielleicht hat man aus demselben Grunde bei der Wittgensteinstraße keinen Vornamen hinzugesetzt.

Überlinger Straße

Anfang: Bregenzer Straße
Ende: Lindauer Straße
Lage: D 4–E 4

In landschaftlich reizvoller und klimatisch begünstigter Lage erstreckt sich Überlingen fünf Kilometer lang am Nordufer des Überlinger Sees, einem nordwestlichen Arm des Bodensees. Der mit zahlreichen Sanatorien, Kurheimen und Kliniken ausgestattete Luftkurort ist auch Deutschlands südlichstes Kneippheilbad. 19 000 Einwohner zählt die noch heute mittelalterlich geprägte Stadt.
Um 600 war Überlingen der Sitz des Alemannenherzogs Gunzo. Die erste urkundliche Erwähnung fand 770 statt. Friedrich I. Barbarossa verlieh dem Ort 1180 die Stadtrechte. Ungefähr ab 1350 zählte Überlingen zu den freien Reichsstädten, die eine bedeutende politische Rolle in den Städtebünden spielte. Getreide- und Salzhandel verhalfen der Stadt zu glanzvollem Wohlstand. Starke Befestigungen verhinderten während des Dreißigjährigen Krieges zwar ein Einfallen der Schweden, einer Besatzung durch die Hohentwieler (siehe auch Hohentwielstraße) (1643) und anschließend durch die Kaiserlichen konnten sie sich jedoch nicht widersetzen.
Napoleon schlug 1803 Überlingen Baden zu, wozu es auch heute noch gehört.

Uhlandstraße

Anfang: Wittgensteinstraße
Ende: Krieler Straße
Lage: C 4/5–D 4

Johann Ludwig Uhland wurde in Tübingen am 26. April 1787 geboren. Nach dem Besuch des Gymnasiums studierte er an der dortigen Universität von 1802 bis 1808 hauptsächlich die Rechte und nebenher deutsche und französische Literatur des Mittelalters. Unter dem Pseudonym »Volker« veröffentlichte er bereits zu der Zeit einzelne Gedichte. 1810 führte ihn eine mehrmonatige Studienreise nach Paris. Statt dort aber den »Code Napoléon« zu studieren, was Zweck der Reise war, las er in der Bibliothek altfranzösische und mittelhochdeutsche Manuskripte. Nach der Rückkehr nahm er nur widerwillig die Arbeit in seiner Stuttgarter Anwaltspraxis auf. Eifriger hingegen dichtete er, und 1815 erschien auch die erste

Abb. 147 Johann Ludwig Uhland

Sammlung seiner Gedichte, die bei späteren Auflagen immer wieder erweitert wurde. Bereits hier wurde Uhland mit seiner tiefen poetischen Erfassung des Volkstümlichen als Vollender der jüngeren Romantik gefeiert. (Dennoch kann man ihn nicht von einer gewissen Neigung zur altfränkisch-spießbürgerlichen Rührseligkeit freisprechen.) Uhland versuchte sich auch als Dramatiker, doch blieben die beiden Werke »Ernst, Herzog von Schwaben« (1818) und »Ludwig der Bayer« (1819) ohne größere Bedeutung. Seine Romanzen und Lieder hingegen fanden einen festen Platz in der deutschen Literatur. Ab 1816 nahmen wissenschaftliche Arbeiten und politische Ambitionen Uhland dermaßen in Anspruch, daß seine dichterischen Schöpfungen immer weniger wurden und schließlich – viel zu früh – ganz unterblieben. Seine sehr beachtete Schrift über »Walter von der Vogelweide« führte 1829 zur Ernennung zum Professor der deutschen Literatur an der Universität Tübingen. Nach drei Jahren legte er aber diese Professur wieder nieder, weil ihn die Regierung nicht zur Wahrnehmung seines politischen Mandats in der Ständekammer beurlauben wollte. Seine Ehe mit Emilie Vischer gab ihm auch die finanzielle Sicherheit, den eigenen Wünschen im wissenschaftlichen und politischen Bereich folgen zu können. 1839 gab er sein Mandat in der Ständekammer auf, doch aktivierten ihn die revolutionären Bewegungen wieder. Er zog als Abgeordneter der Linken in die erste deutsche Nationalversammlung und stimmte dort gegen das Erbkaisertum. Nach der Auflösung der Nationalversammlung folgte er dem Rumpfparlament nach Stuttgart, zog sich 1850 jedoch wieder nach Tübingen zurück, um sich dort den sagen- und literaturgeschichtlichen Arbeiten zuzuwenden.

Jegliche äußeren Ehrungen lehnte Uhland konsequent ab. Er verstarb hochangesehen in seinem Geburtsort am 13. November 1862.

Universitätsstraße

Anfang: Luxemburger Straße, auf Lindenthaler Gebiet ab Zülpicher Straße

Ende: Aachener Straße, Verlängerung ist die Innere Kanalstraße

Lage: B 6–D 7

Die erste Kölner Universität bestand vom 21. Mai 1388 bis zur Schließung durch die Franzosen am 28. April 1798. Nach dem Ersten Weltkrieg bemühten sich der damalige Oberbürgermeister Konrad Adenauer (siehe Am Adenauerweiher) und der Nationalökonom Christian Eckert, Rektor der Handelshochschule (siehe auch Eckertstraße), um die Einrichtung einer neuen Universität. 1919 konnte das Gebäude der Handelshochschule an der Claudiusstraße in der Kölner Südstadt gegenüber der Agrippinawerft am Rhein bezogen werden. Immatrikulierten sich in diesem Eröffnungsjahr 1299 Studenten, so waren es 1928 bereits 5565. Die Räumlichkeiten wurden dermaßen beengt, einzelne Fakultäten bereits abgetrennt, daß dringend ein Neubau erforderlich wurde. Den ließ Adenauer im gerade neu angelegten Inneren Grüngürtel errichten. Am 26. Oktober 1929 erfolgte die Grundsteinlegung; 1934 konnten die großzügigen Neubauten bezogen und die bis dahin getrennten Fakultäten – die geistes- und wirtschaftswissenschaftliche aus der Claudiusstraße, die mathematisch-naturwissenschaftliche aus der Otto-Fischer-Straße in Sülz und die medizinische vom Gelände der Lindenburg – wieder zusammengefaßt werden. Wenn auch die Bomben des Zweiten Weltkrieges der Universität schwerste Schäden zufügten, konnte doch schon 1945 der Vorlesungsbetrieb wieder aufgenommen werden. Weil aber die Wiederaufbaukosten die Möglichkeiten der Stadt bei weitem überschritten, übernahm das Land Nordrhein-Westfalen 1954 die Universität und ließ sie wieder aufbauen sowie die notwendigen Erweiterungsbauten (Wiso-Hochhaus) vornehmen. Im

Zuge weiterer Ausbauten (Universitätsbibliothek, neues Hörsaalgebäude und Philosophikum) in den letzten 60er und ersten 70er Jahren wurde die Universitätsstraße zwischen der Bachemer und der Kerpener Straße abgesenkt, so daß sie heute unter dem Albertus-Magnus-Platz (siehe dort) genannten Universitätsplatz verläuft.

Viktor-Schnitzler-Straße

Anfang: Decksteiner Straße
Ende: Peter-Berchem-Straße
Lage: E 3

Dr. jur. Dr. phil. h. c. Viktor Schnitzler wurde geboren in Nachrodt im Westerwald am 19. Juli 1862 und starb am 26. Juli 1934 in Mehlem. Er war Rechtsanwalt und Justizrat in Köln sowie seit 1906 Stadtverordneter (Liberaler). Steimel bezeichnet ihn als Kölner Musik-Pontifex, das heißt also den Musik-Papst von Köln. Er war einer der größten Förderer des künstlerischen und musikalischen Lebens der Stadt Köln und langjähriger Vorsitzender der Concertgesellschaft.
Das musikalische Mäzenatentum übernahm Viktor (auch Victor) von seinem Vater Robert Schnitzler (1825 bis 1897, Geheimer Regierungsrat in Köln), der auch sein Vorgänger im Vorsitz der Concertgesellschaft war. Die Concertgesellschaft, welche durch den Zweiten Weltkrieg sozusagen untergegangen war, wurde im Jahre 1987 wieder neu ins Leben gerufen und bemüht sich um die Förderung des Gürzenich-Orchesters. Seinerzeit war die Concertgesellschaft die Veranstalterin der Kölner Gürzenich-Konzerte, bevor diese 1888 städtisch wurden.
Im Hause Schnitzlers verkehrten die berühmtesten Komponisten und Dirigenten ihrer Zeit, so zum Beispiel Richard Strauss (siehe Richard-Strauss-Straße), wie die beigefügte Fotografie August Sanders zeigt. Schnitzler verfaßte 1921 seine Erinnerungen unter dem Titel »Aus meinem Leben«. Er war

Abb. 148 Victor Schnitzler (zweiter von rechts) in seinem Garten mit (von links) Clara Herstatt, Abendroth, Frau Rautenstrauch, Herstatt, Frau Abendroth, Eugen Rautenstrauch, Frau Schnitzler, Richard Strauss, Cläre Dux und ganz rechts Franz Strauss

verheiratet mit Wica Schnitzler geborene von Borell du Vernay – genannt Andreae – (1865 bis 1955). Sie war von dem bekannten Kölner Mäzen und Stifter des Kunstgewerbemuseums Otto Andreae adoptiert worden. Schnitzler wurde zum Stammvater vieler Kölner. Sein Großvater Carl Eduard Schnitzler (1792 bis 1864) war Bankier und Geheimer Kommerzienrat in Köln, seit 1822 Teilhaber des Bankhauses I. H. Stein, heute Marcard, Stein & Co. (vergleiche Johann-Heinrich-Platz) und 1868 Präsident der Handelskammer.

Virchowstraße

Anfang: Dürener Straße
Ende: Johann-Heinrich-Platz
Lage: D 4

Rudolf Ludwig Karl Virchow wurde im pommerschen Städtchen Schievelbein am 13. Oktober 1821 geboren. Im späteren Berliner Stadtteil Kölln besuchte er das Gymnasium und durfte aufgrund seiner sehr guten Schulleistungen 1839 als Zögling in die Berliner militärärztliche Bildungsanstalt »Pépinière«, aus der viele überragende Ärzte und Forscher hervorgegangen sind, einziehen. Auch dort zeigte er sich als überaus begabt und tüchtig, und als ein Beweis seiner Universalität kann gewiß angesehen werden, daß er neben der Medizin auch Logik, Geschichte und arabische Dichtung studierte. Nach der Promotion bekam er eine Assistentenstelle an der Charité. Dort beschäftigte er sich besonders mit der pathologischen Anatomie, die bei aller Universalität Hauptinhalt seines Lebenswerkes werden sollte. Virchow übertrug man gleich nach dessen Staatsexamen die selbständige Prosektur; ein Jahr später konnte er sich bereits habilitieren. 1849 folgte er einem Ruf als Professor der pathologischen Anatomie nach Würzburg, wo er bald zu den hervorragendsten Lehrern der sogenannten Würzburger Schule gehörte.

Abb. 149 Rudolf Virchow

An die Berliner Universität kehrte er 1856 als ordentlicher Professor zurück. Er begründete die Zellularpathologie und förderte fast alle Teile der pathologischen Anatomie. Auch die Lehren von der Entzündung, den Geschwülsten, der Embolie und den Metastasen, von der Tuberkulose, der Diphtherie, der Leukämie unter anderem sind von ihm neu begründet worden.

Nach dem von ihm oft gebrauchten Zitat: »Der Arzt ist der natürliche Anwalt der Armen«, galten für Virchow Arzttum und Politik als untrennbar. So ist es nicht verwunderlich, daß er zu den eifrigsten Mitgliedern des Nationalvereins zählte, 1880–1893 Mitglied des Reichstages war, 1892 in das preußische Abgeordnetenhaus gewählt wurde und schließlich die Fortschrittspartei mitbegründete und deren Führung übernahm. Virchow

war ein Sozialpolitiker, dem es darum ging, die Volksbildung durch naturwissenschaftliche, medizinische und hygienische Aufklärung zu fördern und dadurch die Gesundheit und den Lebensstandard der Deutschen zu verbessern, den »Normalarbeitstag« einzuführen, der dem Arbeiter erst die Möglichkeit einer Weiterbildung gibt, eine Schulreform durchzusetzen, die zum Ziel hat, junge Menschen zum Denken zu erziehen und den Begabten einen Besuch der höheren Schule und der Universität unabhängig vom Geld zu ermöglichen, für die Armen und Minderbemittelten eine staatliche Sicherstellung der ärztlichen Versorgung zu erreichen, die Todesstrafe abzuschaffen, für eine Völkerversöhnung – insbesondere für ein gutes Verhältnis zwischen dem neuen Deutschen Reich und Frankreich – einzutreten und nicht zuletzt den Antisemitismus zu bekämpfen. Seine liberal geprägten demokratischen Bestrebungen, seine Schlagfertigkeit und seine Sarkasmen im parlamentarischen Gefecht trugen ihm sehr bald Bismarcks persönliche Feindschaft ein. (Verschwiegen werden sollen an dieser Stelle nicht Virchows Arbeiten, die einen gewissen Widerspruch zu seiner sonstigen menschenfreundlichen Haltung aufzuzeigen scheinen, so die Schrift »Über einige Merkmale niederer Menschenrassen am Schädel« und die von ihm veranlaßte »Untersuchung der Schulkinder zur Feststellung der Verbreitung der blonden und brünetten Rasse«, die so entscheidende Ergebnisse ergeben haben soll, daß fast alle Nachbarländer ähnliche Erhebungen vornahmen.)
Auch als Anthropologe tat sich Virchow hervor. In Innsbruck gründete er mit anderen 1869 die »Deutsche Anthropologische Gesellschaft«, deren Vorsitzender er 1870 wurde. Gleichzeitig leitete er die »Berliner Anthropologische Gesellschaft«. Er gab die »Zeitschrift für Ethnologie« heraus, arbeitete über prähistorische Siedlungen, bereiste den Kaukasus zu anthropologischen Untersuchungen und beteiligte sich an Ausgrabungen Heinrich Schliemanns in Troja, Ägypten, Nubien und auf dem Peloponnes. In Berlin eröffnete er ein »Deutsches Museum der Trachten und des Hausgeräts«, gehörte er der Lehrerschaft des »Berliner Handwerkervereins« an und publizierte mit von Holtzendorff eine »Sammlung gemeinverständlicher wissenschaftlicher Vorträge«.
Im Alter von fast 81 Jahren starb Virchow am 5. September 1902. Mit ihm schloß ein Deutscher die Augen, der nationale wie internationale Ehrungen für sein weitgefächertes Lebenswerk erfuhr, wie kaum ein anderer.

von-Lauff-Straße

Anfang: Friedrich-Schmidt-Straße
Ende: Clarenbachstraße
Lage: B 4

Josef von Lauff war der Dichter des Niederrheins und der Wilhelminischen Zeit, so der Untertitel eines 1988 in Kleve erschienenen Buches über ihn.
Er wurde am 16. November 1855 in Köln als Joseph Lauff geboren und zog schon drei Jahre später mit seiner Familie nach Kalkar. Lauffs Vater war der Geheime Justizrat und Notar Johann Peter Lauff, der Begründer des Vereins des Rheinischen Notariats, seine Mutter Antonie Becker von Bischopink.
Nach Besuch des Gymnasiums und Abitur in Münster (1876) tat er als Offizier im Fußartillerieregiment Nr. 7 in Köln Dienst. Lauff wurde aber nicht als Soldat, sondern als Verfasser zahlreicher Bühnenstücke und Romane berühmt, letztere spielen hauptsächlich zwischen Niederrhein und Mosel und haben insbesondere die Jagd zum Gegenstand. Lauff schrieb aber auch Köln-Bücher wie »Der Tucher von Köln«, »Die Overstolzin«, »Ein Lied aus verklungenen Tagen«, »Im Rosenhag« und »Die heiligen drei Könige«. Andere Titel sind: »Die Martinsgans«, »Die Sauhatz« und »Sinter Claas«. 1882 heiratete Lauff Josephine Hospelt, Tochter des Kölner Industriellen und Ratsherren Wilhelm An-

Abb. 150 Joseph von Lauff

ton Hospelt (siehe Hospeltstraße in Ehrenfeld).
Nach verschiedenen Versetzungen kehrte der Soldat Lauff 1890 nach Köln zurück, um als Hauptmann beim Fußartillerieregiment Nr. 9 zu dienen. Hier lebte er bis zu seiner Verabschiedung aus dem Militärdienst und seiner Ernennung zum Dramaturgen des Königlichen Theaters in Wiesbaden. Diesen Beruf übte er bis 1903 aus, um sich dann als freier Schriftsteller zu betätigen. Er wohnte abwechselnd in Wiesbaden und bei Cochem an der Mosel, wo er auch am 20. August 1933 gestorben ist. Begraben ist er auf dem Melatenfriedhof in der Gruft der Familie Hospelt. Sein Sohn Adolf von Lauff schenkte den schriftlichen Nachlaß 1964 der Stadt Köln, in deren Archiv er sich befindet, den dinglichen Nachlaß 1965 der Stadt Kalkar. Sein Enkel Wilhelm von Lauff lebt heute in Lindenthal.
Lauff war ein äußerst fleißiger und erfolgreicher Schriftsteller, seine Bücher waren weitverbreitet und erlebten hohe Auflagen. Man überhäufte den Autor mit Orden und Ehrungen. Lauff wurde ein enger Freund Kaiser Wilhelms II., der ihn in den erblichen Adelsstand erhob und Pate seines Enkels Wilhelm wurde. Lauff verfaßte sowohl den Prolog für die Kölner Blumenspiele in der Flora 1894 als auch zur Einweihung des neuen Opernhauses in Köln 1902. Im Ersten Weltkrieg wurde er wieder Offizier. Am 19. Oktober 1930 erfolgte seine Ernennung zum Ehrenbürger der Stadt Kalkar, wo seine Witwe begraben ist.

Weinsbergstraße

Anfang: Innere Kanalstraße, auf Lindenthaler Gebiet ab Piusstraße

Ende: Melatengürtel, auf Lindenthaler Gebiet bis Mechternstraße

Lage: A 6

Hermann von Weinsberg wird im 11. Band der »Rheinischen Lebensbilder« so vorgestellt: unbedeutender Ratsherr im Köln des 16. Jahrhunderts, mittelmäßiger Magister der Kölner Universität, nicht gerade erfolgreicher Advokat, privatisierender, unauffälliger Rentier, liebenswürdiger, kauziger Sonderling, fast krankhaft geiziger Mitbürger: kurz ein Mensch, den man längst vergessen hätte, wäre nicht das Ergebnis seiner Schreibleidenschaft eine nahezu 2000 Seiten umfassende Chronik geworden, die in ihrer Art als bedeutendste bürgerliche Chronik dieser Zeit im deutschsprachigen Raum gilt. Es ist das sogenannte »Buch Weinsberg«.
Hermanns Großvater Gottschalk brach als 19jähriger Bursche aus der bergischen Kleinbauernwelt aus und versuchte sein Glück in Köln. Er verdingte sich als Knecht, lernte in einem Vierteljahreskurs die Grundkenntnisse im Lesen und Schreiben, bereiste als Begleiter Mitteldeutschland und das südwesteuropäische Ausland, erlernte dabei Spanisch und Französisch, kämpfte 1475 im Neußer Krieg als Söldner auf Kölner Seite

und erhielt dafür das Kölner Bürgerrecht. Durch zwei »Geldheiraten« verschaffte er sich das Kapital, um in mehreren Bereichen erfolgreich tätig sein zu können: Fruchthändler, Malzzubereiter, Färber, Brauer und Schankwirt. Als 52jähriger erwarb er das Haus »Weinsberg«. Der Name des Hauses wurde nun auch der Familienname. Bevor Gottschalk 1502 an der Pest starb, berief ihn die Gaffel Schwarzhaus dreimal in den Rat der Stadt Köln.

Hermanns Vater Christian führte die Geschäfte und das Haus Weinsberg in seines Vaters Sinne weiter und wurde von der Schwarzhausgaffel achtmal in den Stadtrat gewählt.

Hermann kam am 3. Januar 1518 am Neumarkt zur Welt, zog mit seinen Eltern jedoch bereits drei Jahre später in das Haus Weinsberg. Die besten Schulen Kölns kamen für den Jungen nur in Frage, bis er mit 13 an die damals sehr angesehene Emmericher Fraterherrnschule geschickt wurde. Mit 16 immatrikulierte sich Hermann an der Kölner Universität. Fünf Jahre später wurde er bereits Rektor der Kronenburse, deren Stipendiat er war. Das Amt überforderte ihn; er führte seine juristischen Studien fort und legte das Examen ab. Alle Bemühungen, ein geistliches Amt zu erhalten, schlugen fehl. So ließ er sich – mit der Aussicht auf das eine oder andere lukrative Ratsamt – in den Stadtrat wählen. Als sich aber nach des Vaters Tod die Möglichkeit bot, die zwar niedrige aber mit regelmäßigen Einkünften sichere Anstellung als »Burggraf unter dem Rathaus« zu übernehmen, griff er zu. 16 Jahre lang versah er diesen Dienst, bis ihn seine zweite Frau, die er als überaus reiche Witwe heiratete, motivierte, wieder in die aktive Politik einzutreten. Von 1565 bis 1595 wählten ihn die Gaffelgesellen elfmal in den Rat; dort erhielt er ebenfalls bis 1595 im dreijährigen Turnus das Amt des Urteilsmeisters, von 1572–1587 das des Rheinmeisters und von 1590 bis 1593 – im hohen Alter – endlich ein angesehenes Amt, nämlich das des Ratsrichters.

Hermanns Wunsch, seine Familie in den Kreis großer Kölner Geschlechter einzuführen, mißlang. Von einer unehelichen Tochter abgesehen hatte er keine eigenen Nachkommen. Einem Neffen gleichen Namens vermachte er sein Vermögen. Der aber geriet auf die schiefe Bahn, ermordete seine Tante und verstarb im Kerker. Auch ein zweiter Neffe lebte in zerrütteten Verhältnissen. Vereinsamt und verbittert starb Hermann von Weinsberg im Jahre 1597. Das genaue Datum ist nicht bekannt; man weiß nur, daß seine letzten Aufzeichnungen vom 19. Februar stammen. Künftig wird ein steinerner Hermann von Weinsberg vom ersten Obergeschoß des Kölner Rathausturmes auf die modernen Kölner Bürger herabblicken.

Werthmannstraße

Anfang: Decksteiner Straße
Ende: kurz vor der Militärringstraße
Lage: D 3

Der Prälat Dr. Lorenz Werthmann gründete 1897 in Köln den Deutschen Caritasverband, der heute seinen Sitz in Freiburg i. Br. hat,

Abb. 151 Lorenz Werthmann

und war dessen erster Präsident. Der Deutsche Caritasverband errichtete 1930–1932 das Caritaskrankenhaus St. Elisabeth in Hohenlind (vergleiche Prälat-van-Acken-Straße und siehe Adenauer/Gröbe, Lindenthal. Die Entwicklung eines Kölner Vororts, S. 139). Im Krankenhaus befindet sich auch seine Büste.
Werthmann wurde am 1. Oktober 1858 in Geisenheim geboren, studierte Theologie und wurde ein sozial engagierter Seelsorger unter dem Einfluß des Mainzer Bischofs Emanuel Freiherr von Ketteler (siehe auch Krementzstraße) und von Franz Hitze. Werthmann starb am 10. April 1921 in Freiburg i. Br.

Weyertal

Anfang: Bachemer Straße
Ende: Berrenrather Straße, auf Lindenthaler Gebiet bis Zülpicher Straße
Lage: C 6–D 6/7

Das Weyertal folgt dem Verlauf eines Altrheinarms. Im ausgehenden Mittelalter floß der Gleueler Bach in den großen Weiher eines danach benannten, 1474 aber niedergelegten Klosters vor dem Kölner Weyertor. Im ausgehenden 19. Jahrhundert versickerte das Bachwasser im sogenannten Weyerkühlchen. (Näheres über den Verlauf des Gleueler Baches ist unter dem Straßennamen »Am Gleueler Bach« nachzulesen.) Seit 1596 existiert an der Ecke Weyertal/Kerpener Straße die Geusenfriedhof genannte Beerdigungsstätte der Kölner Protestanten. Nördlich daran anschließend befindet sich das im Oktober 1902 eröffnete Evangelische Krankenhaus.

Wilhelm-Backhaus-Straße

Anfang: Gyrhofstraße
Ende: Bachemer Straße
Lage: C 6

Sie hieß früher genauso wie ihre nördliche Fortsetzung Classen-Kappelmann-Straße. Sie ist benannt nach dem berühmten deutschen Pianisten Wilhelm Backhaus. Dieser wurde am 26. März 1884 in Leipzig geboren

Abb. 152 Vier Siegel des Klosters Mariaweiher (Weyer)

Abb. 153 Wilhelm Backhaus

und starb am 5. März 1969 in Villach/Kärnten. Er erhielt seine erste künstlerische Ausbildung im Alter von 7 Jahren durch Alois Reckendorf in Leipzig (1891–1899). Anschließend studierte er in Frankfurt am Main bei Eugen D'Albert. Seine ersten Erfolge als Klavierspieler errang Backhaus in England, was bezeichnend für ihn war; denn sein internationaler Ruf entstand vor allen Dingen dort und in Amerika. Nach seiner im Jahre 1900 erfolgten ersten Konzertreise nach London war Backhaus sein ganzes Leben lang auf Tournee in Europa, Amerika und Australien. Wegen seiner großen pianistischen Erfolge verzichtete er auf eine länger anhaltende Lehrtätigkeit. Nur zeitweise übte er eine solche in Manchester, Sondershausen und Philadelphia aus. Schon 1905 erhielt er in Paris den Rubinsteinpreis. Nach dem Zweiten Weltkrieg lebte er hauptsächlich in Lugano/Schweiz.

Man hat an Backhaus vor allen Dingen seine außergewöhnliche Musikalität, die Unfehlbarkeit seiner Technik, verbunden mit der differenziertesten klanglichen Anschlagskunst und die unbedingte Sicherheit seines Gedächtnisses gerühmt. Seine Zurückhaltung beim Spiel zugunsten einer werktreuen Interpretation haben Kritiker ihm als akademisches Spielen angekreidet, obwohl die Zurückhaltung in seiner schlichten menschlichen Persönlichkeit wurzelte.

Backhaus, der für immer zu den großen Meistern seines Faches zählen wird, ist in Köln als Solist hervorgetreten, vor allen Dingen in den Gürzenich-Konzerten. Die Könnerschaft Backhaus' bewies sich vor allen Dingen in den Klavierkonzerten von Beethoven und Brahms.

Wilhelm-Koch-Straße

Anfang: Karl-Schurz-Straße
Ende: Johann-Heinrich-Platz
(Dieser Verlauf war so geplant, ist aber bis heute nicht realisiert worden)
Lage: D 3/4

Wilhem Koch, geboren am 30. Juli 1845 in der Maximinenstraße, gilt als der erste Erzähler in Kölner Mundart. Gedichte, Lieder und Vortragsstücke gab es zwar bereits vor ihm; mit seinen Prosaerzählungen aber machte er die kölsche Mundart literaturfähig. Im Vorwort zur ersten Auflage seines Buches »Kölsche Schelderei«, das in der zweiten Auflage »Der Bätes« genannt wurde, gibt Wilhelm Koch seine Motivation preis: »Längst schon war es meine Absicht, eine Erzählung in kölnischer Mundart nach Art der geist- und gemütvollen Novellen von Fritz Reuter zu schreiben. Die Meisterschaft, mit welcher Reuter den mecklenburgischen Dialekt behandelt, war es aber auch, die mich abhielt, zur Tat zu schreiten, weil ich mir wohl bewußt war, in mehr als einer Hinsicht mein berühmtes Vorbild nicht erreichen zu können. Aber der Versuch mußt gewagt wer-

Abb. 154 Wilhelm Koch, nach einer Zeichnung von Vogt

den.« Mit seinen vier Kölsche Scheldereie-Bändchen (Der Bätes, Der Rippet vun der Beß, Et Johr Aachunveezig, Der kölsche Klüngel) und einer weiteren Sammlung kürzerer heiterer und ernster Geschichten unter dem Titel »Ömmerjööncher« ist es ihm in einer Mischung von gemütvollem Ernst und innerlichem Humor gelungen, sein hochgestecktes Ziel in einem kurzen Leben zu erreichen.
Wilhelms Eltern schickten ihn in der Hoffnung, ihr Sohn würde Priester werden, in die Domschule und anschließend zum Marzellengymnasium. Doch als der Sohn in der zwölften Klasse verlautbarte, er wolle Schriftsteller werden, nahmen ihn die Eltern von der Schule und drängten ihn in den Postdienst. Mit 27 Jahren kündigte er sein »Pößje an der Poß« auf und wurde Redakteur bei verschiedenen Zeitungen in Speyer, Trier und Köln. In seiner Heimatstadt wurde er bald ein erfolgreicher (erst hochdeutsch schreibender) Autor, der es sich bald leisten konnte, in der Stammheimer Straße 10 in Riehl ein großes Haus für seine mittlerweile siebenköpfige Familie zu erwerben.

Nach einer plötzlich einsetzenden heftigen Krankheit und fünf Operationen verstarb Wilhelm Koch, gerade 46 Jahre alt, am 10. Dezember 1891.

Wittgensteinstraße

Anfang: Bachemer Straße
Ende: Dürener Straße
Lage: C 5

Nach Greven's Adreßbuch von 1955 ist sie benannt nach Johann Jakob von Wittgenstein (24. Februar 1754 bis 15. März 1823), der seit 1784 reichsstädtischer Bürgermeister war und unter Napoleon 1813 auch zum Maire von Köln ernannt wurde.
Greven führt die Benennung der Straße nach diesem Kölner Bürgermeister darauf zurück, daß die Familie Wittgenstein die Kitschburg und das Land um die Wittgensteinstraße herum besessen habe. Dies trifft so nicht zu, vielmehr heiratete Wittgensteins Sohn Heinrich Theresia Schaaffhausen (1809–1885), eine Tochter des bekannten Bankiers Abraham Schaaffhausen, dem die Kitschburg seinerzeit gehörte (vergleiche Theresienstraße). Aus diesem Grunde erscheint eine Benennung der Straße nach Johann Franz *Heinrich* von Wittgenstein, der am 20. April 1797 in Köln geboren wurde und dort am 19. März 1869 starb, viel wahrscheinlicher.
Die Familie von Wittgenstein hat trotz gegenteiliger Behauptungen und Bemühungen wahrscheinlich nichts zu tun mit dem fürstlichen Hause Sayn-Wittgenstein.
Heinrich von Wittgenstein wuchs in einem geräumigen Stadthaus in der Nähe des Domes auf, im Sommer zog die Familie häufig nach Unkel und Roisdorf. Er hörte noch den Professor und Sammler Ferdinand Franz Wallraf in der Schule. In Berlin und Heidelberg studierte Heinrich Rechtswissenschaft und trat in Berlin in ein Corps ein. 1825 legte er sein zweites juristisches Examen ab und wurde Mitglied der Armenverwaltung Kölns. Diese selbständige, vom städtischen

Abb. 155 Johann Jacob von Wittgenstein

Abb. 156 Heinrich von Wittgenstein nach einem Gemälde von Julius Schrader

Vermögen getrennte Vermögensmasse wurde von einem Kollegium verwaltet. Es ging um die Armenfürsorge, die Verwaltung der Hospitäler und Waisenhäuser. Wittgenstein setzte sich vor allem für die Schaffung der Armenmädchenschule an St. Andreas und die Errichtung der Taubstummenschule ein (vergleiche Gronewaldstraße). Wittgenstein blieb in dieser Position bis 1842. Schon 1831 hatte ihn die Regierung mit dem damaligen Präsidenten der Armenverwaltung Everhard von Groote in den Stadtrat berufen, in welchem Rahmen er 1834 ohne Titel und Besoldung die Aufgabe eines Beigeordneten für Finanzen und Bauwesen übernahm. 12 Jahre lang konnte Wittgenstein schalten und walten, bis ihn im Jahre 1846 auf seinen Wunsch ein hauptamtlicher Beigeordneter ablöste.
Nachdem aufgrund der verfassensrechtlichen Änderungen 1850 zum ersten Mal der Bürgermeister der Stadt Köln vom Rat gewählt werden konnte, entschied man sich für Wittgenstein, der aber die Wahl aufgrund seiner schlechten körperlichen Verfassung ablehnte.
Wittgensteins Stiefschwester Lisette von Coels hatte Heinrich Merkens, den führenden Kopf der Kölner Wirtschaft und Handelskammerpräsidenten, geheiratet, eine Schwester seiner schon genannten Ehefrau den Teilhaber der Schaaffhausen-Bank Deichmann. Eine weitere Tochter des Hauses Schaaffhausen hatte den erzbischöflichen Kanzler Joseph von Groote geheiratet, den Bruder des genannten Everhard von Groote, der im kulturellen Leben Kölns eine große Bedeutung einnahm.
Wittgenstein übernahm 1842 den Vorsitz im neugegründeten Zentral-Dombauverein und übte im Rahmen der revolutionären Ereignisse des Jahres 1848 vom 16. Mai bis 18. Oktober das Amt des Kölner Regierungspräsidenten aus. Wenn er auch das ihm angetragene Amt des Bürgermeisters nicht annahm, blieb er doch von 1850 bis 1868 Stadtverordneter (Richtung: gouvernemental).

Damit war Wittgensteins Arbeitskraft nicht erschöpft. Nicht nur, daß er zu den Wiederbelebern des Kölner Karnevals seit 1823 gehörte, vielmehr betätigte er sich in der Wirtschaft. Er wurde ein bedeutender Geschäftsmann. Unter seinem Schwager Merkens gehörte er dem Verwaltungsrat der Rheinischen Dampfschiffahrtsgesellschaft an, von 1835 bis 1838 war er einer der Direktoren der für die Eisenbahnstrecke Köln–Antwerpen gegründeten Aktiengesellschaft, der späteren Rheinischen Eisenbahngesellschaft. 1844 wurde Wittgenstein Präsident der Köln-Mindener Eisenbahn.

Schließlich trat er 1851 in den Verwaltungsrat der Feuerversicherung Colonia ein, deren Präsident Merkens war. Nach dessen Tod wurde er 1854 sein Nachfolger.

Als 1851 das Privileg der Berliner Lebensversicherung für Preußen auslief, bemühte sich die Colonia mit Unterstützung von Wittgenstein und Merkens um eine eigene Lebensversicherungsgesellschaft, ferner auch eine Gruppe um Mevissen und das Bankhaus Oppenheim um eine eigene Gesellschaft. Da die Preußische Regierung die Konkurrenten nicht zu einer Einigung bringen konnte, erteilte sie beiden eine Konzession. Schließlich fanden doch beide Gruppen in der Concordia (Eintracht) zusammen. Wittgenstein wurde Vorsitzender der neunköpfigen Direktion, Mevissen sein Stellvertreter. Daraus entstand der führende deutsche Lebensversicherer, heute heißt die Versicherung »Colonia Lebensversicherung AG«.

Die beiden vereinigten Versicherungen führte Wittgenstein bis zu seinem Tode. Seinen wirtschaftlichen Bestrebungen ist es zu verdanken, daß Köln Verkehrsknotenpunkt Westdeutschlands und Zentrum der deutschen Versicherungswirtschaft wurde.

Über weitere Tätigkeiten Wittgensteins, vor allem im kulturellen Bereich hier zu berichten, bleibt kein Raum.

Während der Revolutionszeit 1848 zeigte Wittgenstein Besonnenheit, ebenso als Befehlshaber der Kölner Bürgerwehr, in welches Amt ihn das Vertrauen der Kölner Bürgerschaft berief. Er ist begraben auf Melaten (Nr. 229, HWG, zwischen lit. B und lit. C).

Woensamstraße

Anfang: Piusstraße
Ende: Haselbergstraße
Lage: A 6

Anton Woensam, auch Anton Woensam von Worms genannt, ist offensichtlich vor dem Jahre 1500 in Worms geboren. Er soll ein Sohn des Malers Jaspar Woensam von Worms gewesen sein, mit dem er im ersten Jahrzehnt des 16. Jahrhunderts nach Köln kam. Hier ist er als Maler und besonders als Holzschnittkünstler tätig gewesen. Sein Vorname wurde auf kölsch in »Thoniss« abgewandelt, weswegen er sich auch des Monogrammes T. W. bediente.

Thoniss heiratete in Köln die Geyrtgin Doenwalt, die nicht unbegütert war. Sie erbte nämlich von ihrem Vater, während Thoniss seinen ebenfalls begüterten Vater nicht beerbte, da er ihn überlebte und noch nach Antons Tod im Kölner Stadtrat saß.

Da Anton sehr viel als Buchillustrator arbeitete, vor allen Dingen für die leistungsfähigen Kölner Druckereiverleger, meinte die kunstgeschichtliche Forschung zunächst, er habe kein breites Werk hinterlassen. Heute schätzt man seine Holzschnitte auf ca. 600, aus ihnen ragt als Hauptwerk die 3,50 m breite Stadtansicht von Köln heraus, die er 1531 schuf und bei dem Kölner Drucker Peter Quentel vervielfältigen ließ (vergleiche Haselbergstraße).

Diesem Kölner Prospekt hat Anton es zu verdanken, daß seine Figur auf den Kölner Rathausturm kommen wird. Alles, was Kölns Bedeutung, Ruhm und Kunst ausmacht, läßt sich diesem großen Bildwerk entnehmen. Köln stand damals auf seinem Höhepunkt als Freie Reichsstadt.

Der Stadtprospekt, einer der größten der Zeit überhaupt, wurde von neun Holzstöcken gedruckt. Die Einzelheiten der Gebäude und

Abb. 157 Ausschnitt aus der Stadtansicht von Anton Woensam (1531)

Fassaden, ja sogar die Fenster sind so genau wiedergegeben, daß man danach das Aussehen der Stadt rekonstruieren kann.
Im Kölner Wallraf-Richartz-Museum befindet sich sein Gemälde »Der Crucifixus, Heilige und Stifter« und in der Severinskirche sein Bildnis »Die Madonna, Heilige und der Stifter«. Auf dem ersten Gemälde sind unter anderem Heilige des Kartäuserordens dargestellt, der von Bruno von Köln gegründet worden war. Dies Bild geht auf die enge Beziehung Woensams zur Kölner Kartause zurück. J. J. Merlo weist in seinem Buch über Kölnische Künstler noch weitere Gemälde – es sind rund 40 bekannt – und vor allen Dingen Hunderte von Holzschnitten nach.

Wüllnerstraße

Anfang: Biggestraße
Ende: Fürst-Pückler-Straße
Lage: B 5–C 4/5

Dr. phil. Franz Wüllner wurde am 28. Januar 1832 in Münster in Westfalen als Sohn eines späteren Gymnasialdirektors geboren. 1864 war er in München als Dirigent der Hofkapelle tätig, ab 1867 an der Königlichen Musikschule (»Chorübungen der Münchener Musikschule«) und ab 1869 auch als Dirigent der Hofoper und der Akademiekonzerte. 1870 leitete Wüllner die Uraufführungen von Richard Wagners Opern »Rheingold« und »Walküre«, was ihm die Stelle des Ersten Hofkapellmeisters eintrug. Wüllner, der selber Chorwerke, Klavier- und Kammermusik komponierte, unterhielt enge Beziehungen zu Johannes Brahms (siehe Brahmsstraße). Anstelle des eigentlich ausersehenen Brahms wurde er 1884 als Nachfolger Ferdinand Hillers (siehe Hillerstraße) Städtischer Kapellmeister in Köln und damit Chef des Gürzenich-Orchesters sowie Direktor des Kölner Konservatoriums. Unter seiner Ägide wurde das bis dahin von der Concertgesellschaft unterhaltene Gürzenich-Orchester

Abb. 158 Franz Wüllner

städtisch. Die Annahme seiner Kölner Stellung machte er abhängig von zahlreichen Reformen und Neueinrichtungen schulischer Art am Konservatorium einschließlich des Zeugniswesens. Aus Dorns Musikschule für Lehrer und Hillers Schule für Künstler wurde eine große Schule mit 479 Schülern 1898/99.
Wüllner führte das Gürzenich-Orchester und das Kölner Konzertleben überhaupt zu neuen Höhepunkten, Köln wurde Uraufführungsstadt für viele Werke zeitgenössischer Meister (zum Beispiel Richard Strauß, vergleiche gleichnamige Straße, und Gustav Mahler). Wüllner führte offensichtlich erstmals alle neun Sinfonien Beethovens in drei Konzerten hintereinander auf. Bis zu seinem Tode am 8. September 1902 in Braunfels/ Lahn blieb Wüllner im Amt. Begraben wurde er auf dem Kölner Melatenfriedhof (Nr. 7 Flur 82).

Walter Braunfels schrieb über Wüllner in seinem Beitrag »Gründung und Entwicklung der Kölner Musikhochschule« in »Festschrift zur Feier der Gründung des Kölner Konservatoriums im Jahre 1850 und der staatlichen Hochschule für Musik Köln im Jahre 1925«, Köln o. J. (1950), folgendes: »Als er 1902 starb, hatte er das Konservatorium zu einer der bedeutendsten musikalischen Erziehungsstätten erhoben und ihm Grundlagen gegeben, die heute noch bemerkbar sind. Seine Persönlichkeit läßt sich nicht besser charakterisieren als mit den Worten Klauwells: »›In Franz Wüllner vereinigte sich, auf dem Grunde einer gediegenen humanistischen Bildung eine Summe künstlerischer Eigenschaften und Fähigkeiten, von denen jede einzelne unter Umständen wohl hinreichen könnte, die Lebenstätigkeit eines Menschen auszufüllen und seinen Ruhm zu begründen: eine mehr als gewöhnliche schöpferische Kraft, ein hervorragendes Talent der künstlerischen Reproduktion, eine organisatorische Kunst und eine pädagogische Meisterschaft ersten Ranges.‹«

Zülpicher Straße

Anfang: Zülpicher Platz/Roonstraße, auf Lindenthaler Gebiet ab Zülpicher Wall

Ende: Gleueler Straße/Am Krieler Dom

Lage: C 7–E 4

Zülpicher Wall

Anfang: Zülpicher Straße

Ende: Bachemer Straße

Lage: C 7

Bereits in keltischer Zeit war die Zülpicher Region besiedelt. Bedeutende Funde baulicher Art, die besonders unter dem Platz vor der Propstei in den Jahren 1931 bis 1934 gemacht wurden, stammen aber aus der Römerzeit um etwa 200 n. Chr. Das Zülpicher Römerbad gilt als eines der besterhaltenen nördlich der Alpen, und es verdeutlicht, daß »Tolbiacum«, wie der Ort damals hieß, eine

Abb. 159 Das Kölntor in Zülpich (Okt. 1991)

recht bedeutende Knotenpunktstation der Straßen von Reims und Trier nach Köln, Neuß und Xanten gewesen sein muß. Auch wenn die heutige Bundesstraße 265 nicht mehr der römischen Trassenführung folgt und der Braunkohletagebau die Strecke mehrmals unterbrochen hat, so ist die schnurgerade Römerstraße von Zülpich nach Köln auf den Generalkarten noch deutlich auszumachen. Im zweiten Jahrhundert erhielt »Tolbiacum« eine starke, fünf Meter hohe, zinnenbewehrte Mauer, die auch die Entscheidungsschlacht der Franken gegen die Sachsen überstanden haben muß, führte doch 531 der Frankenkönig Theuderich mit seinem Gegner Hermenefred, König der Thüringer, ein Gespräch, in dessen Verlauf er ihn von der Mauer zu Tode stieß.

Seit dem 13. Jahrhundert gehörte der im Mittelalter »Tolpetum« genannte Ort dem Erzbistum Köln, war aber im 14. Jahrhundert an Jülich verpfändet und wurde erst 1379 wieder ausgelöst. Anschließend erbaute der Erzbischof Friedrich von Saarwerden (1370–1414) eine in großen Resten, zum Teil sogar noch heute völlig erhaltene Kurkölnische Landesburg auf dem Stadthügel und eine große Stadtmauer mit vier mächtigen Stadttoren. Trotzdem wurde die Stadt während des Dreißigjährigen Krieges fast völlig zerstört.

In der nur auf Anfrage zu besichtigenden Burg befindet sich seit mehr als 150 Jahren eine weithin bekannte Branntwein-Brennerei. Holzbe- und -verarbeitung, Geschäfte, die auch den Bedarf der Bewohner aus den umliegenden Dörfern decken, und der Tourismus sind die Wirtschaftsträger der 17 500 Einwohner zählenden Kleinstadt.

Alte, umbenannte Straßennamen

In älteren Stadtplänen sind auf dem Lindenthaler Gebiet Straßen verzeichnet, die heute nicht mehr zu finden sind. Soweit sie uns auffielen, trugen wir sie zusammen, um sie an dieser Stelle zu präsentieren.

Albertstraße	heutige Scheffelstraße
Alte Klarenbachstraße	Die Klarenbachstraße entstand aus der Peterstraße, die zuvor Galgenweg hieß. Sie wurde 1940 in Alte Klarenbachstraße umbenannt; heute heißt sie an gleicher Stelle und in richtiger Schreibweise Clarenbachstraße.
Burggrafenstraße	seit 1902 Kermeterstraße
Cäcilienstraße	heutige Schumannstraße
Corneliusstraße	heutige Flotowstraße
Correnssstraße	Die Heinestraße hieß von 1935 bis 1945 Correnssstraße.
Decksteiner Pfad	Der Decksteiner Pfad führte bis 1927 von der Decksteiner Mühle an der Gleueler Straße durch das Gelände des Lindenthaler Kleingärtner-Vereins von 1928 e. V. über die Militärringstraße hinweg in südliche Richtung auf Efferen zu.
Dorfstraße	Die Dorfstraße in Hohenlind verlief in der ersten Hälfte dieses Jahrhunderts in einem Winkel, den heute die Prälat-van-Acken-Straße und das daran anschließende und bis zur Decksteiner Straße reichende Stück der Werthmannstraße ausmachen.
Friedrichstraße	heutige Wittgensteinstraße
Fritschstraße	seit 1946 Behringstraße
Galgenweg	Der Galgenweg erhielt nacheinander die Namen Peterstraße, Klarenbachstraße und Alte Klarenbachstraße; heute befinden sich dort ungefähr die Clarenbachstraße und der Danteweg.
Gasweg	Noch vor der letzten Jahrhundertwende wurde der Mühlenweg in Gasweg umbenannt, nach wenigen Jahren jedoch in Jägerstraße.
Haedenkampstraße	Haedenkamp war Arzt und Geschäftsführer der Bundesärztekammer, die sich noch heute in dieser allerdings in Herbert-Lewin-Straße umbenannten Straße befindet. In den 80er Jahren wurde der alte Straßenname wegen Haedenkamps Tätigkeiten im Dritten Reich kritisiert und schließlich umbenannt.
Heinrich-Lersch-Straße	seit 1946 Krautwigstraße
Hillerstraße	seit 1935 Viktor-Schnitzler-Straße, seit 1945 wieder Hillerstraße
Immermannstraße	Die Immermannstraße gibt es zwar noch heute, doch ist sie in ihrer Länge wesentlich geschrumpft. In früheren Zeiten erstreckte sich diese Straße bis zur Theresienstraße, nahm also auch die Flotow- und die Arno-Holz-Straße ein.

Jägerstraße	Die Jägerstraße ist um die Jahrhundertwende aus dem Gasweg entstanden, der wiederum aus dem Mühlenweg hervorging. 1928 ist die Straße in Oskar-Jäger-Straße präzisiert worden.
Johannisstraße	heutige Classen-Kappelmann-Straße
Julius-Schreck-Platz	Der Hültzplatz hieß in der Zeit von 1935 bis 1945 Julius-Schreck-Platz.
Kaiserstraße	Die Kaiserstraße schlängelte sich bis 1892 durch Sülz und Lindenthal; sie hatte folgenden Verlauf: ab Luxemburger Straße über die heutige Sülzburgstraße, Kerpener Straße, Lindenthal- und Stadtwaldgürtel bis zur Aachener Straße.
Kanalstraße	Die Kanalstraße umspannte Köln im Verlauf des Inneren Grüngürtels. 1928 wurde sie in Innere Kanalstraße umbenannt. Das Teilstück zwischen der Luxemburger und der Aachener Straße heißt seit 1938 Universitätsstraße.
Kerpener Platz	seit 1934 Frechener Platz
Kirchhofsweg	Der Kirchhofsweg verlief bis 1930 ab Zülpicher Straße/Meister-Ekkehart-Straße über die heutige Kerpener Straße bis zur Sülzburgstraße.
Kirchstraße	seit 1884 Freiligrath- und Karl-Schurz-Straße
Kirchweg	heutige Gyrhofstraße
Klarenbachstraße	siehe Alte Klarenbachstraße
Krieler Weg	seit 1884 Zülpicher Straße
Krummer Kringsweg	Der Krumme Kringsweg verlief noch vor dem Ersten Weltkrieg als ostwärts gerichtete Verlängerung des noch heute bestehenden Kringsweges bis zum Zülpicher Glacis (siehe dort).
Langemarckplatz	seit 1945 Albertus-Magnus-Platz
Lindenglacis	nördliche Verlängerung der Zülpicher Glacis über die Bachemer Straße hinweg. Seit 1945 – nach Aufschüttung eines Trümmerschutt-Berges – existiert die Straße nicht mehr.
Lindenstraße	heutige Falkenburgstraße
Lindenwall	Der Lindenwall verlief bis 1945 ostwärts parallel zur Lindenglacis als nördliche Verlängerung des Zülpicher Walls. Auch er verschwand nach der Aufschüttung von Trümmerschutt (siehe Lindenglacis).
Mackensenstraße	heutige Innere Kanalstraße (nördlich der Universitätsstraße)
Mechternstraße	1875 reichte die Mechternstraße noch von der Vogelsanger Straße in Ehrenfeld bis zur Aachener Straße durch das Gelände des heutigen Friedhofs Melaten.
Melatener Weg	seit 1902 Wenzel-Hollar-Weg

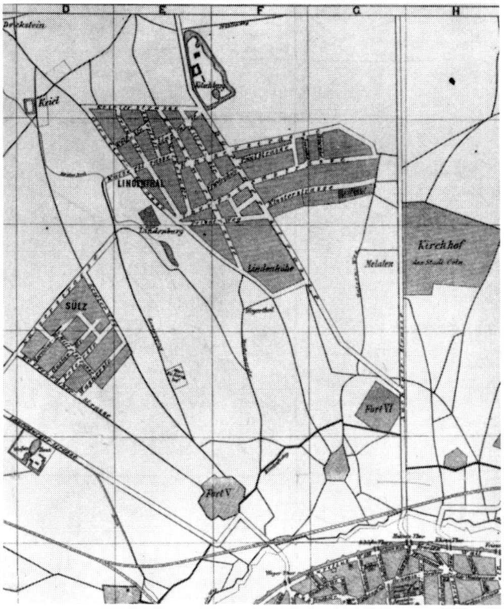

Abb. 160 Straßen in Lindenthal um 1875

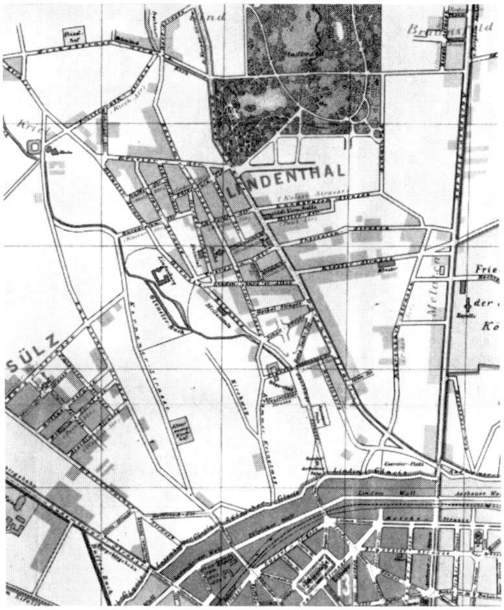

Abb. 161 Straßen in Lindenthal um 1900

Mittelstraße	heutige Uhlandstraße
Mühlenberg	Als ein Rest der noch um 1875 existierenden Straße Mühlenberg kann die Liliencronstraße angesehen werden. Sie verlief damals von der Classen-Kappelmann-Straße parallel zur Dürener Straße bis zum Lindenglacis (siehe dort).
Mühlenweg	Der Mühlenweg wurde um die Jahrhundertwende in Jägerstraße umbenannt; seit 1928 heißt die Straße Oskar-Jäger-Straße.
Mühlweg	seit 1884 Kitschburger Straße
Offenbachstraße	seit 1935 Brahmsstraße
Paulstraße	heutige Hillerstraße
Peterstraße	Vorläufer der Alte Klarenbachstraße (siehe dort)
Ring-Straße	seit 1884 Militärringstraße
Schloßstraße	seit 1925 Werthmannstraße
Schulpfad	heutige Friedrich-Schmidt-Straße
Weyerthaler Straße	heutiges Weyertal
Wilhelmstraße	heutige Herderstraße
Wolfstraße	seit 1875 Rückertstraße
Zülpicher Glacis	Sie befand sich westlich parallel zum Zülpicher Wall, ungefähr dort, wo heute zwischen der Zülpicher und der Bachemer Straße der westlich von der Universitätsmensa und der beiden Sportplätze gelegene, alleeartig baumgesäumte Weg verläuft.

Die Hillerstraße hieß von 1935 bis 1945 Viktor-Schnitzler-Straße; die Viktor-Schnitzler-Straße befindet sich heute in Deckstein.

Abbildungsnachweis

Rheinlands Baudenkmale, 3. Serie (1875) 1
Adenauer: 2, 20, 29, 34, 45, 48, 49, 56, 70, 77, 81, 90, 111, 112, 117, 118, 123, 124, 135, 141, 143, 150;
Deutsche Bundespost: 3, 30, 76, 97, 100, 107, 121, 151;
Gröbe: 4, 24, 31, 32, 37, 50, 51, 59, 68, 78, 79, 80, 86, 92, 94, 95, 98, 103, 104, 105, 109, 129, 136, 137, 138, 139, 140, 149, 154, 159;
Gropp: 5;
Abgeordnetenfest zu Köln (1865): 6;
Keller: 7;
Ewald: Rheinische Siegel: 8, 9, 102, 106, 108;
Eckert: J. H. Stein: 10, 11, 74;
Euler-Schmidt: Gilles: 12;
Historisches Archiv der Stadt Köln: 13;
v. d. Ropp: 14;
Finger-Hain: 15;
Kölnische Rundschau: 16;
Die Kunstdenkmäler des Landeskreises Köln (1897): 17;
Liesendahl: 18;
Deutsche Reichspost: 19;
Krönes: 21, 22;
Bitburger Privatbrauerei Th. Simon: 23;
Archiv der Stadt Bregenz: 25;
Österreichisches Bundespost: 26, 44;
Frühlicht am Rhein: 27, 28;
Universitätsarchiv Köln: 33, 35;
Moses: 36;
Bachem: 38, 41, 45, 58, 61, 64, 69, 91, 113, 130, 157;
Steimel: 39, 42, 119, 142;
Archiv der Stadt Frechen: 40;
Nadler: 46, 47, 65, 66, 72, 125, 127, 131, 131, 132, 133, 147;
Zentral Bibliothek Zürich: 52;
Abt/Vomm: 53;
Kreisbildstelle des Erftkreies: 54, 55;
Rheinisches Bildarchiv: 57, 60, 67, 71, 75, 82, 84, 88, 89, 93, 95, 122, 134, 153, 160, 161;
Verkehrsamt Heimbach: 62;
Landbildstelle Rheinland: 63;
Stadtkonservator Köln: 73;
Schmölz: 83;
Historisches Archiv des Erzbistums Köln: 85;
Zweckverband „Kronenburger See": 87;
Sorge: 1012
Ullstein Bilderdienst: 110, 115;
Heimatverein Alt-Köln, Mitteilungsheft Nr. 54: 114;
VG Simmerath: 126;
Schneiders: 128.

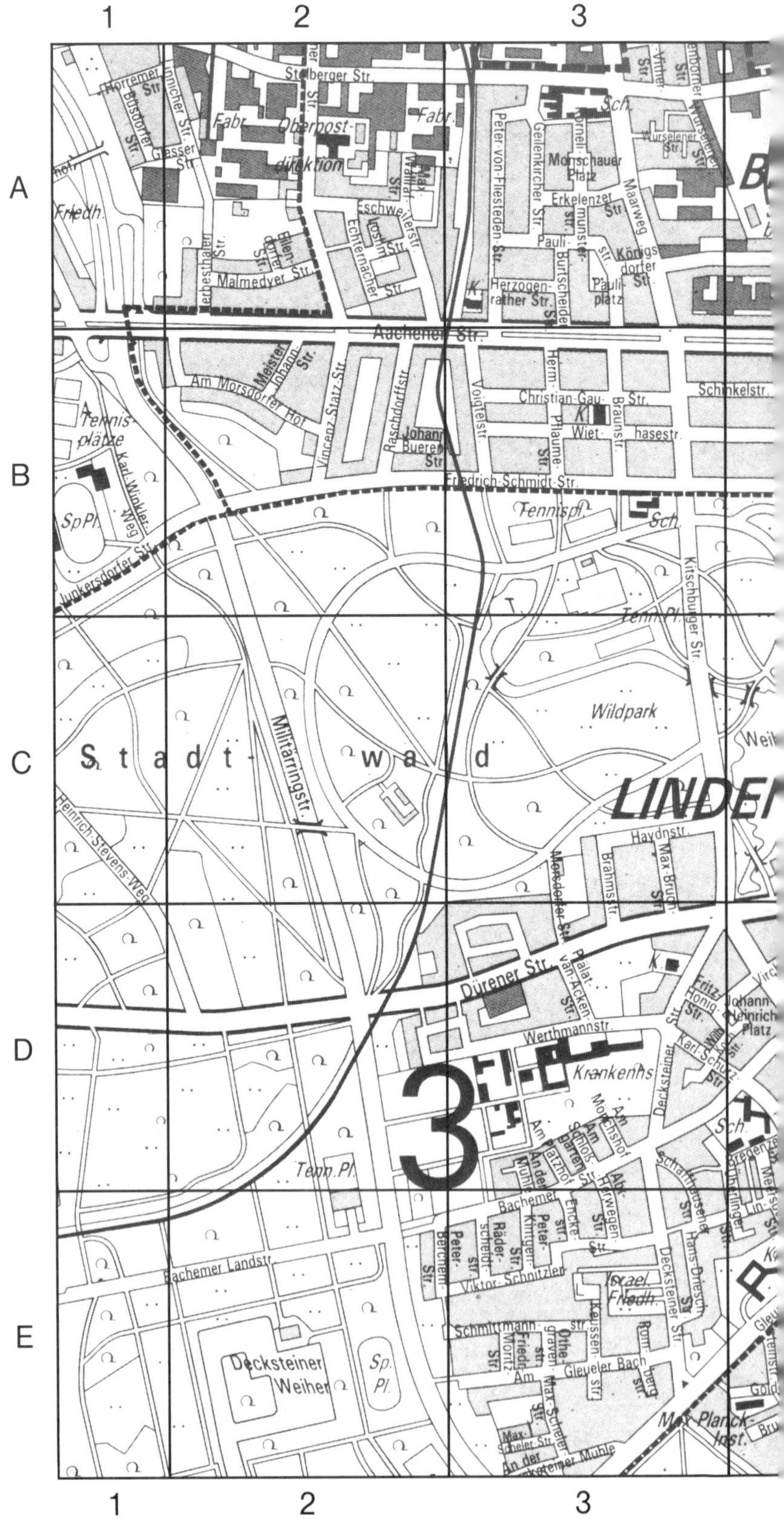

1
2
3
A
B
C
D
E
Stolberger Str.
Oberpost-
direktion
Fabr.
Horremer Str.
Malmedyer Str.
Aachener Str.
Peter-von-Fliesteden-Str.
Monschauer Platz
Maarweg
Erkelenzer Str.
Herzogenrather Str.
Am Morsdorfer Hof
Vincenz-Statz-Str.
Raschdorffstr.
Johann-Bueren-Str.
Christian-Gau-Str.
Voigtelstr.
Schinkelstr.
Friedrich-Schmidt-Str.
Tennisplätze
Karl-Winkler-Weg
Sp.Pl.
Junkersdorfer Str.
Tennispl.
Sch.
Kitschburger Str.
Tenn.Pl.
Wildpark
Stadtwald
Militärringstr.
LINDEN
Haydnstr.
Brahmsstr.
Max-Bruch-Str.
Heinrich-Stevens-Weg
Dürener Str.
Werthmannstr.
Krankenhs
3
Tenn.Pl.
Bachemer Str.
Bachemer Landstr.
Viktor-Schnitzler-Str.
Israel. Friedh.
Schmittmann-str.
Deckstein Weiher
Sp. Pl.
Gleueler Bach
Max-Planck-Inst.
Decksteiner Str.
Gleueler Str.
Friedh.
1
2
3